中国农业大学国家农业农村发展研究院“‘一带一路’
沿线国家（农业）数据库”项目支持

“一带一路”沿线国家农业国际竞争力研究

李晓峰 著

中国农业出版社
北 京

图书在版编目（CIP）数据

“一带一路”沿线国家农业国际竞争力研究 / 李晓峰著．—北京：中国农业出版社，2019.3（2024.9 重印）

ISBN 978-7-109-25014-7

Ⅰ.①一…　Ⅱ.①李…　Ⅲ.①农业经济－国际竞争力－研究－世界　Ⅳ.①F31

中国版本图书馆 CIP 数据核字（2018）第 275690 号

中国农业出版社出版

（北京市朝阳区麦子店街 18 号楼）

（邮政编码 100125）

责任编辑　潘洪洋　闫保荣

中国农业出版社印刷厂印刷　　新华书店北京发行所发行

2019 年 3 月第 1 版　　2024 年 9 月北京第 3 次印刷

开本：700mm×1000mm　1/16　　印张：13.75

字数：260 千字

定价：46.00 元

FOREWORD 前　言

自2013年习近平总书记在哈萨克斯坦和印度尼西亚相继提出共同建设“丝绸之路经济带”和“21世纪海上丝绸之路”的倡议（简称“一带一路”倡议），经过五年的发展，其影响日益广泛，“一带一路”已成为最受欢迎的全球公共产品，也是目前前景最好的国际合作平台①。

“一带一路”倡议秉持和平合作、开放包容、互学互鉴、互利共赢的理念，坚持开放合作、和谐包容、市场运作、互利共赢的基本原则，以共商、共建、共享为建设原则，致力于推进政策沟通、设施联通、贸易畅通、资金融通、民心相通的“命运共同体”。

五年来，“一带一路”倡议实现了从理念到行动、从规划到实施的转变。

政策沟通提供良好保障。“一带一路”倡议提出后，截至2018年9月，已有130多个国家和国际组织同中国签署“一带一路”合作文件；联合国安理会通过的第2344号决议，呼吁国际社会通过“一带一路”建设加强区域经济合作；2017年5月14—15日，中国成功举办首届“一带一路”国际合作高峰论坛，来自29个国家的国家元首、政府首脑，130多个国家和70多个国际组织的1 500多名代表参会，覆盖了五大洲，达成279项成果。欧亚经济联盟、《东盟互联互通总体规划2025》、非盟《2063年议程》、哈萨克斯坦的“光明之路”新经济政策、土耳其的“中间走廊”倡议、蒙古的“发展之路”、越南的“两廊一圈”、英国的“英格兰北方经济中心”、波兰的“琥珀之路”……各国和各地区发展战略对接起来、政策协调起来，明确了合作的大方向，共同的利益越来越多，向人类命运共同体目标迈进的共识越来越强。

设施联通架桥铺路。“一带一路”设施建设聚焦“六廊六路多国多港”

① http：//news. cnr. cn/zt2017/2017h/lhzb/wjb/lhwzsl/20170308/t20170308 _ 523643918. shtml。

主骨架，推动一批合作项目取得实质性进展。包括：中巴经济走廊、中俄蒙经济走廊等建设顺利推进；亚吉铁路、蒙内铁路竣工通车，中老铁路、中泰铁路、雅万高铁、匈塞铁路开工建设；中国—白俄罗斯工业园、柬埔寨西哈努克港经济特区、埃及苏伊士经贸合作区等成为“一带一路”产业合作的典范；斯里兰卡汉班托塔港、巴基斯坦瓜达尔港、希腊比雷埃夫斯港等建设运行顺利；中欧班列累计开行超过1万列，到达欧洲15个国家43个城市，等等。

贸易畅通助推经济发展。五年来，中国与沿线国家货物贸易累计超过5万亿美元，对沿线国家直接投资超过700亿美元，年均增长7.2%，在沿线国家新签对外承包工程合同额超过5 000亿美元，年均增长19.2%①。中国企业在沿线国家建设境外经贸合作区共82个，累计投资289亿美元，入区企业3 995家，上缴东道国税费累计20.1亿美元，为当地创造24.4万个就业岗位。在沿线国家建设的境外经贸合作区总投资200多亿美元，创造就业岗位数十万个，给当地创造的税收几十亿美元。2018年底，中国企业已经与发达国家的企业，包括一些大型跨国公司，探索开展“一带一路”建设领域第三方市场合作。

资金融通提供重要支撑。中国倡议设立的亚洲基础设施投资银行在促进“一带一路”的互联互通化和经济一体化的进程中发挥了重要作用，截至2018年6月7日，已有86个成员国，批准了26个项目，贷款总额44亿美元。中国国家开发银行、中国进出口银行分别提供2 500亿元和1 300亿元等值人民币专项贷款，用于支持“一带一路”基础设施建设与产能、金融合作，通过银团贷款、产业基金、对外承包工程贷款、互惠贷款等，多样化的金融工具对“一带一路”提供了资金支持，涵盖了公路、铁路、港口、电力、通信等多个领域。除此之外，中国与17个国家核准《“一带一路”融资指导原则》，加快推进金融机构海外布局，已有11家中资银行设立71家一级机构。

民心相通夯实合作基础。民心相通是“一带一路”倡议的社会和民众基础，在尊重文明多样性的基础上，中国与沿线国家已建立起形式多样、内容丰富的人文交流合作机制，双方各类文化年、旅游年、艺术节、体育赛事、青年交流、智库对话等活动精彩纷呈。2018年超过4万名中国球迷

① http://www.sohu.com/a/250863721_498798。

前往俄罗斯观看世界杯足球赛，“中国热”和“汉语热”在欧亚地区正不断升温，带动了双向的民间交往，推动了双方的人文交流合作，哈萨克斯坦有14 000名学生在中国留学。中国还致力于与沿线国家打造“丝绸之路文化之旅”“丝绸之路文化使者”“青年汉学家研修计划”“中外影视译制合作高级研修班”，预计到2020年能够实现与“一带一路”沿线国家和地区的文化交流规模达到3万人次，建成1 000家中外文化机构、200名专家团队，组织100项大型文化年、文化节、文化周、文化日活动。

在以上诸多的合作中，“一带一路”沿线国家之间的农业合作是一个十分重要的方向。这是因为：近年来，全球农业发展格局深度调整，自然灾害频发以及气候变化对粮食主产区的影响不断加深，生物质能源、金融投机活动等非传统因素使农产品国际市场不确定性持续加强，全球粮食安全及贫困问题仍然困扰着很多发展中国家。农业持续增长动力不足和农产品市场供求结构显著变化，已经成为世界各国需要共同面对的新问题、新挑战，尤其在“一带一路”沿线，许多国家实现粮食安全与营养、解决饥饿与贫困的形势仍十分紧迫，亟待通过开展农业合作，共同促进农业可持续发展。

“一带一路”沿线大多数国家均是依赖农业的发展中国家，农业在各国均为基础产业和民生产业，由于受到本国自然条件、政治和经济环境的影响，各国农业发展面临多重难题。如阿富汗、孟加拉国、蒙古、斯里兰卡等国家长期处于缺粮状态，面临严重的粮食危机，哈萨克斯坦、俄罗斯等重要的粮食产出国，对农业技术具有强烈的需求，因此，为实现农业的有效供给、增强保障能力，培育建立各国农业的国际竞争新优势就显得格外重要。

同时，由于沿线国家之间农业生产互补性强，并且一直有着良好和广泛的农业合作基础，“一带一路”已经或正在从“倡议”进入到“建设”的阶段，随着“一带一路”倡议提出的“五通”目标（政策沟通、设施联通、贸易畅通、资金融通、民心相通）实现了实质性的进展，一批重大项目、经贸区和自贸区的建设为我国与“一带一路”沿线国家的农业交流打造了良好的交易环境，《共同推进“一带一路”建设农业合作的愿景与行动》文件的出台，也为中国与“一带一路”沿线国家开展农业合作提供了方向和思路。因此从比较优势和竞争优势角度把握“一带一路”沿线各国农业国际竞争力，提高“一带一路”沿线国家农业合作精准性、降低合作风险，促进区域内农业要素有序流动、农业资源高效配置、农产品市场深度融合，对于全球农业的发展具有深远的意义。

对“一带一路”沿线国家农业国际竞争力进行研究，可以充分了解和把握各国农业国际竞争力现状，包括沿线各国农业资源、生产和贸易结构，农业政策以及国际环境等方面的情况，更好地推动各国之间的农业沟通交流，也可以提高“一带一路”沿线国家农业合作的精准性，降低“一带一路”沿线国家农业合作风险，归纳出制约落后地区农业发展的关键性因素，总结部分农业发达国家和地区的先进经验，全面地为沿线各国农业发展、农业竞争力提升以及“一带一路”新型农业国际合作关系建立提供可靠的科学依据和决策参考。

本书从分析“一带一路”沿线各国农业发展概况出发，包括对各国宏观经济发展状况、农业宏观发展状况、农业生产状况、农产品消费状况、农产品价格状况、农产品贸易状况等的分析，构建“一带一路”沿线国家农业国际竞争力评价指标体系，从农业生产竞争力、农产品竞争力、农业市场竞争力、农业要素竞争力、农业环境竞争力等方面对沿线各国的农业国际竞争力进行测算，提出“一带一路”沿线国家未来农业合作方向。本书最后收集了“一带一路”主要农业论坛、研讨会的开展情况，作为附录放在最后供读者参考。由于水平的局限，本书中难免会有一些错误和疏漏，请读者批评指正。

感谢罗丽、朱秋博、吕源、李珊珊、王水连、鲁惠中、黄星、徐阳、王匡胤和晏妮等同学在本书写作过程中提供的帮助。

本书的出版得到了中国农业大学经济管理学院、中国农业大学国家农业农村发展研究院辛贤教授、马铃副教授以及中国农业出版社的支持，在此一并表示感谢！

李晓峰

2018年10月14日

CONTENTS 目　录

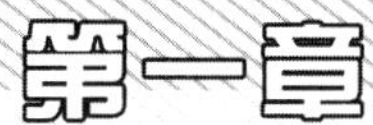

“一带一路”沿线国家农业国际竞争力研究背景

农业在“一带一路”沿线国家中具有基础性地位，随着全球不稳定性因素的增加，沿线国家实现粮食安全与营养、解决饥饿与贫困的形势仍十分紧迫，亟待通过开展农业合作交流，共同促进农业可持续发展。“一带一路”倡议逐渐成为全球共识，中国已经同130个国家和国际组织签署了“一带一路”方面的合作协议①，重大项目、经贸区和自贸区的建设为我国与“一带一路”沿线国家的农业交流打造了良好的交易环境，《共同推进“一带一路”建设农业合作的愿景与行动》文件的出台，也为中国与“一带一路”沿线国家开展农业合作提供了方向和思路。从比较优势和竞争优势角度把握“一带一路”沿线各国农业国际竞争力，提高“一带一路”沿线国家农业合作的精准性，降低合作风险，促进区域内农业要素有序流动、农业资源高效配置、农产品市场深度融合，对于全球农业的发展具有深远的意义。

第一节 “一带一路”沿线国家农业国际竞争力研究的必要性

一、全球农业发展面临新挑战

近年来，全球农业发展格局深度调整，气候变化对粮食主产区的影响不断加深，生物质能源、金融投机活动等非传统因素使农产品国际市场不确定性持续加强，全球粮食安全及贫困问题仍然困扰着很多发展中国家。农业持续增长动力不足和农产品市场供求结构显著变化，已经成为世界各国需要共同面对的新问题、新挑战。尤其在“一带一路”沿线，许多国家实现粮食安全与营养、解决饥饿与贫困的形势仍十分紧迫，亟待通过开展农业合作，共同促进农业可

---

① http://www.gov.cn/xinwen/2018-09/05/content_5319617.htm。

持续发展。

1. 自然灾害频发

（1）自然灾害在全球风险中的地位逐渐上升

世界经济论坛（World Economic Forum）发布的《2017 年全球风险报告》（*Global Risks Report 2017*），集中关注全球风险的演变以及风险之间的深层联系，强调不平等、社会和政治极化、经济复苏疲软以及技术更新速度加快等趋势，加剧了全球发展的潜在风险。

根据报告显示，相互关联的环境风险，包括极端天气事件、气候变化和水危机，在 2011—2017 年 7 年间持续处于顶级全球风险的地位。2017 年全球风险报告的前 5 项风险中，环境风险占有 3 项，分别为极端天气、主要自然灾害和气候变化缓解行动的失败（表 1－1）。

表 1－1　2011—2017 年影响力排名前 5 位的全球性危机

排序＼年份	2011	2012	2013	2014	2015	2016	2017
第 1 位	金融危机	重大债务危机	重大债务危机	财政危机	水资源危机	气候缓和与应对失败	大规模杀伤性武器
第 2 位	气候变化	水资源危机	水资源危机	气候变化	传染性疾病的大规模扩散	大规模杀伤性武器	极端天气事件
第 3 位	地区冲突	食物短缺危机	长期财政不均衡	水资源危机	大规模武装冲突	水资源危机	水资源危机
第 4 位	资产价格暴跌	长期财政不均衡	大规模杀伤性武器的扩散	失业与非充分就业	地区冲突	大规模难民	重大自然灾害
第 5 位	能源价格极端不稳定	能源、农产品价格极端不稳定	气候缓和与应对失败	基础设施核心信息故障	气候缓和与应对失败	能源价格严重波动	气候缓和与应对失败

资料来源：根据《2017 年全球风险报告》整理得来。

此外，环境风险与其他风险的类别具有有密切联系。2017 年十大风险之间的相互关联点均涉及环境风险，其中频繁引用的是水危机、气候缓和与应对失败这两类，表明自然环境的变化也是引发其他危机的重要原因。

（2）全球自然环境变化特征

1880—2016 年全球气温变化见图 1－1。

自 1970 年以来，全球表面温度平均每 10 年上升约 0.17℃（LuAnn Dahlman，2017），是 1880—2016 年所观察到的每 10 年增加 0.07℃的两倍多。美国 2016 年气候报告显示，2016 年全球平均气温为 14.84℃，高于 20 世纪平均水平 0.94℃，成为 21 世纪第 5 个创下气温新高（2005 年、2010 年、2014 年和 2015 年）的年份，也是年平均气温超过 20 世纪平均水平的连续第 40 个年份（自 1977 年以来）。2016 年成为 21 世纪以来的最热年份之一（1998 年是第 8 个最热的年份），最温暖的五年都在 2010 年以后。

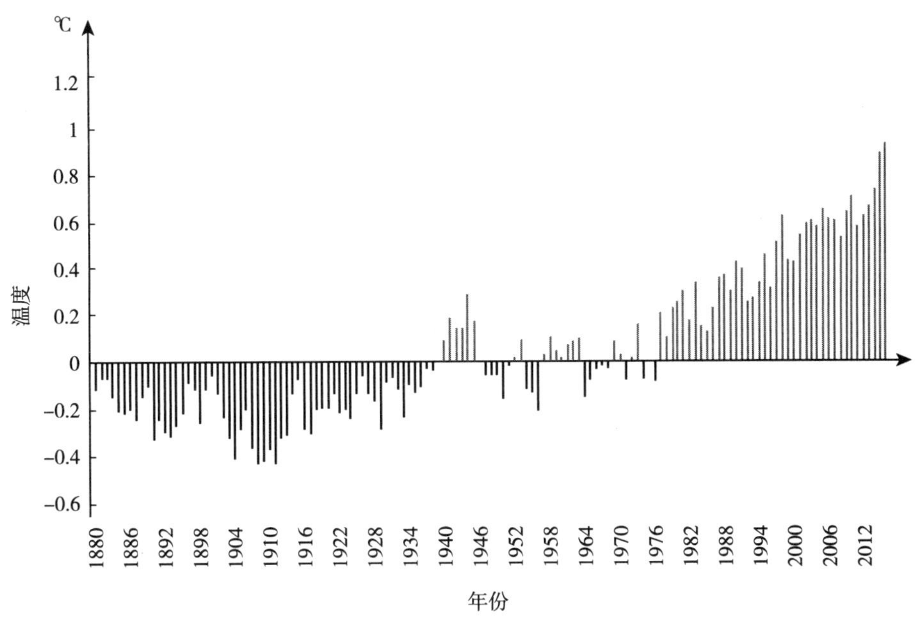

图 1-1 1880—2016 年全球气温变化图

资料来源：全球气候组织。

大多数海洋地区的温度高于正常水平，导致热带水域的珊瑚白化和海洋生态系统被破坏，包括澳大利亚东海岸的大堡礁，以及斐济和基里巴斯等太平洋岛国，其中在大堡礁的部分地区珊瑚死亡率高达 50%。而在南纬 45°的地区，尤其是在南美洲和南极洲之间的德雷克海峡，却出现了显著低于正常海平面温度的问题，该地区比往年正常温度低 1℃以上。

1993—2016 年全球海平面处于波动上升状态（图 1-2），2016 年海平面相对于 1993 年上升 82 毫米，成为第六个环比增长 3.4（±0.4）毫米的年份，反映了持续数十年的海平面上升趋势。从 2005 年至今，由 NASA 重力实验观测到的全球海洋质量数据显示，由于冰川和冰原融化造成的海洋质量变化对海平面上升的贡献率大约为 2/3，2.1（±0.4）毫米（年变化），Argo 计划监测到的数据显示空间（即与密度相关的）海平面上升 1.0（±0.2）毫米（年变化），较好地解释了自 2005 年以来海平面的缓慢上升趋势。

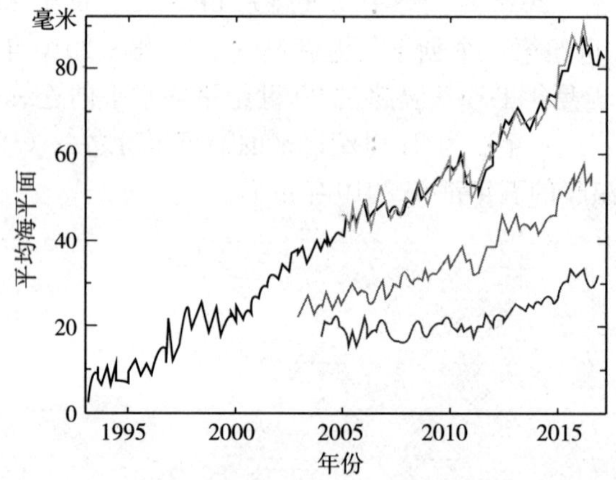

—— 月平均全球海平面线（1993—2016年） —— 月平均全球海洋质量（2003—2016年）
—— 月平均全球空间海平面线（2004—2016年） —— 质量+空间（2004—2016年）

图 1-2 全球海平面波动情况

资料来源：*STATE OF THE CLIMATE IN 2016*。

(3) 全球自然环境灾害对粮食安全的影响

2015—2016 年，极端天气和气候相关事件对农业和粮食安全造成了严重的负面影响。2015 年在 113 个国家中，有 192 万新增流离失所者与气候、水和地球物理灾害有关，数量相当于冲突和暴力影响人数的两倍多。其中与天气有关的灾害引发了 1 470 万人次流离失所，以南亚和东亚居多。全球极端气温还导致干旱形势严峻，非洲南部、东亚、中东许多国家高温创下了历史纪录，如比勒陀利亚 42.7℃、约翰内斯堡 38.9℃，泰国 44.6℃，印度 51.0℃，科威特 54.0℃。根据世界粮食计划署估计，干旱使得非洲南部 1 700 万人需要提供援助。高温干旱还引发了加拿大的野外大火，烧毁了约 59 万公顷的土地，整个城市人口被迫疏散，最终摧毁了 2 400 栋建筑，造成了 30 亿美元的保险损失，总损失在数十亿美元以上。

2. 农产品国际市场的不确定性

(1) 生物能源发展导致粮食的供求紧平衡

生物能源的发展大幅增加了对农产品的非传统需求（倪洪兴，2014），导致全球粮食供求紧平衡常态化。近 5 年全球玉米消费年均增加 3.3%，其中燃料乙醇消耗的玉米占 70%以上。美国于 2002 年开始大规模发展生物能源（程国强，2014），美国用于乙醇生产的玉米已经从 2003/2004 年度占美国玉米总使用量中的约 11%，增加到 2013/2014 年度占玉米作物产量的 37%①。

① “Production and Use”, Iowa Corn organization, retrieved 6 March 2014。

乙醇工业的发展对世界粮食作物价格产生了较大影响，美国农业部(USDA)和美国能源信息管理局（EIA）的数据显示，1980—2012 年，用于生产乙醇的玉米产量占比和玉米价格一直处于稳步增长态势，其中玉米价格在 2005—2008 年、2010—2012 年呈现快速上涨趋势（图 1 - 3）。相关研究（De Gorter et al.，2013）指出，发达国家生物燃料政策可能是 2007 年全球粮食和油籽价格上涨的重要原因，且 2013 年生物燃料对玉米价格的影响范围从 5% 提高到 53%。

图 1 - 3 1980—2012 年美国乙醇产品对玉米的消费量以及玉米价格变化

注：蒲式耳为非法定计量单位，1 蒲式耳（美）=35.239 02 升。

资料来源：CL Chang，M McAleer，YA Wang，2018。

粮食“金融化”趋势日益增强，粮价和石油价格联动的趋势更加明显，与美元汇率波动的联系更加密切，受投机资本炒作的影响更加突出，国际市场粮价波动将更趋剧烈（程国强，2014）。多项证据表明，2007 年大宗商品衍生品投机引发了谷物价格波动，进而导致了全球粮食危机（Anna Chadwick，2013），使得 2006—2008 年，农产品、能源和金属大宗商品价格均呈现大幅上涨，棉花、白银和铜的价格大约上涨了一倍，小麦和原油的价格上涨了一倍，石油几乎增加了两倍（Joseph P. Janzen、Aaron Smith and Colin A. Carter，2017）。

(2) 货币供应量的变化和利率对商品价格有直接影响

根据联合国粮农组织 2017 年 Food Outlook 报告，近年来金融集成在深度和广度上均呈现上升趋势，私人、金融机构通过打造跨境（Credit - Yielding)

流动，使得银行贷款、资本流动的规模、速度和易用性在世界范围内得以快速提高。随着经济全球一体化的发展，新兴市场经济体实行高度开放的贸易环境，使得其成为资金流的主要接收方。就规模而言，根据国际金融研究所数据，2010 年资本流入新兴市场达到 9 100 亿美元。

参与国际大宗商品交易，为新型经济体国内经济的增长带来重要契机。但与此同时，国际资本流动性的增加也带来了货币供应量和利率的变化，对商品价格产生影响，继而影响实体经济中的供给和需求。

Food Outlook 报告指出，过去十多年，资产流动性对商品价格涨跌造成了潜在影响，也证明了全球信贷条件对玉米、大豆和小麦基准价格产生了作用。报告采用国际清算银行（BIS）1996—2016 年的月度数据，选择国际索赔占 GDP 百分比作为衡量全球流动性的指标，分析结果表明，国际市场主要交易农作物如玉米、大豆、小麦，价格增加 1%，则相关的期货价格指数会增加相似比例，玉米增加 1.52%，大豆增加 1.77%，小麦增加 1.6%。

3. 粮食安全及贫困问题严峻

根据《2017 年全球粮食危机》报告，2016 年全球有 1.08 亿人面临粮食危机或更严峻的状况[①]，相比 2015 年的 8 000 万人，增长了 35%。厄尔尼诺天气和冲突加剧是导致粮食危机严峻的主要因素，环境和政治因素的交融，削弱了家庭的应对能力、韧性和恢复能力，这些冲击的后果不受国界限制，对周边国家产生重大的溢出效应。

战乱和冲突带来粮食危机，需要紧急援助的地区有也门（1 700 万人）、叙利亚（700 万人）、南苏丹（490 万人）、索马里（290 万人）、尼日利亚东北部（470 万人）、布隆迪（230 万人）和中非共和国（200 万人）。冲突还带来民众的流离失所，扩大了粮食不安全因素，受影响最严重的有叙利亚（630 万国内流离失所者）、叙利亚（480 万难民在邻国）、伊拉克（310 万人）、也门（320 万人）、索马里南部（300 万人）、苏丹（210 万人）和尼日利亚东北部（210 万人）。

粮食安全受到厄尔尼诺现象的影响，主要体现在干旱条件下，农业生计受损。影响最大的国家位于非洲东部和南部，包括埃塞俄比亚（970 万人）、马拉维（670 万人）、津巴布韦（410 万人）、莫桑比克（190 万人）、马达加斯加（80 万人）。2017 年初的预测显示，气候变化仍会加重这些地区粮食不安全的严重程度，尤其在埃塞俄比亚、肯尼亚和索马里。

① 见联合国粮食及农业组织（FAO）等多家机构在布鲁塞尔联合发布的《2017 年全球粮食危机》(*Global Report on food crises 2017*)。

二、农业仍为各国基础产业和民心产业

“一带一路”沿线国家大多数是依赖农业的发展中国家，农业在各国为基础产业和民心产业，由于受到本国自然条件、政治和经济环境的影响，各国农业发展面临多重难题。如阿富汗、孟加拉国、蒙古、斯里兰卡等国家长期处于缺粮状态，面临严重的粮食危机，哈萨克斯坦、俄罗斯等重要的粮食产出国，对农业技术具有强烈的需求，因此，为实现农业的有效供给，增强保障能力，培育建立各国农业的国际竞争优势就显得格外重要。

1. 农业在“一带一路”沿线国家具有基础性地位

东亚的中国，南亚的印度，东盟的泰国、越南等，中亚 5 国，俄罗斯和乌克兰，以及中东欧的波兰、匈牙利[①]等均属于重要的农业国家。东亚、东南亚、南亚的 8 个国家稻米生产量名列世界前八位，印度、泰国、越南、巴基斯坦 4 个国家的稻米出口量进入世界前五位。

2016 年中国农、林、牧、副、渔总产值为 112 091.26 亿元，占 GDP 的 15.06%，农业从业人员数量为 2.15 亿人。2013 年，印度农业增加值占国内生产总值（GDP）的 18%，从事农业的劳动力占全国劳动力的 60%（刘艺卓、邓妙嫦，2015）；享有“东南亚粮仓”美誉的泰国，其农业产值占国民生产总值的 12%，全国 70%左右的人口从事农业，是亚洲唯一的粮食净出口国和世界上主要粮食出口国之一[②]。2016 年在满足国内需求的情况下，俄罗斯出口小麦 2 450 万吨，超过加拿大和美国，成为世界最大小麦出口国，同时成为香菜、大豆出口的全球领先者（徐亚梅，2017）。在匈牙利，农业占有重要地位，主要农产品有小麦、玉米、马铃薯和甜菜，匈牙利加强对农产品质量的监管，积极发展有机农业，成为中东欧地区有机农产品生产和出口大国[③]。战乱使得叙利亚农业受到重创，但据估计，当前叙利亚国家农业产值占 GDP 的 26%，仍然是叙利亚 670 万人口的生计来源，包括国内流离失所者大部分仍然在农村地区[④]。

2. “一带一路”沿线国家农业发展面临诸多困境

东盟国家中印度、泰国、越南等国的农业多依赖于季风气候，季风气候的变化会对农业产生巨大影响。在印度超过 60%的农业依靠雨水灌溉，这使得印度的农业生产非常容易受到气温上升和降雨模式改变的影响[⑤]，遭遇

① http：//www. ekimmigration. com/ymzx/xyl/5161. html。

② http：//money. 163. com/16/0226/06/BGNRSDKB00253B0H. html。

③ http：//hungary. forestry. gov. cn/article/4540/4544/4562/2016－06/20160628－033138. html。

④ 数据来源于 THE STATE OF FOOD SECURITY AND NUTRITION IN THE WORLD 2017。

⑤ http：//www. weather. com. cn/zt/kpzt/2426730. shtml。

严重干旱时，印度的水稻产量损失约占总产量的40%，价值8亿美元左右①。泰国大约40%的农业人口继续从事农业工作，2016年遭遇十年以来最严重的干旱，稻米产量已从1 980万吨降至1 650万吨，降幅达17%（Jeremy Luedi，2016）。越南是世界第二大咖啡出口国，也是全球重要的稻米生产国②，2016年越南的干旱程度达到近90年之最，国内稻谷产量出现了自2005年以来的首次下降，降幅为80万吨，大约70万公顷的水稻和其他粮食作物受到严重破坏③，加之内陆地区海水倒灌，越南损失了将近15万亿越南盾（折合人民币约44.7亿元），将近50万家庭面临着缺乏干净的饮用水和食物问题④。

“一带一路”沿线国家中，西亚国家阿富汗、伊拉克和叙利亚多年来遭受战乱之苦，如阿富汗持续35年的战乱导致国内经济发展受到重创，加之洪涝、滑坡和雪崩等自然灾害的影响，国内食物安全状况趋向恶化。除此之外，阿富汗的粮食安全还受到季节性因素的严重影响，对于东北部的巴达赫尚，由于地处偏远、山地多、交通不便，从每年11月持续到第二年4月的冬季极为寒冷，导致当地长期处于贫困状态。在叙利亚，6年的内战导致农业领域出现巨大损失，包括被摧毁的资产和基础设施，损失约为160亿美元。当前叙利亚的农业生产处于该国历史最低水平，约有一半的叙利亚人口日常食品需求无法满足。

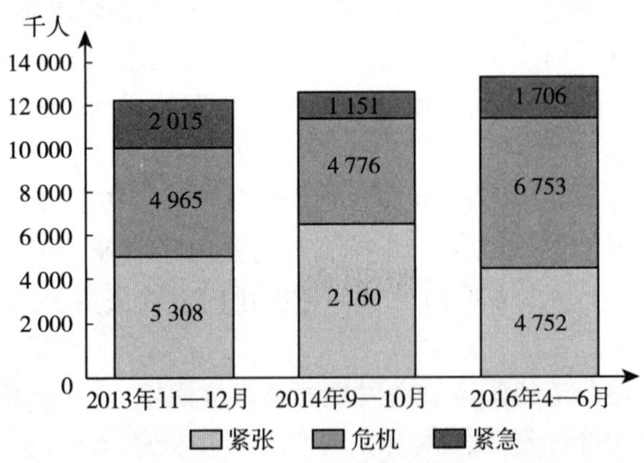

图1-4　阿富汗2013—2016年食物安全状态人数分布

① https：//intpolicydigest.org/2016/08/22/climate-change-and-indian-agriculture/。

② https：//www.rvo.nl/sites/default/files/2017/11/factsheet-agriculture-in-vietnam.pdf。

③ http：//www.ipsnews.net/2017/04/climate-smart-agriculture-from-tanzania-to-vietnam/。

④ https：//thediplomat.com/2017/02/is-vietnam-in-for-another-devastating-drought/。

“一带一路”沿线国家的中亚和独联体国家中，农业资源较为丰富，但机械化和农产品加工水平仍较低。哈萨克斯坦超过74%的土地适合农业生产，也是世界十大粮食出口国之一，但国内的农业机械和设备的生产较为落后，均需要从德国、加拿大和中国进口。吉尔吉斯斯坦农业生产总值占GDP的20%，农业劳动力占全国劳动力的40%，出口市场由于效率低下、地区壁垒和包装缺陷而受到限制（U. S. Embassies abroad，2017）。

俄罗斯拥有2.2亿公顷的土地，占世界粮食供应的20%，可以养活将近20亿人口（FAO），2016年受卢布疲软和政府2014年颁布的食品进口禁令的影响，农业增长率为4.8%。但根据美国驻俄大使馆（2018）资料显示，俄罗斯农业发展仍存在着农业机械和设备不足的问题，当前俄罗斯农民拥有的近60%的拖拉机使用年限超过了10年，机械设备水平的落后成为制约俄罗斯农业发展的关键因素。除此之外，由于地缘政治导致的经济制裁、资本外逃和利率升高，造成农业和粮食生产受到投资下降的影响（William M. Liefert、Olga Liefert，2015）。

作为“一带一路”倡议的提出者，中国农业的发展也面临诸多困境，农业生产资源数量减少、质量下降，耕地面积从2011年到2016年减少了500万亩[①]，其中中等地面积达到52.8%，优等地仅有2.9%，耕地平均质量较低[②]；地下水超采、面源污染较为严重，面临资源环境“双重约束”（张红宇，2011），小规模农户的生产经营能力较弱，且随着国民消费结构的升级，农业的主要矛盾由总量不足转变为结构性失衡，突出表现为阶段性供过于求和供给不足并存，其中玉米在过去11年全国种植面积增加了1.95亿亩，呈现出阶段性过剩特征，与此同时，中高端农产品进口显著增加，体现了当前中国的农产品供给并不能较好地满足国内民众的消费需求。

三、“一带一路”倡议为农业合作提供契机

为进一步加强“一带一路”农业合作的顶层设计，2017年在中国举办的“一带一路”高峰论坛上，农业部联合国家发展改革委员会、商务部和外交部发布了《共同推进“一带一路”建设农业合作的愿景与行动》，该文件提出，农业交流和农产品贸易自古以来就是丝绸之路的主要合作内容，在新时期，农业发展仍然是“一带一路”沿线国家国民经济发展的重要基础。中国农业与世界农业高度关联，既是中国扩大和深化对外开放的需要，也是世界农业持续健康发展的需要，有利于推动形成全球农业国际合作新格局，有利于沿线各国发

① 亩为非法定计量单位，1亩=1/15公顷。——编者注

② 《中国国土资源公报2016》。

挥比较优势，促进区域内农业要素有序流动、农业资源高效配置、农产品市场深度融合，推动沿线各国实现经济互利共赢发展。

1. 沿线国家农业具有较好的互补性

自古以来，农业交流和农产品贸易就是丝绸之路的主要合作内容。依托横贯欧亚大陆的古代丝绸之路，中国从西方引入了胡麻、苜蓿、葡萄、胡萝卜、石榴等农作物品种，并把丝绸、茶等产品带到了中亚，使得沿线国家共享了人类农业发展成果，奠定了农业技术与农产品交流合作的基础①。

中亚五国土地资源丰富，以种植业和畜牧业为主，主要作物有小麦、玉米、水稻、棉花、甜菜和果蔬。哈萨克斯坦、乌兹别克斯坦和土库曼斯坦等国已成为世界重要粮食、棉花生产和出口国。1994—2016 年哈萨克斯坦小麦年平均产量为 130 855 吨，位于世界第三位，2016 年小麦出口量占国内农产品出口量的 42%，出口额为 68 506.9 万美元，出口额占世界小麦出口额的 2%。2016 年乌兹别克斯坦的皮棉出口量排在世界的第二位，棉绒出口量排在第三位，土库曼斯坦的棉籽出口量排在世界第五位。

中东欧 16 国气候温和、土壤肥沃，且拥有充沛的地表水和地下水，农业资源丰富。各国农业发展呈现多样化特征，其中波兰农业用地面积在欧盟国家中居于第三位，1994—2016 年平均谷物产量（混合）排名世界第一，黑麦产量排名世界第二，甜菜产量排名世界第七，油菜籽产量位于世界第八，除此之外，土豆、蔬菜等产量较高，曾为欧洲主要的粮食和水果供应国。葵花籽也是中东欧国家的主要特色农作物之一，2016 年东欧国家的葵花籽产量3 105万吨，占世界总产量的 65.58%，其中罗马尼亚、匈牙利和保加利亚 1994—2016 年平均葵花籽产量分别位于世界的第七位、第九位和第十位。随着全球气候变化和极端天气的频发，中东欧国家出现了干旱等自然灾害，主要农业国罗马尼亚的灌溉基础设施面临着年久失修的困境，导致国内 900 万公顷耕地只有不到 10%可以接受灌溉。为提高农业产量，推动优势农业的发展，中东欧国家迫切需要资金的融入和先进农业技术的投入。在保加利亚，农民正迅速接受新型技术和服务，自动喷雾器、无人机等需求潜力较大，2016 年美国机械设备占其国内市场的 28%。随着政府对农业投入的增加，开展与保加利亚农业技术的投资与合作仍具有极大的发展空间。

俄罗斯地广人稀，拥有广阔的土地资源，根据《金砖国家联合统计手册 2017》统计，2014 年俄罗斯耕地面积为 1.22 亿公顷，谷物和豆类占总面积的 58.8%，其中小麦占 33.8%，饲料作物占 21.4%，油料作物占 14.5%，葵花籽占 8.8%，蔬菜、薯类和纤维作物占比较小。近年来由于受到西方制裁，为

① http://www.ce.cn/xwzx/gnsz/gdxw/201705/27/t20170527_23285637.shtml。

保障国家安全，提高粮食自给率，俄罗斯着力发展国内农业，对农业提供直接补贴，极大促进了农业生产，谷物和渔业取得显著成就。2016 年，俄罗斯粮食产量 1.17 亿吨，达到 38 年来最高水平，2016 年俄罗斯鱼类和其他水生生物资源捕获量为 480 万吨，达到 15 年来的最高水平①。俄罗斯是主要的农产品出口国，2016 年俄罗斯小麦出口贸易额为 4.22 亿美元②，占到世界小麦出口贸易额的 13%，居于世界第三位。根据俄经济发展部评估，2017 年有 3 500 万吨粮食可以用于出口。基于俄罗斯农产品的进出口结构分析显示，2016 年俄罗斯出口价值前八位的农产品分别为小麦、玉米、大麦、亚麻籽油、豌豆、鹰嘴豆、大豆、葵花籽油，其中小麦作为重要的农产品出口收入来源，占总出口价值的 59%，1993—2013 年俄罗斯葵花籽油平均出口量为 35 万吨，居于世界第三位。

东盟国家多处于热带、亚热带地区，独特的气候条件使得东盟国家在稻米、水果和油料作物种植上具有较大优势。1994—2016 年，稻米平均产量居于世界前十位的东盟国家有印度尼西亚、越南、泰国、缅甸、菲律宾，分别占世界总产量的 10.43%、5.86%、3.41%、3.46%和 2.38%。泰国、越南被称为“世界粮仓”，1993—2013 年稻米年平均出口量分别为 741 万吨、428 万吨，居于世界前两位，2016 年泰国的稻米出口额为 43.71 亿美元，越南为 16.41 亿美元③，两国的稻米出口额占世界稻米出口总额的 30%。东盟国家是主要的热带干鲜水果、果蔬加工品、鱼类出口大国，2016 年椰子、胡桃等出口额占世界总出口额的 34%，水果干（杏干、苹果干、桃干等）占比 14%，鱼类等海鲜占比为 10%，除此之外，谷物出口额占世界总出口额的 8%，咖啡作物占比 5%。泰国是亚洲最大的水果供应国和出口国，尤其是榴莲、芒果等热带水果，1993—2013 年平均出口量为 11.97 吨，居于世界首位。2016 年越南的椰子、腰果等出口额占世界总出口额的 31%，居于世界第一，同时越南还是世界第二大咖啡出口国，出口额为 48.53 亿美元，占世界咖啡出口总额的 10%。

2. “一带一路”沿线国家农业具有深厚的合作基础

随着中国和中亚五国政治和经贸合作的不断加强，双边的农产品贸易规模也在不断地扩大。2010—2015 年中国对中亚五国的农产品进出口呈上升趋势，其中哈萨克斯坦对中国的农产品出口额增长了 24%，吉尔吉斯斯坦对中国的出口贸易额增长了 6.7%。在此期间，中国对中亚国家的农产品出口也处于稳定的增长状态，2015 年中国出口哈萨克斯坦的农产品出口额为 204 亿美元，

① http：//world.people.com.cn/n1/2017/0204/c1002-29056812.html。

② https：//atlas.media.mit.edu/en/profile/hs92/1001/#Exporters。

③ 数据来源于 UN Comtrade。

中国出口到乌兹别克斯坦的农产品出口额在2010—2015年增长了15%。

中国对中亚五国出口的农产品主要是水果、蔬菜、茶叶、鱼类、肉类等，茶叶进口占中亚国家总茶叶进口的98.03%，水果占中亚五国总进口的42.75%。中亚也是中国的主要农产品进口国，中国从中亚国家进口的谷物占中国谷物总进口量的6.55%。2016年中国已成为哈萨克斯坦第一大贸易伙伴，中哈小麦贸易是两国农产品贸易的重中之重，进口哈麦为中国小麦进口提供了多元化渠道选择，不仅有助于促进我国西北部地区面粉品质及竞争力提升，也丰富了中国市场不同品种高品质小麦的供应①。

中东欧国家处于欧洲东大门，是"一带一路"沿线的重要国家，数量占"一带一路"沿线国家的四分之一②。中国-中东欧关系已经成为世界上最具影响力的双边关系之一，自改革开放以来，中东欧国家一直是中国的重要合作伙伴，2016年双方的贸易额达到4 020亿美元，过去10年间中国与中东欧16国农产品贸易额增长了1.5倍，尤其是葡萄酒、特色农畜产品、水产品等大幅增长③。中东欧农业贸易的发展，充分释放了各国的贸易潜力，实现优势互补，丰富了各国人民的"菜篮子"。随着中国民众对果蔬肉蛋奶等的需求增加，2000—2015年，罗马尼亚出口到中国的乳制品、蛋类、蜂蜜增长了80%，肉类增长了69%，2015年罗马尼亚出口中国的农产品贸易额达6 640万美元，而罗马尼亚从中国进口的主要农产品为丝织品，其中生丝进口量在2010—2015年增长率达18%，进口贸易额为5 940万美元。克罗地亚是中国的主要兽皮进口国，2015年向中国出口832吨马皮、牛皮，也从中国进口了3 600吨的块茎产品和843吨的鱼类产品。

俄罗斯由于地处严寒地带，对热带、亚热带的果蔬类产品需求量较大，2016年俄罗斯进口价值前八位为柑橘、香蕉、大豆、茶叶、苹果、咖啡、西红柿和鲜切花，其中柑橘进口价值占比最大，为1.16亿美元。俄罗斯与"一带一路"沿线国家的农业具有极大的互补性，蔬菜进口量占世界进口量的3%，国内蔬菜进口量的35.41%来自于斯里兰卡，中国进口量占29.41%，印度占比10.07%，以上3个国家为"一带一路"倡议者与主要参与者。俄罗斯是中国第十大贸易伙伴，2000年中俄双边贸易额只有80亿美元，2014年已达到953亿美元，接近1 000亿美元。2015年前7个月，俄罗斯对中国农产品出口额上升33%（赵鸣文，2016)，2016年中国从俄罗斯购买了逾10亿美元的

① http://news.sina.com.cn/c/2017-04-13/doc-ifyeifqx5541731.shtml。

② http://www.cqn.com.cn/zgzlb/content/2016-06/23/content_3062508.htm。

③ 韩长赋在中国—中东欧国家农业部长会议暨国际农业经贸合作论坛上的致辞，2016年11月。

食品，取代土耳其成为俄罗斯食品的最大进口国[①]，加上中俄两国农产品的市场准入打开，中国进口俄罗斯农产品超过 18 亿美元[②]。目前中国从俄罗斯进口最多的食品是冷冻水产、大豆、大豆油和葵花籽油。俄罗斯远东以渔业著称的堪察加、萨哈林等地区都希望向中国等亚洲国家出口冷冻鱼肉、海胆等产品[③]。

东盟国家是世界主要饲料、糖类、谷物进口国，其中用于动物饲料的食品残渣进口占世界总进口额的 15%，糖类进口占比达 14%，谷物及加工品进口占 10%。越南等国对玉米、大豆的需求较为旺盛，玉米进口额占农业总进口额的 20%，大豆占比 10%。中国是东盟国家糖类的主要进口国家，2016 年从中国进口的糖类总额为 4.78 亿美元，占其进口总额的 58.63%。据统计，2016 年 4 月中国与东盟食用水果双边贸易额达 3.65 亿美元，同比增长 7.67%。其中，中国自东盟进口食用水果 2.65 亿美元，同比增长 2.71%，中国是越南蔬菜和水果最大的出口市场，占其出口额的 70%[④]。中国对东盟出口食用水果 1.0 亿美元，比上年增长 23.46%。出口方面，越南、泰国、马来西亚是中国食用水果对东盟出口的前三大市场，累计出口额为 0.73 亿美元，占中国食用水果对东盟出口总额的 73.0%。

3. “一带一路”倡议带来良好前景

从 2013 年习近平总书记在哈萨克斯坦首次提出共建“丝绸之路经济带”的倡议以来，“一带一路”已经或正在从“倡议”进入到“建设”的阶段（李国强，2017），主要体现在“一带一路”倡议提出的“五通”目标（政策沟通、设施联通、贸易畅通、资金融通、民心相通）实现了实质性的进展。

政策沟通是“一带一路”建设的重要保障。为加强政策沟通，中国相继举办了“一带一路”国际合作高峰论坛和厦门金砖峰会，国家领导人在国事访问、世界主要活动中，如东盟峰会、G20 峰会、APEC 会议、博鳌亚洲论坛、世界经济论坛等，积极推进政策沟通。设施联通是“一带一路”建设的优先领域。相关数据显示，中国企业已投资约 500 亿美元，并在 24 个国家建立了 75 个经贸合作区，创造了 20.9 万个就业岗位[⑤]，一系列的公路、铁路、电信、电力、机场、港口项目正在有序进行，科伦坡港口城、汉班托塔港区、瓜达尔港、中国老挝铁路、马来西亚铁路，中缅油气管道等处于热火朝天的建设中。贸易畅通是互联互通的重点内容。中欧班列有序推进，境外工业园区、中国互

① http：//www.yicai.com/news/5208639.html。

② http：//www.jiemian.com/article/1081812.html。

③ http：//world.people.com.cn/n1/2017/0204/c1002-29056812.html。

④ http：//www.mofcom.gov.cn/article/i/jyjl/j/201611/20161101603086.shtml。

⑤ http：//www.scio.gov.cn/m/31773/35507/35520/Document/1614132/1614132.htm。

联网企业倡导的跨境电商业务有效地解决了贸易的便利化问题。资金融通是“一带一路”建设的重要支撑。中国已启动“丝路基金”，亚洲基础设施投资银行将为这些国际走廊的建设投入巨额资金。除此之外，金砖国家开发银行、中国的政策性银行和商业银行也在为资金的融通不断努力。民心相通是“一带一路”建设的社会根基。我国长期以来在海外推行孔子学院、华文教育、精英培育，通过民心相通活动实现了中国文化与世界文化的互联互通。

“五通”的建设为“一带一路”沿线国家的农业发展提供了良好的环境。据不完全统计，中国有551家投资机构在80多个国家和地区开展了农业投资合作。2015年“一带一路”沿线国家对中国出口农产品231.3亿美元，2010—2015年，年均增长6.7%，从中国进口农产品219.7亿美元，年均增长10.5%，与中国农产品贸易总额为451亿美元，年均增长8.5%，中国对中亚五国的农产品进出口额年均增长率达到25%左右（尹成杰，2016），中国与巴基斯坦农业投资环境日益改善，投资规模日益扩大，农业贸易总额仅在2013年就达到了6.52亿美元，具有很强的互补性。中国对中东欧国家投资超过90亿美元，16个中东欧国家在中国投资超过14亿美元①。

但当前限于地缘政治、国家间的经济文化差异，“一带一路”沿线国家在贸易合作上仍存在较大合作空间。中国从“一带一路”沿线国家进口农产品增长较快，但目前占中国进口农产品总额的比重只有20%②。与其他领域的合作相比，中国与中亚国家农业合作仍处于起步阶段，农业贸易占双方总贸易量比重偏低，产品结构单一，相互投资规模不大。未来农业贸易具有较大的合作空间和良好的前景。

随着“五通”建设的持续推进，中国与“一带一路”沿线国家的农业合作空间不断扩大，农产品贸易发展前景广阔。2015年《中华人民共和国与东南亚国家联盟关于修订〈中国—东盟全面经济合作框架协议〉及项下部分协议的议定书》的达成和签署，将推动双方实现2020年双边贸易额达到1万亿美元的目标。为了促进中欧全面战略伙伴关系全方位、均衡发展，中国与中东欧16国制订《中国—中东欧国家合作中期规划》，提出本着互惠互利的原则，加强农产品贸易、农业可持续生产、农产品深加工、农村发展和农业科技以及种植业和养殖业等方面合作，鼓励建设农产品基地，支持在灌溉等农业基础设施建设、节水灌溉技术与设备等领域开展合作，明确了2015—2020年的工作方向和重点，进一步释放合作潜力。俄罗斯出口中心（REC）预测，到2020年

① http：//www.scio.gov.cn/m/31773/35507/35520/Document/1606905/1606905.htm。

② 韩俊，第五届中国粮食与食品安全战略峰会上的主旨发言。

俄罗斯出口至东盟国家的市场份额将达到10%[①]，在2020年贸易额将达到2 000亿美元的既定目标。

第二节 “一带一路”沿线国家农业国际竞争力测算的重要性

“一带一路”倡议的沿线国家大多为发展中国家和贫穷国家，而农业作为大部分国家产出与收入的主体，对“一带一路”沿线国家的民生改善与经济发展极其重要，同时也有利于加强各国间农业的合作与交流。此外，农业合作必将成为“一带一路”沿线地区地缘政治中重要议题之一，为世界农业的进步打下坚实的根基。

增强“一带一路”沿线国家的农业合作与交流，首先需要充分了解沿线各国农业资源、生产和贸易结构、农业政策以及国际环境等方面的情况，才能更好地推动各国的沟通。具体可以通过对沿线国家农业的国际竞争力进行全面测算与分析，以此来明晰沿线各国农业自身发展水平、竞争力状况以及在国际竞争中的地位和发挥的作用，从而揭示不同经济水平、不同资源状况下农业竞争力的特点和趋势，通过对比分析找出影响各国竞争力的主要原因。与此同时，还需从农业生产条件、产业发展和国际环境等方面进行研究，在充分了解各国农业发展的优势与劣势之后，归纳出制约落后地区农业发展的关键性因素，总结部分农业发达地区经验，全面地为沿线各国农业发展以及“一带一路”新型农业国际合作关系建立提供可靠的科学依据和决策参考。以下将从几个方面来详细说明“一带一路”沿线国家农业国际竞争力测算的重要性。

一、从比较优势和竞争优势把握“一带一路”沿线各国农业国际竞争力现状

第一，通过对“一带一路”沿线国家的农业国际竞争力的测算，我们能够了解各国农业的比较优势和竞争优势。首先，比较优势是建立在资源优势的基础之上的，其中以成本为中心的生产效率差异可以直观反映出一国的农业基础，此差异是该国农业国际竞争力的本质表现。通过测算沿线国家的比较优势，可以从根本上为各国适时调整农业生产结构以及如何改进资源配置方式和生产方式来实现成本最低化提供理论依据。而以产品实现为中心的竞争优势作为一种绝对优势，强调的是各国相同产业之间生产率的比较，它能够反映一个国家或地区持续获得盈利的能力以及该国家或地区提供的农产品所具

① http://finance.china.com.cn/roll/20160513/3721642.shtml。

有的开拓市场范围和扩大市场份额的能力。经研究发现，对竞争优势的测算有利于各沿线国家在充分考虑市场需求、竞争态势、组织功能、政府作用等因素的基础上，通过调整其农业企业的策略行为，从根本激发其创新能力，促进农业发展。综上所述，对各国农业比较优势和竞争优势进行分析，能够整体掌握一个国家的农业国际竞争力现状，进而更加精确地对沿线国家农业的资源、规模、生产组织以及各国技术水平、市场结构、政府政策等进行优化。

第二，从企业、产业和国家三个层次的竞争力分析定位各个国家在参与国际竞争中所表现出来的整体竞争能力。首先，从企业层面来看，对竞争力的分析有助于各国了解其农业企业在国际市场上的盈利水平和生存发展能力，从而取其精华，去其糟粕，为真正有供给需求和发展前景的农产品保持和提高市场份额；其次，对沿线国家的产业竞争力进行分析，其作用在于能够指导各国充分利用竞争资源来提高生产效率，以更低的价格、更高的质量、更优的服务和更高的信誉在各方面战胜竞争对手；最后，在国家竞争力方面，对其的测算能够掌握该国为农业企业在国际市场上竞争所提供的大环境和支撑能力，如设施支持、金融支持和政策支持等，同时也反映出了一个国家在参与国际竞争中所表现出来的整体竞争力（庞守林，2004）。

第三，通过对沿线国家竞争力的分析，了解各国所处的农业国际竞争力阶段，从而找到各国农业国际竞争力强弱的原因及其影响因素。农业产业参与国际竞争的过程大致可以分为资源竞争、产销竞争、技术创新竞争和资本实力竞争四个阶段。不同阶段的竞争不仅拥有不同来源的优势，其具体表现也有不同的形式和特点，与此同时，每一阶段又分别主要受要素、投资、创新和财富这四个驱动力的驱动。因此，通过对各国所处竞争阶段的细致了解和分析，能够使得各国在不同的阶段根据自身发展的实际情况和需要来采取不同的竞争战略，制定不同的方案，从而根据市场需求的变化迅速反映到农产品的研发生产和竞争主体的制度安排中（庞守林，2004）。此外，我们能够根据各国所处的竞争阶段详细分析影响其国际竞争力提升的主要因素，通过改革限制发展的短板，发扬促进竞争的优势，更有针对性地提高沿线国家的农业国际竞争力。

第四，通过对各种竞争力指标的计算和分析，最终了解沿线国家农业在世界上所处的地位。数据的统计和分析是显示各国农业发展现状在国际地位中排名的最直观依据，应挑选出所需的各类竞争力指标，整合指标数据进行综合分析，反映出各国农业的竞争力地位，根据地位的差异，系统地进行国际分工，细化国际市场结构及动态变化，在各国农业发展效用最大化的基础上促使各国互惠互利，真正实现"一带一路"提出的目标。

二、提高“一带一路”沿线国家农业合作精准性

第一，立足比较优势，精准实现资源互补。通过测算国际竞争力，立足了解各国的资源结构，能够促进合作过程中各国优势的充分发挥，形成优势互补效果，最大限度地挖掘各国的农业潜力以及新的合作、投资增长点（韩晶玉、姜扬，2017）。在保持合作总量增长的同时，还要注重投资结构的优化，尽量减少无效和低端的投入与合作，争取扩大有效和中高端的新型农业发展动力投入，创新农业合作项目，全方位提高合作的有效性和精准性。此外，要在具有绝对优势的地域上分别安排价值链条中的各重要环节，环环相扣，在最大限度优化生产要素的基础上降低农业生产成本，提高农产品种类和产量，最终实现提高农业经济效益的目的。此外，为了构建“一带一路”常态化、各层次、多领域的农业合作机制，还需完善中国与东盟农产品贸易政策的对话磋商机制，增进彼此战略对接、政策沟通和融合发展，协商谋划合作愿景及措施，促使加入“一带一路”合作的各沿线国家达成一致的互利共赢方案。

第二，有利于精准开发更多合作潜能，促进沿线国家农产品贸易均衡发展。由于“一带一路”沿线国家的农业发展状况不同，致使合作较多依赖于部分农业较发达的国家，也因此将贸易集聚于这些国家，从而集中并提高这些国家的风险，不利于国际农产品市场的稳定和可持续发展。与此同时也削弱了对其他农业较落后国家的合作关注度，导致各国农业发展严重不均衡。所以为了能够精准挖掘农业新产品、新市场和新区域潜力，竞争力的测算和分析是必不可少的，在此基础上拓展领域、创新模式、挖掘潜力、优化层次，真正解决部分国家合作的认同感与获得感缺失的现状，共享发展机遇，共创发展前景，使得沿线各国均成为农业合作的参与者和利益共享者（郑国富，2017），之后在“一带一路”的号召下，各国能够做到优势互补、资源共享，进而能够推进合作规模的扩大、层次的提升，打造出国际农业合作的新模式和新载体。

三、降低“一带一路”沿线国家农业国际合作风险

第一，有利于减少农业合作的不确定性。“一带一路”沿线国家农业的战略合作对促进各国农业经济要素有序自由流动、资源高效配置和市场深度融合能够起到至关重要的作用，但各国政治形势、经济水平和文化因素等复杂多元化，且部分沿线国家政治动荡不稳定或因各种原因导致国内投资贸易环境不稳定，农业合作仍然具有较大的不确定性以及安全隐患。开展农业国际竞争力的测算，有利于精确地认知和评估各国农业投资环境、合作模式、开发领域以及

政治风险、自然风险、经济风险，未雨绸缪，及早建立相应完善的风险指标体系，以便及时做好预警和风险防控保障措施。同时测算农业国际竞争力，能够明确各国合作的难点和优势，从而攻坚克难、取长补短，提高农业整体发展水平。

第二，有利于减少农产品过度集中带来的风险。对各国农业竞争力的测算可以使得沿线国家认识到自身资源禀赋优势，通过对优势的充分发挥能够增加具有发展潜力的农产品的贸易数量和贸易种类，从而扩大农产品贸易规模，减少由于农产品过度集中带来的市场风险。不仅如此，规模的扩大还能起到优化合作机制与合作渠道的作用，团结各国共同防范可能存在的贸易合作风险，实现共赢。此外，全球资源紧缺是当前不容小觑的限制条件，虽然供我们享用的天然产物已少之又少，但通过研究各国农业竞争力，有助于我们开发更多优势农产品国际合作种类，实现资源和环境的可持续性，同时各国间要形成相关政策约束，以期能够构建动态而稳定的农业合作关系。

四、为提升“一带一路”沿线国家农业国际竞争力提供对策

第一，基于比较优势因地制宜，提高农业竞争力。通过对沿线各国农业竞争力的测算和分析，能够详细总结出各国主要农产品相对比较优势，在此基础上，运用所得结论为各国农业生产的总量调整和结构调整提供参考意见，进而整合“一带一路”沿线国家农业生产要素布局，为各国农户和企业与世界各国开展农产品贸易，积极参与国际合作与竞争，扬长避短，提出针对性的引导。同时呼吁各国出口本国具有“比较优势”的产品，进口本国具有“比较劣势”的产品，这样不仅使要素实现最优配置，还能从国际分工和交换中获取“比较利益”，提高本国社会净收益，促进经济发展，调整技术结构和产业结构，生产适销对路的产品，进而将国家农产品的国际竞争力提升到新的高度（庞守林，2004）。此外，在按比较优势原则配置资源的基础上，研究培养竞争优势是另一条提高农产品国际竞争力的有效途径，通过把一国的比较优势转化为竞争优势，使该国在国际竞争中脱颖而出，从而拥有更多的发展机会。

第二，有助于深入挖掘沿线国家市场潜力，提出提高农业国际竞争力的对策。沿线各国国际竞争力绩效表现、潜力的比较分析是有助于真正认清各国的农产品国际竞争力的重要指标，在深入挖掘沿线国家市场潜力之后，基于各国农业比较优势，通过提出针对增强沿线国家合作潜力以及提高农业国际竞争力的建议来促进各国自身的发展以及各国间的互利共赢。

五、为“一带一路”沿线国家农业政策沟通提供依据

第一，为加强国际沟通、化解贸易壁垒提供依据。在对沿线国家农业国际

竞争力进行测算的过程中，了解不同种类农产品的进出口趋势以及各国不同需求，在贸易政策上实行内外兼修，对外不仅要调整不同的农产品贸易进出口政策，还要优化农产品进出口结构；对内要重构各国内部农业生产格局，增加各国农产品种类，提升农产品质量，全方位地弱化贸易壁垒。此外，根据各国优势构建良好的国际沟通桥梁，在创造一个有利于各国农业发展和增强优势农产品的竞争力的大环境下，通过稳固并扩大贸易伙伴范围，促进形成贸易伙伴多元化，进而更好地加强与不同贸易伙伴国之间的合作，形成完善的互惠互利机制。

第二，有益于国家政策沟通平台的搭建。“一带一路”倡议的首要任务就是通过搭建区域内国家政策沟通、战略协商和对策交流的平台，尽可能地实现沿线各国战略利益和商业利益的统一，真正实现共同制定规则、协商解决问题和共同制定政策的和谐发展、互利共存局面（尚永辉、魏君英，2017）。若想圆满完成该项任务，需要在找准各国优势农产品的基础上，充分把握沿线国家农业竞争力，之后依托已构建的常态化、各层次、多领域的农业合作机制和现有的政治关系，进一步搭建农业政策对话平台。该平台是“一带一路”倡议实施的产物，它通过增进彼此的战略对接、政策沟通和融合发展，来起到强化农业科技交流合作的效用，使各国能够团结一致地协商谋划合作愿景及发展措施（王韬钦，2017）。

六、为各国农业贸易和投资发展提供参考

各国产业结构存在阶梯性差别、资源要素禀赋各具优势是当前“一带一路”沿线国家农业发展的特点，通过对沿线各国农业竞争力的测度和分析，能够全面了解各国农业比较优势和竞争优势，这为各国农业贸易和投资发展提供了有利的参考。可以提出优化农产品贸易结构，挖掘贸易新增长点，以数据为依据合理科学规划，统筹运用好援助、投资、技术引进等合作方式，增加农业项目投资，提升农业合作水平，释放贸易合作潜力，从而形成牢固的贸易伙伴关系。

第二章 “一带一路”沿线国家农业发展概况

“一带一路”沿线国家农业交流合作的开展，需要对各国农业生产环境、资源要素、市场贸易等状况的全面认识。本章将基于联合国粮农组织（FAO）、世界银行（WB）、国际货币基金组织（IMF）等国际组织的农业公开统计数据，围绕沿线国家宏观经济发展、农业资源、农业生产、农产品消费、农产品价格、农产品贸易等方面，对各国农业发展状况进行客观全面的分析，提高沿线国家农业合作的精准性。

对“一带一路”沿线国家的界定，本书主要参考了中国“一带一路”网[①]公布的国家，具体包括72个国家：东亚3国（中国、蒙古、韩国），东南亚11国（新加坡、马来西亚、印度尼西亚、缅甸、泰国、老挝、柬埔寨、越南、文莱、菲律宾和东帝汶），西亚18国（伊朗、伊拉克、土耳其、叙利亚、约旦、黎巴嫩、以色列、巴勒斯坦、沙特阿拉伯、也门、阿曼、阿联酋、卡塔尔、科威特、巴林、格鲁吉亚、阿塞拜疆、亚美尼亚），南亚8国（印度、巴基斯坦、孟加拉国、阿富汗、斯里兰卡、马尔代夫、尼泊尔和不丹），中亚5国（哈萨克斯坦、乌兹别克斯坦、土库曼斯坦、塔吉克斯坦和吉尔吉斯斯坦），中东欧20国（波兰、立陶宛、爱沙尼亚、拉脱维亚、捷克、斯洛伐克、匈牙利、斯洛文尼亚、克罗地亚、波黑、黑山、塞尔维亚、阿尔巴尼亚、罗马尼亚、保加利亚、马其顿、白俄罗斯、乌克兰、摩尔多瓦、俄罗斯），非洲5国（马达加斯加共和国、摩洛哥、南非、埃及、埃塞俄比亚），大洋洲（新西兰），中美洲（巴拿马）。

第一节 宏观经济发展分析

截至2017年已有70多个国家和组织对“一带一路”倡议表达了支持和参

① https：//www. yidaiyilu. gov. cn/info/iList. jsp？ cat _ id=10037。

与意向，34个国家和国际组织与中国签署了共建“一带一路”政府间合作协议，已形成了具有广泛影响力的框架结构。为了探究“一带一路”沿线国家的农业国际竞争力，首先对其宏观经济状况进行分析和说明。主要分为以下几个部分：经济发展状况、资源禀赋状况、基础设施建设状况、贸易投资状况。

一、经济发展状况

1. 经济发展现状

“一带一路”沿线国家包括韩国、新加坡、以色列、捷克、拉脱维亚、斯洛文尼亚、新西兰7个发达国家以及亚洲、欧洲、非洲、大洋洲的60多个发展中国家和地区。参与“一带一路”倡议的国家和地区众多，国家和地区间经济发展水平差距大，经济发展稳定性不同，合作的重点和方向也不同。了解其基本的经济发展状况对于开展投资合作必不可少。主要从国内生产总值、外汇总储备、外债总额三个方面分析经济发展现状。

从国内生产总值角度看，根据世界银行最新公布的数据，除巴勒斯坦、叙利亚数据缺失外，2016年“一带一路”沿线国家的国内生产总值总量为27.94万亿美元，占世界国内生产总值的36.84%，相比人口占世界总人口的65.59%，国内生产总值占比较低。在“一带一路”沿线国家中有45个国家的国内生产总值增长率超过世界平均水平，5个国家的国内生产总值增长率为负，总体呈现良好的发展态势。

除格鲁尼亚、巴勒斯坦、叙利亚数据缺失，2016年“一带一路”沿线国家的人均国内生产总值为1.06万美元，比世界平均水平高373.69美元。总体上看，“一带一路”沿线国家的经济发展形势良好，经济发展具有强大的活力和潜力。

从总储备看，除巴林、伊朗、巴勒斯坦、叙利亚、乌兹别克斯坦及也门数据缺失，2016年“一带一路”沿线国家的总储备（包括黄金）共6.61万亿美元。其中，中国2016年总储备达到3.10万亿美元，占“一带一路”沿线国家外汇总储备的46.90%，外资储备丰富，展现了雄厚的经济实力。

从外债总额看，2016年世界外债总额存量超过1 000亿的国家有16个，其中有9个“一带一路”沿线国家；从外债总额存量占当年国民总收入的比例即外债负债率看，“一带一路”沿线国家中有40个国家外债负债率超过20%，最高的蒙古达到231%。总体来看，“一带一路”沿线国家对外债的依赖度高，债务风险高，威胁经济的稳定发展。

2. 经济发展稳定性

主要从通货膨胀和失业率两个方面分析“一带一路”沿线国家经济发展的稳定性状况。

从通货膨胀（按消费者价格指数衡量）来看，2016 年“一带一路”沿线国家中有 3 个国家处于飞奔的通货膨胀（10%～50%）状态，6 个国家处于严重的通货膨胀（6%～9%）状态，10 个国家处于温和的通货膨胀（3%～6%）状态，11 个国家处于爬行的通货膨胀（1%～3%）状态，共 30 个国家处于通货膨胀状态，通货膨胀形势较为严峻，应该给予重视，避免对经济产生不良影响。

从 2017 年失业率数据来看，“一带一路”沿线国家中有 35 个国家的失业率高于世界平均水平，失业率最高达到 27%，就业状况不容乐观；有 24 个国家失业率低于 5%，就业形势基本稳定。总体来看，“一带一路”沿线国家经济发展稳定性有待加强。

“一带一路”沿线国家总体经济形势发展良好，但是仍有很大的发展空间，通过“一带一路”协议的推进，在平等、包容、合作、共赢的基础上，促进各国政策沟通、设施联通、贸易畅通、资金融通、民心相通，最终形成互利共赢的“利益共同体”和共同发展繁荣的“命运共同体”。

二、资源禀赋状况

1. 劳动力

除巴勒斯坦数据缺失外，2016 年“一带一路”沿线国家人口总量 48.81 亿人，占世界总人口的 65.59%，人口数量庞大；劳动力总量为 22.54 亿人，占世界劳动力总量的 66.00%，劳动力资源丰富，为经济发展提供了充足的发展动力。

根据 2011—2016 年可得的 36 个“一带一路”沿线国家成人识字率数据，22 个国家识字率超过 90%。但其中 7 个国家识字率不足 60%，远低于世界平均识字率水平（94.48%），教育普及程度低，也反映了劳动力素质有待加强。

2. 能源资源

能源资源是指在社会经济技术条件下能够为人类提供大量能量的物质和自然资源，包括煤炭、石油、天然气、风、河流、海流、潮汐、草木燃料及太阳辐射等①。

世界煤炭储量排名中，“一带一路”沿线国家中有俄罗斯、中国、印度、乌克兰、哈萨克斯坦五个国家排名前十位，总储量达到 3 989 亿吨，占世界总储量的 46.33%②。作为主要能源之一，煤炭对于国家的发展起到重要的作用。

根据美国能源信息署（EIA）数据库资料，基于 2015 年数据，全球石油储量最高的 100 个国家中，“一带一路”沿线国家有 54 个，共 9.86 千亿桶，

① 能源资源，https：//baike.baidu.com/item/能源资源/4635471？fr=aladdin。

② 煤炭储量排名，https：//www.phb123.com/shijiezhizui/guojia/10904.html。

石油储备量丰富[①]。作为一种战略储备物资，丰富的石油资源对于国家能源安全发挥着重要的作用，同时也能够减轻石油供应变化对于整体经济的冲击。

世界十大天然气储量国中包括7个“一带一路”沿线国家，包括伊朗、俄罗斯、卡塔尔、土库曼斯坦、沙特阿拉伯、阿拉伯联合酋长国、阿尔及利亚，七国天然气探明储量共127.20万亿立方米，约合油当量8 396.00亿桶[②]，占全球储量的68.09%，天然气储备丰富。在天然气市场竞争日益激烈的今天，丰富的天然气资源必然对国家发展起到重要的作用。

3. 其他资源

本部分主要从可再生内陆淡水资源总量、森林面积、耕地面积、私营部门参与的能源投资角度对能源资源状况进行分析。

2014年数据显示，除黑山、巴勒斯坦数据缺失，“一带一路”沿线国家可再生内陆淡水资源总量160 421亿立方米，人均可再生内陆淡水资源量3 355.38立方米；世界总可再生内陆淡水资源总量为428 099亿立方米，人均可再生内陆淡水资源量5 918.92立方米，有22个国家人均水资源总量高于世界水平，“一带一路”沿线国家人均可再生内陆淡水资源量远低于世界水平，主要是由于部分国家水资源量过低，23个国家的人均水资源低于1 000立方米，其中还有10个国家的人均水资源低于100立方米，水资源供需矛盾突出。

2015年“一带一路”沿线国家森林总面积共1.48亿平方千米，占世界森林总面积的43.53%，森林面积广阔，保持森林资源对于维持生态环境、促进经济的可持续发展具有重要作用。

2015年“一带一路”沿线国家耕地总面积7.33亿公顷，人均耕地面积0.22公顷，高于世界人均耕地面积0.19公顷，其中有31个国家高于世界人均耕地面积，“一带一路”沿线国家耕地资源比较丰富，为农业发展打下良好的基础。

2014年“一带一路”沿线国家18个数据可得国家的私营部门参与的能源投资为313.28亿美元，随后两年部分国家私营部门参与的能源投资减少，能源投资效率有待加强，但是中国在2014—2016年私营部门参与的能源投资不断上升，“一带一路”沿线国家总体能源资源丰富。

三、基础设施建设状况

主要从铁路、公路、航空、码头以及通电率和互联网服务器拥有量等方面

---

① 石油储备量，http：//www.diyizby.com/html/24968.html。

② 天然气探明储量排名，http：//www.360doc.com/content/17/0513/12/12171710_653500652.shtml。

分析“一带一路”沿线国家基础设施建设情况，情况如下：

“一带一路”沿线国家中有 34 个国家铁路总里程数据显示，2016 年总里程共 120.43 万千米，占世界铁路总里程的 29.37%。但是各个国家的铁路总里程差距大，有 7 个国家的总里程高于 1 万千米，最高的达到 8.53 万千米，但有 18 个国家的铁路总里程低于 3 000 千米。

从航空运输量来看，“一带一路”沿线国家 2016 年航空运输量为 1.24 千万次，占世界总运输量的 35.94%，运输量大。但是除 5 个国家数据缺失外，14 个国家航空运输量不足 1 万次，航空资源有待开发。

从货柜码头吞吐量看，除 26 个国家数据缺失外，2016 年“一带一路”沿线国家货柜码头吞吐量 42.79 千万标准箱，占世界总吞吐量的 61.01%，其中中国吞吐量达到 19.96 千万标准箱，远高于其他国家。

除巴勒斯坦数据缺失外，2014 年“一带一路”沿线国家享有通电人口占总人口的百分比即通电率达到 100%的国家有 45 个，有 12 个国家通电率在 90%以上但不足 100%，9 个国家通电率在 60%～80%，有 4 个国家通电率不足 60%。通电状况不容乐观，仍有很大的进步空间。

从安全互联网服务器普及程度看，2016 年“一带一路”沿线国家平均每百万人拥有量为 172.32 个，低于世界平均水平（215.06 个/百万人）。其中 17 个国家拥有量超过世界平均水平，韩国最高，达到 2 200.79 个/百万人；有 33 个国家低于 50 个/百万人，互联网服务器建设有待加强。

“一带一路”沿线国家对于基础设施建设需求旺盛，但是这些国家基建投资不足，普遍呈现基础设施落后的状况。“一带一路”框架下的发展中国家需要大量的基础设施投资和建设，是开展合作的基本经济动力。

四、贸易投资状况

“一带一路”沿线国家众多，每个国家经济发展水平、资源禀赋、贸易优势等不同，为更加合理、高效与这些国家开展投资合作，我国根据不同国家的特点制定了不同的合作协议。中国先后发布与各国的投资指南，例如建立了中俄亚马尔液化天然气项目、中土交通能源、中非旅游等合作项目。而我国参与设立的金砖国家开发银行与亚洲基础设施投资银行，也进一步推动与“一带一路”沿线国家的投资合作计划。据亚洲开发银行对亚洲未来五年基础设施需求资金的估算，至少需要 8 万亿美元的投资额①。

1. 贸易环境

根据 2017 年营商便利指数分析，排名前 100 位的国家中“一带一路”沿

① 中国对外贸易形势报告，https：//www.yidaiyilu.gov.cn/gbjg/xdzzn/33256.htm。

线国家占 49 个，说明其法规环境有利于营商，但是也有 8 个国家排名在 150 名之后，其法规环境有进一步改善的空间。随着“一带一路”协议的开展，各国的营商环境将会进一步改善，促进国家间投资贸易的开展。

2. 投资状况

从外国直接投资净额看，2016 年数据显示，15 个国家为资金净流入国，49 个国家为净流出国，43 个国家投资基本保持平衡，“一带一路”沿线国家有极大的投资空间。

第二节 农业宏观发展分析

根据波特竞争理论，农业宏观发展状况主要包括自然资源、人力资源、资本资源、知识资源、农业基础设施的生产要素动态数据、政府行为等因素，由于数据搜集的原因并未包括理论中的需求条件、相关支持组织和机构等数据，因此将具体指标设置为包括沿线国家总耕地面积、粮食总产量、农业机械总动力、有效灌溉面积、化肥施用量、农业人口、农业劳动力、农业用电量等生产要素以及农产品加工情况动态数据，而农业组织机构（合作社、互助社）、农业社会化服务机构（如农机服务、植保服务、土肥服务等）等数据由于数据搜集困难，并未包含在本书中。

一、自然资源概况

联合国环境规划署（UNEP）对自然资源的定义是：所谓自然资源，是指在一定时间、地点的条件下能够产生经济价值的，以提高人类当前和将来福利为目的的自然环境因素和条件的总称。而农业自然资源主要包括生物资源和非生物资源，生物资源包括森林资源、农作物资源、家禽资源等，农业非生物资源则是指用于农业生产的土地资源、水资源、矿产资源等。我国自然资源总量丰富，但人均自然资源较少，并且伴随着经济发展，对自然资源的需求压力也越来越大。

可耕地作为农业生产的基础自然资源，在农业生产中具有重要地位。可耕地和农业生产并不一定呈正相关关系，主要受两个指标影响：可耕地利用率和可耕地的效率。可耕地利用率即实际的耕地面积占总农业面积的比例，而可耕地的效率主要由劳动投入量、机械化、农业基础设施、社会化服务等决定。可耕地作为分析“一带一路”沿线国家农业基本宏观状况的指标具有十分重要的意义。

由于“一带一路”沿线国家自然条件和人文因素等限制，各国之间耕地面积存在很大区别。1961—2014 年“一带一路”沿线国家平均耕地面积为

7 771千公顷，其中最少的五个国家：巴林、新加坡、马尔代夫、文莱和科威特，它们的耕地面积分别只有 1.61 千公顷、1.78 千公顷、2.93 千公顷、3.37 千公顷和 4.88 千公顷；而平均耕地面积最大的五个国家是印度、俄罗斯、中国、乌克兰和乌兹别克斯坦，它们的耕地面积分别为 160 562.40 千公顷、123 952.56 千公顷、109 364.73 千公顷、56 829.65 千公顷和 40 881.74千公顷。从图 2-1 中可以看出 2006—2013 年“一带一路”沿线国家耕地面积变化情况，中国在“一带一路”国家中年平均耕地面积居第三位。

2006—2013 年沿线国家耕地面积总量和平均值变化趋势基本相同，呈现出先减后增的趋势，2006 年的总量和平均值为 784 269.8 千公顷和12 065.69 千公顷，到 2010 年达到最小值 776 015.27 千公顷和 11 938.70 千公顷，而后逐年上升，于 2013 年达到 780 363.88 千公顷和 12 005.59 千公顷，2013 年相比于 2006 年总耕地面积和平均面积减少了 3 905.92 千公顷和 60.10 千公顷，年均减少率为 0.50%。

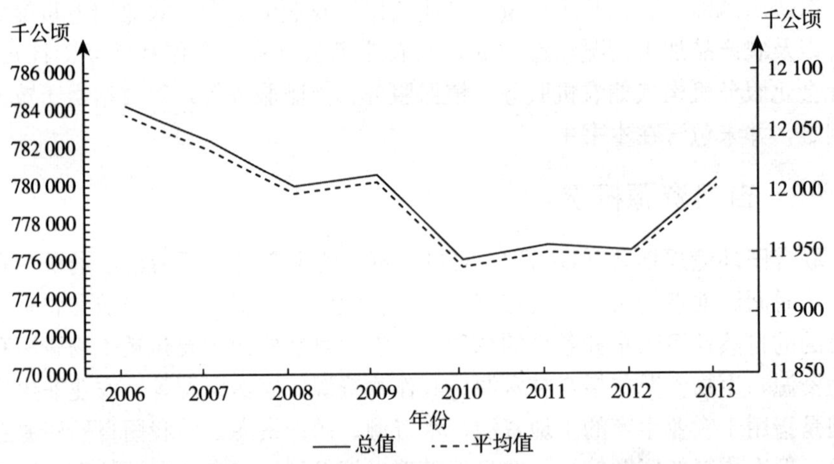

图 2-1　2006—2013 年“一带一路”沿线国家耕地面积变化

农村人口人均耕地也是影响农业生产的重要因素。一般来说，农村人口越多，土地生产效率越低，越容易促进劳动力转移。另外，农村人口多伴随着土地细碎化现象明显，越不易于进行规模化、机械化生产。农村人口人均耕地最多的五个国家是哈萨克斯坦、乌克兰、俄罗斯、乌兹别克斯坦和立陶宛，人均耕地面积分别为 4.39 公顷、3.65 公顷、3.21 公顷、2.55 公顷和 2.07 公顷，这些国家多为地广人稀，农业较发达。农村人口人均耕地面积最少的五个国家是马尔代夫、巴林、文莱、阿曼和斯里兰卡，分别为 0.02 公顷、0.03 公顷、0.05 公顷、0.05 公顷和 0.07 公顷，这些多是小国，不依赖农业发展，农业产业较弱。

灌溉面积不仅受自然气候影响，也受各主体对农田水利投入的影响。1961—2014年均灌溉面积最少的五个国家是立陶宛、文莱、巴林、黑山和爱沙尼亚，它们的灌溉面积分别是 0.83 千公顷、1.00 千公顷、2.28 千公顷、2.31 千公顷和 4.02 千公顷，而新加坡和马尔代夫由于本身土地较少，水量充足，所以没有灌溉面积的统计。最多的五个国家是中国、印度、巴基斯坦、伊朗和印度尼西亚，它们的灌溉面积分别为 52 753.32 千公顷、47 415.28千公顷、15 930.46千公顷、6 825.50 千公顷和 4 799.76 千公顷。中国是灌溉面积最多的国家，但灌溉面积的比例并不是最大的，中国灌溉面积比例为 48.24%。如表 2-1 所示，总体上中亚国家由于年降水量较少，灌溉面积比例较大，约占 90%以上的土地都需要灌溉，而一些雨量丰富的地区灌溉设施则相对较少。还有一些国家由于林地、耕地面积少但需要灌溉的土地面积多，所以导致灌溉面积大于耕地面积的情形存在，也即灌溉面积占耕地面积的比例大于 1。

表 2-1　“一带一路”沿线国家耕地面积、灌溉面积概况

国家	耕地面积（千公顷）	灌溉面积（千公顷）	比例（%）
阿富汗	7 822.72	2 809.37	35.91
阿尔巴尼亚	561.63	330.02	58.76
亚美尼亚	448.16	275.57	61.49
阿塞拜疆	1 828.68	1 433.11	78.37
巴林	1.61	2.28	141.61
孟加拉国	8 645.35	2 743.62	31.74
白俄罗斯	5 805.93	117.04	2.02
不丹	122.96	24.23	19.70
波黑	968.00	1 915.57	197.89
文莱	3.37	1.00	29.67
保加利亚	3 792.44	808.58	21.32
柬埔寨	3 056.19	204.88	6.70
中国	109 364.73	52 753.32	48.24
克罗地亚	939.87	10.90	1.16
塞浦路斯	156.70	35.21	22.47
捷克共和国	3 221.77	36.73	1.14
埃及	2 607.25	2 977.37	114.20

（续）

国家	耕地面积（千公顷）	灌溉面积（千公顷）	比例（%）
爱沙尼亚	732.05	4.02	0.55
格鲁吉亚	624.97	446.04	71.37
希腊	2 827.04	1 110.86	39.29
匈牙利	4 904.67	203.36	4.15
印度	160 562.41	47 415.28	29.53
印度尼西亚	19 573.26	4 799.76	24.52
伊朗	15 561.46	6 825.50	43.86
伊拉克	4 862.38	2 503.89	51.50
以色列	324.80	197.19	60.71
约旦	243.42	58.53	24.04
哈萨克斯坦	30 560.71	2 336.91	7.65
科威特	4.88	4.57	93.53
吉尔吉斯斯坦	1 312.59	1 041.42	79.34
老挝	887.06	148.50	16.74
立陶宛	1 169.04	0.83	0.07
黎巴嫩	182.47	86.89	47.62
拉脱维亚	2 295.47	7.17	0.31
马来西亚	980.94	327.30	33.37
马尔代夫	2.94	0.00	0.00
蒙古	980.42	54.13	5.52
黑山	136.39	2.31	1.69
缅甸	9 876.87	1 341.63	13.58
尼泊尔	2 178.34	726.52	33.35
阿曼	27.59	47.19	171.05
巴基斯坦	30 779.26	15 930.46	51.76
菲律宾	5 138.02	1 258.55	24.49
波兰	13 993.98	231.48	1.65
科威特	7.66	7.04	91.87
马尔多瓦	1 808.00	264.75	14.64
罗马尼亚	9 508.81	2 302.31	24.21
俄罗斯	123 952.56	4 670.00	3.77
沙特阿拉伯	2 563.20	1 077.11	42.02

（续）

国家	耕地面积（千公顷）	灌溉面积（千公顷）	比例（%）
塞尔维亚	3 221.19	90.67	2.81
新加坡	1.79	0.00	0.00
塞维利亚	1 451.31	164.60	11.34
斯洛文尼亚	178.90	4.70	2.62
斯里兰卡	919.28	499.46	54.33
叙利亚	5 125.07	870.13	16.98
塔吉克斯坦	799.26	727.70	91.05
泰国	15 229.00	4 029.67	26.46
南斯拉夫	504.30	97.30	19.29
土耳其	23 948.11	3 468.91	14.49
土库曼斯坦	1 889.26	1 884.57	99.75
乌克兰	56 829.65	2 322.17	4.09
阿联酋	8 205.88	89.75	1.09
乌兹别克斯坦	40 881.74	4 222.00	10.33
越南	31 669.77	2 635.02	8.32
也门	1 375.41	406.85	29.58

资料来源：FAO 网站整理。

二、人力资源概况

农村人口是衡量一个地区农村人力资源最基本的指标，也是农业发展的基础条件。中国农村人口一直以来占总人口的绝大多数，随着农村人口流动和城镇化建设，农村人口比重开始下降。此外，农业雇佣劳动力是指投入农业生产中的人力资源，体现了该国的农业专业化程度。一般情形是，雇佣的劳动力越多，农村人力资源越丰富，越有利于农业生产。

“一带一路”沿线国家 1950—2017 年①平均农村人口最多的五个国家是中国、印度、印度尼西亚、孟加拉国和巴基斯坦，分别为 7.16 亿人、5.72 亿

① 其中，哈萨克斯坦，乌兹别克斯坦，土库曼斯坦，塔吉克斯坦，俄罗斯，乌克兰，白俄罗斯，格鲁吉亚，阿塞拜疆，亚美尼亚，摩尔多瓦，立陶宛，爱沙尼亚，拉托维亚克，克罗地亚均于 1991 年独立，马其顿于 1991 年从南斯拉夫分离，波黑于 1992 年独立，以上国家数据从 1992 年开始。捷克和斯洛伐克于 1993 年独立，数据从 1993 年开始。黑山于 2006 年独立，黑山和塞尔维亚数据从 2006 年开始。

人、1.05亿人、0.75亿人和0.66亿人，而平均农村人口最少的国家为新加坡、卡塔尔、巴林、科威特和文莱，分别为0.11千人、19.34千人、61.85千人、62.46千人和72.43千人。平均农村人口最多的5国除中国外，其余4个国家均呈现出农村人口逐年增加的趋势，印度和巴基斯坦增长较快并保持相对稳定的增长率，孟加拉国和印度尼西亚均在2000年之后呈现出缓慢增长的特点。中国在1993年农村人口达到峰值8.67亿人，随后由于国家政策和经济发展等因素，中国农村人口逐年减少，并呈现出加速下降的趋势。

“一带一路”沿线国家年均农业雇佣人口最多①的五个国家为印度、印度尼西亚、孟加拉国、越南和泰国，分别为19 937.48万人、3 877.24万人、2 546.23万人、2 453.49万人和1 535.65万人，基本和农村人口前五的国家一致，而农业雇佣人口最少的五个国家为新加坡、黑山、科威特、卡塔尔和塞浦路斯，分别为1.25万人、1.26万人、1.50万人、1.65万人和1.65万人。由于印度、孟加拉国、越南数据较少，所以顺序选取其后四个国家：印度尼西亚、泰国、巴基斯坦和菲律宾分析。从各国农业雇佣人口情况看，除泰国之外，其余国家均呈现增长趋势。其中泰国雇佣人口比例最高，年均所占比例为40.55%，巴基斯坦比例最低为19.90%。除泰国之外，雇佣人口和农村人口比例基本一致。

三、资本资源概况

1. 农业用电量

“一带一路”沿线国家1970—2012年平均农业用电量最多的五个国家是印度、中国、俄罗斯、乌兹别克斯坦和伊朗，用电量分别为5 752 130万千瓦时、4 963 646万千瓦时、31 528 019万千瓦时、1 278 619万千瓦时和737 409万千瓦时，年均农业用电量最少的五个国家是不丹、文莱、马其顿、新加坡和尼泊尔。中国农业用电量较多，一方面是基础设施建设原因，另一方面是由于中国农村人口众多。因此考虑使用农村人均用电量来代替农村用电量，人均用电量一定程度上可反映一个国家或地区经济发展水平和人民生活水平。年度农村人均用电量平均值最高的五个国家是阿联酋、以色列、约旦、哈萨克斯坦和塔吉克斯坦，分别为2 580.97千瓦时、2 135.32千瓦时、1 345.40千瓦时、1 022.06千瓦时和883.79千瓦时，中国年度农村人均用电量均值仅为69.27千瓦时，处在较低水准。中国农村用电量总量大，但人均偏少。中国农村用电量在1980年之后呈现出先增后减趋势，并在1994年之后逐步上升，主要是由于乡镇企业的兴起和衰落，以及农民生活水平日益提高。也从另一方面反映出中国农村社会电力基础逐步发展完善的过程。

① 由于没有中国的相关数据，本处讨论不含中国情况。

2. 化肥使用量

化肥使用在提高农业生产的同时也对环境产生严重的负面影响。大量研究表明，我国化肥使用量已经超过经济意义上的最优使用量。图 2-2 为 1961—2002 年中国和“一带一路”沿线国家化肥使用总体情况，中国化肥使用量逐年递增，增长率为 2.40%，沿线国家增长率为 2.33%，中国化肥使用量增长速度高于沿线国家的增长速度。中国化肥使用量占“一带一路”国家使用总量比例已经从 1961 年的 19.23%增长到 2002 年的 47.80%。

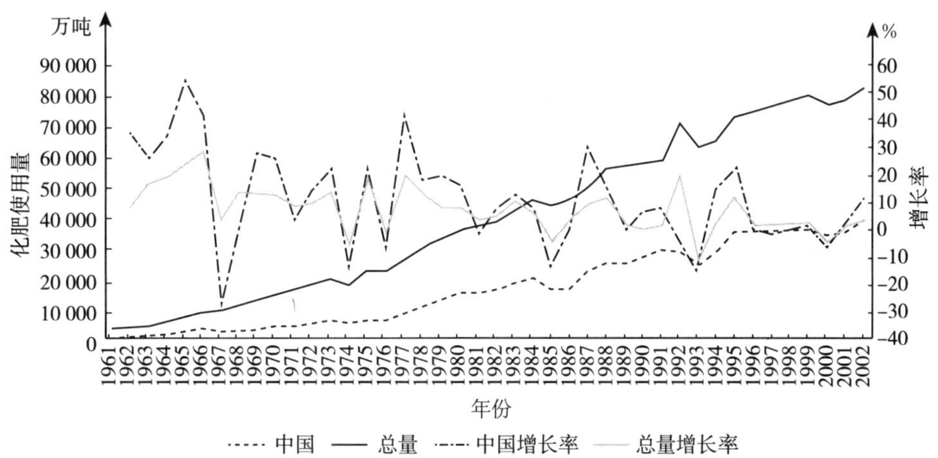

图 2-2 1961—2002 年中国和“一带一路”沿线国家化肥使用总量情况

图 2-3 为中国每公顷化肥使用量情况，中国每公顷化肥使用量增长率为 11.34%。单位面积化肥使用量平均值最多的三个国家是马来西亚、以色列和波兰，其中马来西亚年均增长率为 7.27%，而以色列和波兰仅为 2.13%和 2.33%。

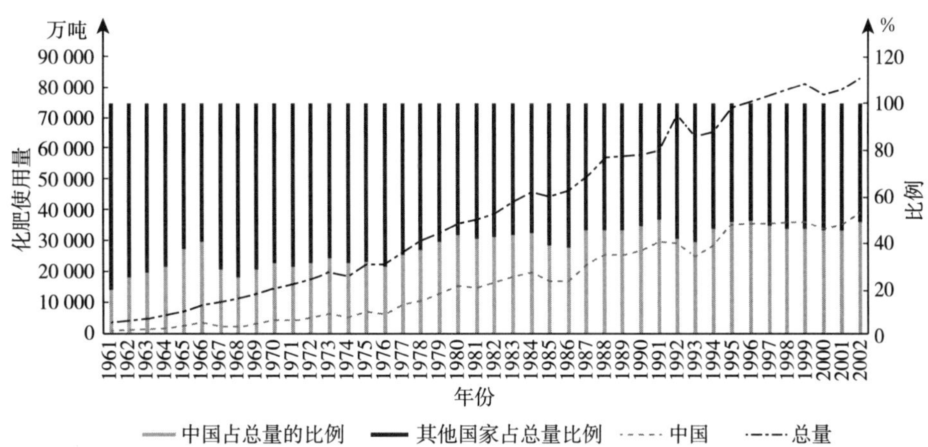

图 2-3 1961—2002 年中国和“一带一路”沿线国家每公顷化肥使用量情况

第三节　农业生产分析

一、农业生产投入分析

（一）农业用地面积

取1961—2015年农业用地面积均值，“一带一路”沿线国家的农业用地面积分布不均衡，面积总数主要为少数国家贡献。“一带一路”沿线国家农业用地面积总值为210 403.11万公顷。从面积占比情况看，面积排名前十的国家是中国、俄罗斯、哈萨克斯坦、印度、沙特阿拉伯、蒙古、南非、伊朗、埃塞俄比亚、印度尼西亚。中国农业用地面积占“一带一路”沿线国家总体的21.86%，俄罗斯、哈萨克斯坦分别占10.29%、10.24%，其他国家的占比均小于10%。从面积累计情况看，排名前五的国家累计农业用地占比56.98%，排名前十的国家累计占比达74.71%，其他国家占比25.29%（表2-2）。中国、沙特阿拉伯、阿富汗、其他国家的农业用地面积整体呈上升趋势，蒙古呈下降趋势，其余国家的农业用地面积基本波动较小。

表2-2　1961—2015年“一带一路”沿线国家的农业用地情况

序号	国家	面积平均值（万公顷）	占比（%）	累计占比（%）
1	中国	45 996.73	21.86	21.86
2	俄罗斯	21 660.23	10.29	32.16
3	哈萨克斯坦	21 550.05	10.24	42.40
4	印度	17 975.43	8.54	50.94
5	沙特阿拉伯	12 706.56	6.04	56.98
6	蒙古	12 664.15	6.02	63.00
7	南非	9 632.70	4.58	67.58
8	伊朗	5 831.77	2.77	70.35
9	埃塞俄比亚	4 777.07	2.27	72.62
10	印度尼西亚	4 390.31	2.09	74.71
11	其他国家	53 218.12	25.29	100
12	总体	210 403.11	100	—

资料来源：联合国粮农组织。

（二）拖拉机使用情况

取1961—2009年每100平方千米的拖拉机数量均值，“一带一路”沿线国家每100平方千米的拖拉机数量分布不均衡，总和主要为少数国家贡献。“一带一路”沿线国家拖拉机数量的总值为560.01万台。拖拉机使用量排名前十的国家是波兰、俄罗斯、印度、中国、土耳其、乌克兰、罗马尼亚、南非、巴基斯坦、哈萨克斯坦。波兰每100平方千米的拖拉机数量占“一带一路”沿线国家总体的14.81%，俄罗斯、印度分别占13.35%、11.03%，其他国家的占比均小于10%。从累计情况看，排名前五的国家累计占比56.38%，排名前十的国家累计占比达73.33%，其他国家占比26.67%（表2-3）。俄罗斯、乌克兰、哈萨克斯坦的数量呈下降趋势，波兰、印度、土耳其等呈上升趋势。中国呈波动上升趋势。

表2-3 1961—2009年“一带一路”沿线国家的拖拉机使用情况

序号	国家	数量均值（万台）	占比（%）	累计占比（%）
1	波兰	82.94	14.81	14.81
2	俄罗斯	74.77	13.35	28.16
3	印度	61.75	11.03	39.19
4	中国	52.92	9.45	48.64
5	土耳其	43.36	7.74	56.38
6	乌克兰	39.78	7.10	63.49
7	罗马尼亚	14.07	2.51	66.00
8	南非	13.82	2.47	68.47
9	巴基斯坦	13.71	2.45	70.91
10	哈萨克斯坦	13.53	2.42	73.33
11	其他国家	149.35	26.67	100.00
12	总体	560.01	100.00	—

资料来源：联合国粮农组织。

（三）农药消耗量

取1990—2015年各国家农药消耗量均值，“一带一路”沿线国家的农药消耗量分布不均衡，农药消耗量主要为中国贡献。“一带一路”沿线国家农药消耗量总值为180.09万吨。从农药消耗量情况看，排名前十的国家是中国、乌克兰、马来西亚、印度、泰国、土耳其、俄罗斯、伊朗、波兰、罗马尼亚。中国农药消耗量占“一带一路”沿线国家总体的74.44%，其他国家的占比均小于3%。从农药消耗量累计情况看，排名前十的国家累计占比90.80%，其他国家占比9.20%（表2-4）。中国、土耳其、波兰、乌克兰的农药消耗量整体为上升趋势，泰国、印度、伊朗呈先减少后增加的趋势，罗马尼亚的农药消耗量呈下降趋势。

表 2-4 1990—2015 年"一带一路"沿线国家的农药消耗量

序号	国家	重量均值（万吨）	占比（%）	累计占比（%）
1	中国	134.06	74.44	74.44
2	乌克兰	5.16	2.87	77.31
3	马来西亚	5.06	2.81	80.12
4	印度	4.96	2.75	82.88
5	泰国	4.26	2.37	85.24
6	土耳其	3.33	1.85	87.09
7	俄罗斯	2.60	1.44	88.53
8	伊朗	1.55	0.86	89.40
9	波兰	1.37	0.76	90.16
10	罗马尼亚	1.15	0.64	90.80
11	其他国家	16.58	9.20	100.00
12	总体	180.09	100	—

资料来源：联合国粮农组织，电子文件和网站。

(四) 化肥消耗量

取 2002—2015 年各国家化肥消耗量均值，"一带一路"沿线国家主要以使用氮肥为主，钾肥和磷肥使用量相似。"一带一路"沿线国家每公顷耕地使用的化肥数量之和为 8 178.88 千克。从氮肥消耗量情况看，排名前五的国家是中国、新西兰、埃及、韩国、阿曼，其中中国、新西兰氮肥消耗量分别占"一带一路"沿线国家总量的 12.78%、10.38%，其他国家的占比均小于 10%。从磷肥使用情况看，排名前五的国家为中国、新加坡、约旦、韩国、黎巴嫩，其中中国、新加坡分别占比 15.65%、10.37%，其余国家消耗量占比均小于 10%。从钾肥使用情况看，排名前五的国家是中国、约旦、科威特、巴林、马来西亚，其中中国、约旦分别占比 15.91%、10.86%，其余国家消耗量占比均小于 10%（表 2-5）。"一带一路"沿线国家氮肥消耗量呈波动上涨趋势，磷肥和钾肥消耗量交叉上升。

表 2-5 2002—2015 年"一带一路"沿线国家每公顷耕地使用的化肥量

序号	氮肥			磷肥			钾肥		
	国家	数量（千克）	占比（%）	国家	数量（千克）	占比（%）	国家	数量（千克）	占比（%）
1	中国	583.47	12.78	中国	277.32	15.65	中国	293.06	15.91
2	新西兰	473.95	10.38	新加坡	183.86	10.37	约旦	200.13	10.86
3	埃及	367.81	8.06	约旦	159.63	9.01	科威特	137.71	7.48

（续）

序号	氮肥			磷肥			钾肥		
	国家	数量（千克）	占比（%）	国家	数量（千克）	占比（%）	国家	数量（千克）	占比（%）
4	韩国	165.99	3.64	韩国	107.73	6.08	巴林	133.26	7.23
5	阿曼	154.65	3.39	黎巴嫩	76.99	4.34	马来西亚	114.27	6.20
6	克罗地亚	142.57	3.12	埃及	73.36	4.14	韩国	110.56	6.00
7	巴林	139.02	3.05	克罗地亚	64.25	3.63	阿曼	103.55	5.62
8	乌兹别克斯坦	132.81	2.91	斯洛文尼亚	51.84	2.93	新西兰	92.00	4.99
9	孟加拉国	130.85	2.87	科威特	47.08	2.66	卡塔尔	77.90	4.23
10	斯洛文尼亚	130.80	2.87	沙特阿拉伯	43.41	2.45	斯洛文尼亚	64.07	3.48
11	其他国家	2 142.74	46.94	其他国家	686.67	38.75	其他国家	515.57	27.99
12	总体	4 564.67	100.00	总体	1 772.13	100.00	总体	1 842.08	100.00

资料来源：联合国粮农组织，电子文件和网站。

2002—2015 年“一带一路”沿线国家化肥消耗量见图 2-4。

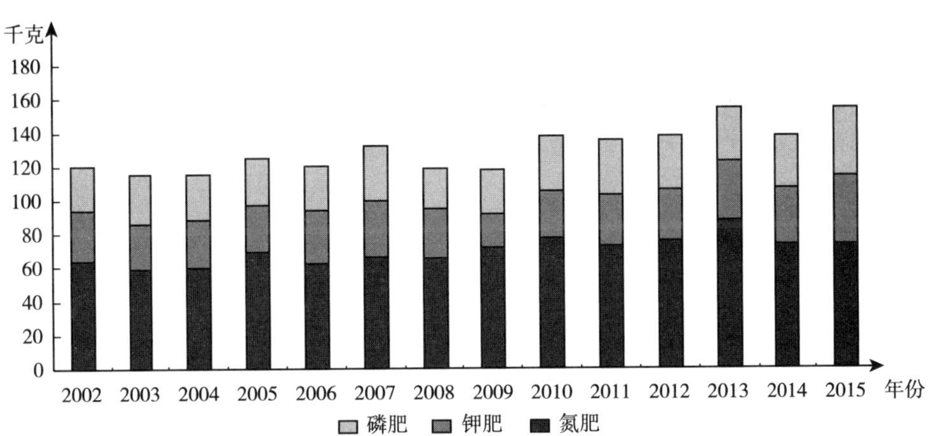

图 2-4 2002—2015 年“一带一路”沿线国家化肥消耗量

资料来源：联合国粮农组织，电子文件和网站。

二、农业生产产出分析

（一）种植业产出情况

1. 种植业产量情况

取 1961—2016 年各国家种植业产量均值，“一带一路”沿线国家的产量情况分布不均匀，谷物类产量最高，其次为蔬菜和瓜类、水果除瓜类。从谷物的产量情况看，排名前五的国家是中国、印度、俄罗斯、印度尼西亚、孟加拉国，其中中国、印度谷物产量占"一带一路"沿线国家的36.63%、19.19%，其余国家占比均小于10%，且排名前十的国家的谷物类产量累计占"一带一路"沿线国家的82.52%。从蔬菜和瓜类的产量情况看，排名前五的国家是中国、印度、俄罗斯、埃及、伊朗，其中中国、印度谷物类产量占"一带一路"沿线国家的59.04%、14.65%，其余国家占比均小于5%，且排名前十的国家的蔬菜和瓜类产量累计占"一带一路"沿线国家的89.39%。从水果除瓜类的产量情况看，排名前五的国家是中国、印度、菲律宾、印度尼西亚、伊朗，其中中国、印度水果除瓜类的产量占"一带一路"沿线国家的30.06%、22.85%，其余国家占比均小于10%，且排名前十的国家的谷物产量累计占"一带一路"沿线国家的80.63%（见表2-6）。

表2-6　1961—2016年"一带一路"沿线国家种植业产量情况

序号	谷物			蔬菜和瓜			水果除瓜类		
	国家	数量（万吨）	占比（%）	国家	数量（万吨）	占比（%）	国家	数量（万吨）	占比（%）
1	中国	34 840.14	36.63	中国	22 278.54	59.04	中国	4 742.26	30.06
2	印度	18 254.08	19.19	印度	5 526.25	14.65	印度	3 605.05	22.85
3	俄罗斯	8 150.99	8.57	俄罗斯	1 312.76	3.48	菲律宾	1 027.32	6.51
4	印度尼西亚	4 810.72	5.06	埃及	1 076.30	2.85	印度尼西亚	788.93	5.00
5	孟加拉国	2 950.87	3.10	伊朗	899.82	2.38	伊朗	717.64	4.55
6	波兰	2 303.71	2.42	韩国	836.28	2.22	埃及	502.16	3.18
7	巴基斯坦	2 203.66	2.32	印度尼西亚	517.14	1.37	南非	391.04	2.48
8	缅甸	1 718.31	1.81	波兰	490.57	1.30	巴基斯坦	380.81	2.41
9	罗马尼亚	1 635.60	1.72	菲律宾	414.21	1.10	俄罗斯	320.02	2.03
10	哈萨克斯坦	1 617.04	1.70	罗马尼亚	377.64	1.00	罗马尼亚	244.65	1.55
11	其他国家	16 619.83	17.48	其他国家	4 004.63	10.61	其他国家	3 055.45	19.37

资料来源：联合国粮农组织，电子文件和网站。

2. 种植业收获面积情况

取1961—2016年各国家种植业收获面积均值，"一带一路"沿线国家的收获面积情况分布不均匀，谷物类收获面积最高，其次为水果除瓜类、蔬菜和瓜类。从谷物的收获面积情况看，排名前五的国家是印度、中国、俄罗斯、哈萨克斯坦、乌克兰，其中印度、中国、俄罗斯谷物收获面积占"一带一路"沿线国家的23.84%、21.78%、10.33%，其余国家占比均小于5%，且排名前十的国家的谷物类面积累计占“一带一路”沿线国家的76.86%。从蔬菜和瓜类的收获面积情况看，排名前五的国家是中国、印度、俄罗斯、印度尼西亚、土耳其，其中中国、印度谷物类收获面积占“一带一路”沿线国家的42.93%、19.42%，其余国家占比均小于5%，且排名前十的国家的蔬菜和瓜类收获面积累计占“一带一路”沿线国家的80.99%。从水果除瓜类的收获面积情况看，排名前五的国家是中国、印度、土耳其、菲律宾、伊朗，其中中国、印度、土耳其水果除瓜类的面积分别占“一带一路”沿线国家的28.21%、16.26%、5.41%，其余国家占比均小于5%，且排名前十的国家的收获面积占“一带一路”沿线国家的72.89%（表2-7）。

表2-7 1961—2016年“一带一路”沿线国家种植业收获面积情况

序号	谷物			蔬菜和瓜			水果除瓜类		
	国家	面积（万公顷）	占比（%）	国家	面积（万公顷）	占比（%）	国家	面积（万公顷）	占比（%）
1	印度	10 003.5	23.84	中国	1 116.38	42.93	中国	577.62	28.21
2	中国	9 140.53	21.78	印度	505.05	19.42	印度	333.00	16.26
3	俄罗斯	4 332.94	10.33	俄罗斯	79.17	3.04	土耳其	110.77	5.41
4	哈萨克斯坦	1 516.19	3.61	印度尼西亚	78.63	3.02	菲律宾	95.02	4.64
5	乌克兰	1 360.73	3.24	土耳其	77.02	2.96	伊朗	85.36	4.17
6	印度尼西亚	1 342.26	3.20	乌克兰	55.81	2.15	泰国	70.56	3.45
7	土耳其	1 313.37	3.13	菲律宾	54.15	2.08	俄罗斯	68.56	3.35
8	巴基斯坦	1 130.13	2.69	伊朗	49.60	1.91	印度尼西亚	59.72	2.92
9	孟加拉国	1 081.65	2.58	埃及	46.67	1.79	巴基斯坦	48.07	2.35
10	泰国	1 030.37	2.46	罗马尼亚	43.42	1.67	乌克兰	43.89	2.14
11	其他国家	9 712.05	23.14	其他国家	494.37	19.01	其他国家	5 551.36	27.11

资料来源：联合国粮农组织，电子文件和网站。

3. 种植业种子情况

取1961—2016年各国家种植业种子均值，“一带一路”沿线国家的谷物种子分布不均匀。从谷物的种子情况看，排名前五的国家是中国、俄罗斯、印度、乌克兰、哈萨克斯坦，其中中国、俄罗斯、印度的种子量占比为24.64%、22.03%、13.75%，其余国家占比均小于5%，排名前十的国家种子累计占比为82.54%，其他国家占比为17.46%（表2-8）。由于“一带一路”沿线国家的蔬菜、水果和瓜的种子数据缺失严重，在此仅统计谷物的种子情况。

表 2-8 1961—2016 年"一带一路"沿线国家种植业谷物种子情况

序号	国家	数量（万吨）	占比（%）
1	中国	1 369.66	24.64
2	俄罗斯	1 224.25	22.03
3	印度	764.42	13.75
4	乌克兰	260.94	4.70
5	哈萨克斯坦	249.95	4.50
6	土耳其	236.62	4.26
7	波兰	173.09	3.11
8	孟加拉国	108.00	1.94
9	巴基斯坦	107.05	1.93
10	伊朗	93.53	1.68
11	其他国家	970.15	17.46

资料来源：联合国粮农组织，电子文件和网站。

（二）养殖业产出情况

1. 畜牧存栏情况

取 1961—2016 年各国家畜牧存栏量均值，"一带一路"沿线国家的畜牧存栏量分布不均匀，少数国家占较大值，其中猪的存栏量最多，其次为绵羊和山羊、鸡、牛和水牛、鸭、蜂房。从猪的存栏情况看，排名前五位的国家为俄罗斯、波兰、印度、乌克兰、菲律宾，其中俄罗斯、波兰分别占比 15.03%、13.10%，其余占比均小于 10%，排名前十的国家累计占比为 72.94%。从鸡的存栏情况看，排名前五位的国家为中国、印度尼西亚、俄罗斯、印度、伊朗，其中中国、印度尼西亚分别占比 38.65%、10.57%，其余占比均小于 10%，排名前十的国家累计占比为 76.30%。从鸭的存栏情况看，排名前五位的国家为中国、孟加拉国、印度尼西亚、印度、泰国，其中中国占比 70%，其余占比均小于 5%，排名前十的国家累计占比为 93.01%。从牛和水牛的存栏情况看，排名前五位的国家为印度、中国、埃塞俄比亚、巴基斯坦、俄罗斯，其中印度、中国分别占比 39.23%、13.43%，其余占比均小于 10%，排名前十的国家累计占比为 79.65%。从蜂房的存栏情况看，排名前五位的国家为印度、中国、埃塞俄比亚、俄罗斯、土耳其，其中印度、中国、埃塞俄比亚分别占比 23.37%、16.44%、11.23%，其余占比均小于 10%，排名前十的国家累计占比为 85.65%。从绵羊和山羊的存栏情况看，排名前五位的国家为中国、印度、伊朗、巴基斯坦、新西兰，其中中国、印度分别占比 22.19%、16.28%，其余占比均小于 10%，排名前十的国家累计占比为 74.55%（表 2-9）。畜牧存栏量较大的国家为中国和印度，排名前十的国家存栏量是“一带一路”沿线国家存栏量的主要组成部分。

表 2-9 1961—2016 年“一带一路”沿线国家畜牧存栏情况

	序号	1	2	3	4	5	6	7	8	9	10	11
猪	国家	俄罗斯	波兰	印度	乌克兰	菲律宾	罗马尼亚	匈牙利	印度尼西亚	泰国	韩国	其他国家
	均值（万只）	1 951	1 701	974.7	950	896	807	605.9	542	536	506	3 514
	占比（%）	15.03	13.10	7.51	7.32	6.90	6.22	4.67	4.17	4.13	3.89	27.06
鸡	国家	中国	印度尼西亚	俄罗斯	印度	伊朗	乌克兰	土耳其	泰国	巴基斯坦	孟加拉国	其他国家
	均值（千万只）	239	65.4	41.11	32	29	15.08	13.41	13.3	12.9	11.0	147
	占比（%）	38.65	10.57	6.65	5.17	4.60	2.44	2.17	2.16	2.09	1.79	23.70
鸭	国家	中国	孟加拉国	印度尼西亚	印度	泰国	俄罗斯	乌克兰	马来西亚	埃及	缅甸	其他国家
	均值（千万只）	39.1	2.49	2.48	1.95	1.5	1.36	0.98	0.73	0.71	0.68	3.91
	占比（%）	70.0	4.46	4.44	3.49	2.66	2.43	1.76	1.30	1.27	1.22	6.99
牛和水牛	国家	印度	中国	埃塞俄比亚	巴基斯坦	俄罗斯	孟加拉国	土耳其	南非	印度尼西亚	缅甸	其他国家
	均值（万只）	26 853	9 194	4 289	3 876	2 867	2 428	1 321.2	1 289	1 215	1 194	13 931
	占比（%）	39.22	13.43	6.27	5.66	4.19	3.55	1.93	1.88	1.78	1.74	20.35
蜂房	国家	印度	中国	埃塞俄比亚	俄罗斯	土耳其	伊朗	波兰	埃及	罗马尼亚	韩国	其他国家
	均值（万个）	914	642.6	439.08	354.0	343	209.58	154.43	112.5	98.82	80.49	560.9
	占比（%）	23.37	16.44	11.23	9.06	8.78	5.36	3.95	2.88	2.53	2.06	14.35
绵羊和山羊	国家	中国	印度	伊朗	巴基斯坦	新西兰	土耳其	埃塞俄比亚	南非	孟加拉国	俄罗斯	其他国家
	均值（万只）	21 025	15 424	6 102.95	5 744	5 109	4 896.83	3 635.41	3 631	2 613	2 455	24 112
	占比（%）	22.19	16.28	6.44	6.06	5.39	5.17	3.84	3.83	2.76	2.59	25.45

资料来源：联合国粮农组织，电子文件和网站。

2. 肉蛋奶产量情况

取1961—2016年各国家肉蛋奶产量均值，“一带一路”沿线国家的肉蛋奶产量分布不均匀，少数国家占较大值，其中牛奶的产量最多，其次为主要蛋类、牛肉和水牛肉、绵羊肉和山羊肉、蜂蜜。从牛肉和水牛肉的产量情况看，排名前五位的国家为中国、俄罗斯、印度、巴基斯坦、乌克兰，其中中国、俄罗斯、印度分别占比16.32%、13.35%、12.26%，其余占比均小于5%，排名前十的国家累计占比为67.92%。从绵羊和山羊肉的产量情况看，排名前五位的国家为中国、印度、新西兰、巴基斯坦、土耳其，其中中国占比27.30%，其余国家占比均小于10%，排名前十的国家累计占比为73.91%。从主要蛋类的产量情况看，排名前五位的国家为中国、俄罗斯、印度、乌克兰、泰国，其中中国占比52.37%，其余占比均小于10%，排名前十的国家累计占比为82.96%。从蜂蜜的产量情况看，排名前五位的国家为中国、乌克兰、俄罗斯、土耳其、印度，其中中国、乌克兰分别占比32.85%、10.64%，其余占比均小于10%，排名前十的国家累计占比为82.34%。从牛奶的产量情况看，排名前五位的国家为印度、俄罗斯、巴基斯坦、波兰、乌克兰，其中印度、俄罗斯分别占比25.45%、14.13%，其余占比均小于10%，排名前十的国家累计占比为76.94%（表2-10）。肉蛋奶产量较大的国家为中国和俄罗斯，排名前十的国家肉蛋奶产量是“一带一路”沿线国家肉蛋奶产量的主要部分。

表2-10 1961—2016年“一带一路”沿线国家肉蛋奶产量情况

	序号	1	2	3	4	5	6	7	8	9	10
牛肉和水牛肉	国家	中国	俄罗斯	印度	巴基斯坦	乌克兰	南非	乌兹别克斯坦	新西兰	波兰	埃及
	均值（万吨）	254.72	208.37	191.37	72.94	72.31	61.69	53.35	51.92	50.31	43.16
	占比（%）	16.32	13.35	12.26	4.67	4.63	3.95	3.42	3.33	3.22	2.77
绵羊肉和山羊肉	国家	中国	印度	新西兰	巴基斯坦	土耳其	伊朗	俄罗斯	南非	哈萨克斯坦	阿富汗
	均值（万吨）	160.22	57.05	53.82	35.35	34.40	30.21	19.66	15.42	14.84	12.79
	占比（%）	27.30	9.72	9.17	6.02	5.86	5.15	3.35	2.63	2.53	2.18
主要蛋类	国家	中国	俄罗斯	印度	乌克兰	泰国	印度尼西亚	土耳其	波兰	伊朗	韩国
	均值（万吨）	1 238.55	212.12	146.27	76.66	62.69	59.21	45.96	44.77	39.34	36.44
	占比（%）	52.37	8.97	6.18	3.24	2.65	2.50	1.94	1.89	1.66	1.54

（续）

	序号	1	2	3	4	5	6	7	8	9	10
蜂蜜	国家	中国	乌克兰	俄罗斯	土耳其	印度	埃塞俄比亚	伊朗	匈牙利	罗马尼亚	波兰
	均值（万吨）	20.36	6.35	5.55	4.77	4.57	3.45	2.06	1.42	1.36	1.16
	占比（%）	32.85	10.24	8.96	7.69	7.37	5.56	3.32	2.29	2.19	1.88
牛奶	国家	印度	俄罗斯	巴基斯坦	波兰	乌克兰	中国	土耳其	新西兰	白俄罗斯	乌兹别克斯坦
	均值（万吨）	6 143.00	3 410.95	1 809.95	1 399.37	1 348.59	1 344.70	1 023.25	1 009.76	574.73	508.02
	占比（%）	25.45	14.13	7.50	5.80	5.59	5.57	4.24	4.18	2.38	2.10

资料来源：联合国粮农组织，电子文件和网站。

第四节 农产品消费分析

一、各国家主要农产品消费状况

1. 主要粮食作物消费现状

2009—2013 年“一带一路”沿线国家粮食作物人均消费情况见表 2-11。

表 2-11 2009—2013 年“一带一路”沿线国家粮食作物人均消费量均值

单位：千克

排名	小麦	水稻	玉米	大豆	马铃薯
1	哈萨克斯坦 412.62	缅甸 358.48	塞尔维亚 414.61	以色列 50.60	白俄罗斯 736.30
2	土库曼斯坦 387.10	柬埔寨 329.05	克罗地亚 380.76	中国 48.59	乌克兰 445.53
3	阿塞拜疆 334.94	老挝 315.58	罗马尼亚 326.63	塞尔维亚 35.00	黑山 255.96
4	乌兹别克斯坦 296.95	孟加拉国 184.20	摩尔多瓦 303.48	泰国 28.55	拉脱维亚 255.26
5	立陶宛 290.35	泰国 171.65	匈牙利 301.29	韩国 26.36	吉尔吉斯斯坦 228.64
6	捷克 273.58	印度尼西亚 169.98	波黑 236.77	乌克兰 24.18	俄罗斯 202.57
7	斯洛伐克 268.46	马达加斯加 125.88	乌克兰 187.66	埃及 21.54	波兰 198.91

（续）

排名	小麦	水稻	玉米	大豆	马铃薯
8	匈牙利 262.23	菲律宾 125.43	南非 187.41	克罗地亚 21.38	立陶宛 185.87
9	乌克兰 239.34	斯里兰卡 113.60	斯洛伐克 181.90	马来西亚 19.37	亚美尼亚 174.29
10	摩洛哥 239.15	尼泊尔 104.84	以色列 172.67	土耳其 19.15	哈萨克斯坦 172.06
11	俄罗斯 237.69	文莱 101.39	斯洛文尼亚 164.99	沙特阿拉伯 16.91	罗马尼亚 158.62
12	吉尔吉斯斯坦 236.93	马来西亚 93.71	韩国 164.01	俄罗斯 16.49	爱沙尼亚 135.60
13	保加利亚 236.68	中国 91.03	埃及 157.42	阿联酋 13.28	新西兰 110.25
14	塔吉克斯坦 234.98	韩国 85.40	印度 157.42	摩尔多瓦 12.93	塔吉克斯坦 107.83
15	以色列 229.43	印度 74.60	老挝 134.68	印度尼西亚 10.31	阿塞拜疆 104.76
16	波兰 228.26	阿联酋 70.21	中国 129.33	印度 9.41	波黑 100.87
17	罗马尼亚 220.50	东帝汶 69.25	巴拿马 125.86	伊朗 9.08	马其顿 87.46
18	土耳其 217.62	巴拿马 64.81	保加利亚 124.07	波黑 8.28	尼泊尔 84.74
19	白俄罗斯 216.75	马尔代夫 64.34	阿尔巴尼亚 114.94	哈萨克斯坦 8.22	塞尔维亚 83.42
20	埃及 201.05	科威特 63.41	马来西亚 109.56	南非 8.01	捷克 81.96
21	爱沙尼亚 200.49	阿曼 53.29	白俄罗斯 96.53	柬埔寨 8.07	摩尔多瓦 79.82
22	拉脱维亚 197.63	伊拉克 43.30	吉尔吉斯斯坦 93.73	匈牙利 7.93	黎巴嫩 75.38
23	阿尔巴尼亚 197.16	埃及 42.73	东帝汶 92.67	拉脱维亚 6.33	蒙古 70.43
24	蒙古 187.14	沙特阿拉伯 37.07	马其顿 90.40	斯洛伐克 4.89	阿尔巴尼亚 69.40
25	伊拉克 186.65	伊朗 35.15	黎巴嫩 87.32	摩洛哥 4.36	乌兹别克斯坦 64.26

（续）

排名	小麦	水稻	玉米	大豆	马铃薯
26	格鲁吉亚 184.40	约旦 22.12	约旦 81.60	缅甸 4.22	斯洛文尼亚 64.08
27	黑山 174.72	也门 15.96	伊朗 78.55	捷克 3.85	匈牙利 62.11
28	伊朗 173.14	巴基斯坦 15.87	菲律宾 77.03	罗马尼亚 3.46	格鲁吉亚 59.49
29	阿富汗 172.85	阿富汗 15.49	印度尼西亚 74.27	文莱 2.46	中国 59.13
30	新西兰 166.79	以色列 14.04	土耳其 68.12	尼泊尔 2.16	斯洛伐克 58.62
31	马其顿 166.45	土库曼斯坦 12.89	尼泊尔 68.11	老挝 1.95	以色列 55.58
32	亚美尼亚 165.68	黎巴嫩 11.59	泰国 67.93	巴拿马 1.75	土耳其 54.24
33	克罗地亚 151.61	哈萨克斯坦 11.40	沙特阿拉伯 67.41	东帝汶 1.27	伊朗 52.66
34	波黑 149.63	土耳其 9.84	波兰 63.24	阿塞拜疆 1.15	土库曼斯坦 52.04
35	塞尔维亚 147.08	新西兰 8.93	格鲁吉亚 61.24	立陶宛 0.99	克罗地亚 51.94
36	摩尔多瓦 147.06	蒙古 7.37	捷克 57.68	爱沙尼亚 0.93	孟加拉国 44.95
37	黎巴嫩 141.63	阿尔巴尼亚 7.28	摩洛哥 56.69	孟加拉国 0.91	科威特 44.09
38	约旦 140.05	塔吉克斯坦 7.13	科威特 51.71	保加利亚 0.79	埃及 42.68
39	巴基斯坦 131.21	吉尔吉斯斯坦 7.00	埃塞俄比亚 48.28	斯洛文尼亚 0.68	南非 38.99
40	阿联酋 115.90	塞浦路斯 5.37	立陶宛 46.89	黑山 0.64	保加利亚 36.02
41	斯洛文尼亚 115.63	俄罗斯 4.94	新西兰 45.22	吉尔吉斯斯坦 0.62	约旦 34.14
42	也门 112.85	捷克 4.90	黑山 45.14	波兰 0.67	印度 25.50
43	韩国 99.31	乌兹别克斯坦 4.29	阿联酋 43.29	菲律宾 0.58	阿曼 24.94
44	马尔代夫 98.03	斯洛伐克 4.19	柬埔寨 39.05	新西兰 0.41	韩国 21.10

（续）

排名	小麦	水稻	玉米	大豆	马铃薯
45	塞浦路斯 96.88	马其顿 3.90	阿曼 38.04	白俄罗斯 0.49	马尔代夫 18.64
46	沙特阿拉伯 95.02	斯洛文尼亚 3.49	俄罗斯 37.54	亚美尼亚 0.40	沙特阿拉伯 15.83
47	科威特 94.71	匈牙利 3.22	哈萨克斯坦 29.39	马其顿 0.38	伊拉克 15.56
48	中国 83.08	乌克兰 3.18	阿塞拜疆 27.49	埃塞俄比亚 0.36	巴基斯坦 15.44
49	阿曼 77.90	保加利亚 3.14	亚美尼亚 22.23	阿曼 0.33	阿联酋 14.25
50	印度 63.02	立陶宛 3.08	也门 21.48	斯里兰卡 0.28	马来西亚 13.56
51	南非 61.11	摩尔多瓦 3.05	缅甸 20.31	格鲁吉亚 0.27	巴拿马 13.46
52	尼泊尔 56.01	白俄罗斯 2.94	巴基斯坦 20.25	乌兹别克斯坦 0.22	也门 12.50
53	马来西亚 55.01	罗马尼亚 2.79	塔吉克斯坦 19.99	也门 0.18	缅甸 10.03
54	埃塞俄比亚 49.18	克罗地亚 2.55	马达加斯加 19.36	黎巴嫩 0.14	马达加斯加 9.10
55	巴拿马 46.74	拉脱维亚 2.51	爱沙尼亚 14.38	阿尔巴尼亚 0.06	斯里兰卡 8.16
56	文莱 40.83	格鲁吉亚 2.29	文莱 13.29	伊拉克 0.06	阿富汗 7.89
57	斯里兰卡 37.59	阿塞拜疆 2.17	伊拉克 13.17	科威特 0.06	埃塞俄比亚 6.21
58	菲律宾 31.03	爱沙尼亚 2.16	印度 12.25	约旦 0	泰国 5.30
59	泰国 25.03	波黑 1.82	乌兹别克斯坦 10.01	马达加斯加 0	印度尼西亚 5.00
60	印度尼西亚 24.87	黑山 1.61	孟加拉国 9.87	马尔代夫 0	老挝 4.62
61	孟加拉国 20.34	埃塞俄比亚 1.59	阿富汗 9.51	蒙古 0	菲律宾 3.23
62	东帝汶 13.10	波兰 1.44	斯里兰卡 8.94	巴基斯坦 0	东帝汶 1.82
63	马达加斯加 7.95	塞尔维亚 1.35	拉脱维亚 6.77	塔吉克斯坦 0	柬埔寨 0.12

（续）

排名	小麦	水稻	玉米	大豆	马铃薯
64	缅甸 7.11	摩洛哥 1.28	土库曼斯坦 3.09		
65	柬埔寨 2.49		蒙古 0.07		
66	老挝 1.84		马尔代夫 0		

资料来源：FAO。

从2009—2013年的消费现状来看，“一带一路”沿线国家小麦的人均消费量排名前五位的国家是哈萨克斯坦、土库曼斯坦、阿塞拜疆、乌兹别克斯坦和立陶宛，人均消费量分别为412.62千克、387.10千克、334.94千克、296.95千克和290.35千克，而排在后五位的国家是东帝汶、马达加斯加、缅甸、柬埔寨和老挝，人均消费量分别为13.10千克、7.95千克、7.11千克、2.49千克和1.84千克，中国的人均小麦消费量为83.08千克，位于第48位。

水稻的人均消费量排名前五位的国家是缅甸、柬埔寨、老挝、孟加拉国和泰国，人均消费量分别为358.48千克、329.05千克、315.58千克、184.20千克和171.65千克，而排在后五位的国家是黑山、埃塞俄比亚、波兰、塞尔维亚和摩洛哥，人均消费量分别为1.61千克、1.59千克、1.44千克、1.35千克和1.28千克，中国的人均水稻消费量为91.03千克，位于第13位。

玉米的人均消费量排名前五位的国家是塞尔维亚、克罗地亚、罗马尼亚、摩尔多瓦和匈牙利，人均消费量分别为414.61千克、380.76千克、326.63千克、303.48千克、301.29千克，而排在后五位的国家是斯里兰卡、拉脱维亚、土库曼斯坦、蒙古和马尔代夫，人均消费量分别为8.94千克、6.77千克、3.09千克、0.07千克和0千克，中国的人均玉米消费量为129.33千克，位于第16位。

大豆的人均消费量排名前五位的国家是以色列、中国、塞尔维亚、泰国和韩国，人均消费量分别为50.60千克、48.59千克、35千克、28.55千克和26.36千克，而马达加斯加、马尔代夫、蒙古、巴基斯坦和塔吉克斯坦的人均大豆消费量均为0千克。

马铃薯的人均消费量排名前五位的国家是白俄罗斯、乌克兰、黑山、拉脱维亚和吉尔吉斯斯坦，人均消费量分别为736.30千克、445.53千克、255.96千克、255.26千克和228.64千克，而排名后五位的国家是印度尼西亚、老挝、菲律宾、东帝汶和柬埔寨，人均消费量分别为5.00千克、4.62千克、3.23千克、1.82千克和0.12千克，中国的人均马铃薯消费量为59.13千克，位于第29位。

2. 肉蛋奶类消费现状

2009—2013年"一带一路"沿线国家肉蛋奶类消费情况见表2-12。

表2-12 2009—2013年"一带一路"沿线国家肉蛋奶类人均消费量均值

单位：千克

排名	猪肉	羊肉	禽肉	鱼肉	蛋类	牛奶
1	波兰 50.87	蒙古 50.79	以色列 71.83	马尔代夫 207.97	乌克兰 22.34	新西兰 673.33
2	黑山 50.28	新西兰 27.08	科威特 71.28	马来西亚 66.86	中国 19.31	土库曼斯坦 416.17
3	立陶宛 45.80	土库曼斯坦 26.12	文莱 59.99	缅甸 65.76	文莱 18.20	黑山 388.77
4	捷克 43.98	科威特 15.59	马来西亚 46.32	韩国 61.89	白俄罗斯 17.98	立陶宛 387.76
5	克罗地亚 43.41	阿曼 14.50	沙特阿拉伯 44.83	立陶宛 57.19	马来西亚 16.76	爱沙尼亚 358.23
6	匈牙利 40.07	阿尔巴尼亚 13.30	阿联酋 41.12	中国 40.98	马尔代夫 16.23	哈萨克斯坦 351.61
7	白俄罗斯 39.64	哈萨克斯坦 9.17	巴拿马 38.35	新西兰 37.69	俄罗斯 16.14	白俄罗斯 331.88
8	拉脱维亚 38.03	阿联酋 9.04	阿曼 36.91	柬埔寨 39.95	以色列 15.11	阿尔巴尼亚 327.73
9	中国 36.67	吉尔吉斯斯坦 8.92	南非 34.46	文莱 37.75	匈牙利 14.88	拉脱维亚 286.72
10	斯洛文尼亚 35.36	阿塞拜疆 7.76	约旦 32.33	菲律宾 34.09	斯洛伐克 14.53	波兰 267.99
11	斯洛伐克 34.17	约旦 5.95	塞浦路斯 30.47	阿曼 31.56	拉脱维亚 14.44	斯洛文尼亚 266.56
12	爱沙尼亚 33.82	沙特阿拉伯 5.92	匈牙利 26.45	泰国 31.00	罗马尼亚 14.39	罗马尼亚 252.85
13	韩国 31.57	塞浦路斯 5.56	白俄罗斯 26.45	印度尼西亚 30.35	立陶宛 14.29	吉尔吉斯斯坦 245.53
14	塞尔维亚 29.78	塔吉克斯坦 5.24	伊朗 25.72	阿联酋 29.30	泰国 14.20	俄罗斯 242.92
15	罗马尼亚 28.84	阿富汗 5.22	斯洛文尼亚 25.05	斯里兰卡 27.27	捷克 14.18	乌兹别克斯坦 242.92

（续）

排名	猪肉	羊肉	禽肉	鱼肉	蛋类	牛奶
16	俄罗斯 22.91	摩洛哥 4.99	立陶宛 24.84	巴拿马 26.77	科威特 12.93	乌克兰 228.21
17	保加利亚 26.35	土耳其 4.21	俄罗斯 24.58	俄罗斯 25.99	爱沙尼亚 12.51	克罗地亚 223.33
18	新西兰 21.52	乌兹别克斯坦 3.87	波兰 23.83	拉脱维亚 25.59	韩国 12.39	亚美尼亚 215.75
19	菲律宾 18.30	也门 3.73	黎巴嫩 23.55	以色列 24.50	亚美尼亚 12.20	捷克 212.84
20	摩尔多瓦 18.03	南非 3.70	乌克兰 23.41	埃及 22.19	哈萨克斯坦 23.89	马其顿 199.05
21	乌克兰 17.86	伊朗 3.47	捷克 21.65	白俄罗斯 21.42	新西兰 11.60	波黑 197.52
22	哈萨克斯坦 13.79	罗马尼亚 3.20	马尔代夫 21.58	老挝 21.23	斯洛文尼亚 10.97	土耳其 196.79
23	泰国 12.75	黎巴嫩 3.00	保加利亚 21.36	孟加拉国 19.68	波兰 10.95	以色列 193.65
24	巴拿马 12.12	中国 2.94	缅甸 21.26	克罗地亚 18.93	摩尔多瓦 10.50	巴基斯坦 188.25
25	阿尔巴尼亚 11.15	亚美尼亚 2.90	拉脱维亚 20.79	科威特 16.43	土库曼斯坦 10.18	阿塞拜疆 187.15
26	缅甸 11.04	塞尔维亚 2.73	爱沙尼亚 20.24	爱沙尼亚 15.91	克罗地亚 9.99	塞浦路斯 184.02
27	东帝汶 10.55	文莱 2.46	摩洛哥 19.85	乌克兰 15.65	保加利亚 9.68	保加利亚 180.04
28	马其顿 10.27	巴基斯坦 2.44	土耳其 18.43	摩洛哥 15.63	阿尔巴尼亚 9.56	匈牙利 175.62
29	老挝 9.01	尼泊尔 2.02	马其顿 17.87	摩尔多瓦 14.78	塞浦路斯 9.49	斯洛伐克 174.78
30	亚美尼亚 8.83	以色列 1.94	罗马尼亚 17.02	沙特阿拉伯 13.88	土耳其 8.79	摩尔多瓦 168.71
31	波黑 8.54	黑山 1.93	哈萨克斯坦 16.04	黎巴嫩 12.67	南非 8.48	蒙古 153.73
32	马来西亚 8.13	保加利亚 1.88	斯洛伐克 15.89	土耳其 12.45	伊朗 8.60	塞尔维亚 153.73
33	柬埔寨 7.54	伊拉克 1.84	韩国 15.60	格鲁吉亚 11.98	阿塞拜疆 8.54	格鲁吉亚 152.11
34	文莱 7.39	埃及 1.68	摩尔多瓦 15.48	黑山 11.61	伊拉克 8.20	阿曼 152.01

（续）

排名	猪肉	羊肉	禽肉	鱼肉	蛋类	牛奶
35	格鲁吉亚 7.32	埃塞俄比亚 1.61	黑山 14.83	波兰 11.58	黑山 8.06	科威特 142.18
36	吉尔吉斯斯坦 5.08	俄罗斯 1.37	阿尔巴尼亚 13.43	斯洛文尼亚 11.26	塞尔维亚 7.76	黎巴嫩 138.52
37	南非 4.86	孟加拉国 1.30	亚美尼亚 13.41	捷克 11.21	约旦 7.72	阿联酋 123.06
38	印度尼西亚 2.91	克罗地亚 1.20	波黑 13.39	南非 8.41	阿曼 7.60	马尔代夫 10.5.74
39	马达加斯加 2.65	马其顿 1.14	中国 13.23	伊朗 9.87	马其顿 7.42	印度 99.57
40	以色列 2.42	斯洛文尼亚 0.97	伊拉克 12.92	斯洛伐克 8.16	摩洛哥 7.33	塔吉克斯坦 92.28
41	黎巴嫩 2.13	缅甸 0.85	吉尔吉斯斯坦 12.69	保加利亚 8.07	缅甸 7.23	沙特阿拉伯 89.52
42	阿曼 1.79	格鲁吉亚 0.82	泰国 12.48	罗马尼亚 8.01	阿联酋 7.22	约旦 83.96
43	阿联酋 1.55	马来西亚 0.80	埃及 12.38	约旦 7.91	乌兹别克斯坦 6.92	伊朗 79.81
44	塔吉克斯坦 1.18	爱沙尼亚 0.77	格鲁吉亚 12.21	塞尔维亚 7.42	沙特阿拉伯 6.29	埃及 74.92
45	乌兹别克斯坦 0.91	东帝汶 0.72	菲律宾 11.06	匈牙利 6.88	格鲁吉亚 6.18	摩洛哥 70.16
46	土库曼斯坦 0.81	印度 0.61	也门 10.80	马其顿 6.27	巴拿马 6.15	巴拿马 67.71
47	尼泊尔 0.66	马达加斯加 0.59	塞尔维亚 9.88	马达加斯加 5.91	印度尼西亚 5.29	文莱 73.97
48	阿塞拜疆 0.39	菲律宾 0.58	阿塞拜疆 9.73	印度 5.84	黎巴嫩 5.11	阿富汗 64.33
49	印度 0.30	波黑 0.57	克罗地亚 8.70	波黑 5.67	波黑 4.79	南非 62.55
50	蒙古 0.14	拉脱维亚 0.48	印度尼西亚 6.83	东帝汶 5.63	吉尔吉斯斯坦 4.62	尼泊尔 58.81
51	埃塞俄比亚 0.02	印度尼西亚 0.48	斯里兰卡 4.89	哈萨克斯坦 5.57	菲律宾 4.52	韩国 58.00
52	斯里兰卡 0.02	乌克兰 0.43	东帝汶 4.74	阿尔巴尼亚 5.45	埃及 4.31	埃塞俄比亚 42.69
53	埃及 0.01	摩尔多瓦 0.34	巴基斯坦 4.41	亚美尼亚 5.39	斯里兰卡 3.40	也门 40.53

（续）

排名	猪肉	羊肉	禽肉	鱼肉	蛋类	牛奶
54	也门 0.01	立陶宛 0.33	土库曼斯坦 4.12	土库曼斯坦 3.72	巴基斯坦 3.05	斯里兰卡 39.80
55	孟加拉国 0.00	捷克 0.28	老挝 3.86	伊拉克 3.08	也门 2.60	马来西亚 36.44
56	伊朗 0.00	老挝 0.24	马达加斯加 3.33	也门 2.82	印度 2.53	中国 32.71
57	伊拉克 0.00	斯洛伐克 0.18	塔吉克斯坦 3.29	尼泊尔 2.51	老挝 2.33	缅甸 30.52
58	约旦 0.00	白俄罗斯 0.11	阿富汗 2.12	吉尔吉斯斯坦 2.44	塔吉克斯坦 2.25	泰国 28.41
59	马尔代夫 0.00	韩国 0.13	柬埔寨 2.00	巴基斯坦 2.33	东帝汶 2.00	伊拉克 27.19
60	巴基斯坦 0.00	匈牙利 0.10	蒙古 1.95	阿塞拜疆 2.17	孟加拉国 1.77	孟加拉国 24.47
61	土耳其 0.00	斯里兰卡 0.10	印度 1.84	乌兹别克斯坦 0.97	蒙古 1.59	菲律宾 14.98
62		波兰 0.04	乌兹别克斯坦 1.43	塔吉克斯坦 0.59	柬埔寨 1.51	印度尼西亚 13.93
63		泰国 0.04	孟加拉国 1.37	蒙古 0.58	尼泊尔 1.32	老挝 3.49
64		柬埔寨 0.00	尼泊尔 1.14	埃塞俄比亚 0.23	阿富汗 1.10	柬埔寨 3.20
65		马尔代夫 0.00	埃塞俄比亚 0.64	阿富汗 0.07	马达加斯加 0.93	
66		巴拿马 0.00			埃塞俄比亚 0.42	

资料来源：FAO。

猪肉的人均消费量排名前五位的国家是波兰、黑山、立陶宛、捷克和克罗地亚，人均消费量分别为 50.87 千克、50.28 千克、45.80 千克、43.98 千克和 43.41 千克，中国的人均猪肉消费量为 36.67 千克，位于第 9 位。

羊肉的人均消费量排名前五位的国家是蒙古、新西兰、土库曼斯坦、科威特和阿曼，人均消费量分别为 50.79 千克、27.08 千克、26.12 千克、15.59 千克和 14.50 千克，而排名后五位的国家为波兰、泰国、柬埔寨、马尔代夫和巴拿马，除了波兰和泰国的人均消费量为 0.04 千克外，其余消费量均为 0 千克，中国的人均羊肉消费量为 2.94 千克，位于第 24 名。

禽肉的人均消费量排名前五位的国家是以色列、科威特、文莱、马来西亚和沙特阿拉伯，人均消费量分别为 71.83 千克、71.28 千克、59.99 千克、46.32 千克和 44.83 千克，而排在后五位的国家是印度、乌兹别克斯坦、孟加拉国、尼泊尔和埃塞俄比亚，人均消费量分别为 1.84 千克、1.43 千克、1.37 千克和 1.14 千克和 0.64 千克，中国的人均禽肉消费量为 13.23 千克，位于第 39 位。

鱼肉的人均消费量排名前五位的国家是马尔代夫、马来西亚、缅甸、韩国和立陶宛，人均消费量分别为 207.97 千克、66.86 千克、65.76 千克、61.89 千克和 57.19 千克，而排名后五位的国家是乌兹别克斯塔、塔吉克斯坦、蒙古、埃塞俄比亚和阿富汗，人均消费量分别为 0.97 千克、0.59 千克、0.58 千克、0.23 千克和 0.07 千克，中国的人均鱼肉消费量为 40.98 千克，位于第 6 位。

蛋类的人均消费量排名前五位的国家是乌克兰、中国、文莱、白俄罗斯和马来西亚，人均消费量分别为 22.34 千克、19.31 千克、18.20 千克、17.98 千克和 16.76 千克，而排名后五位的国家是柬埔寨、尼泊尔、阿富汗、马达加斯加和埃塞俄比亚，人均消费量分别为 1.51 千克、1.32 千克、1.10 千克、0.93 千克和 0.42 千克。

牛奶的人均消费量排名前五位的国家是新西兰、土库曼斯坦、黑山、立陶宛和爱沙尼亚，人均消费量分别为 673.33 千克、416.17 千克、388.77 千克、387.76 千克、358.23 千克，排名后五位的是孟加拉国、菲律宾、印度尼西亚、老挝和柬埔寨，人均消费量分别为 24.47 千克、14.98 千克、13.93 千克、3.49 千克和 3.20 千克，中国的人均牛奶消费量为 32.71 千克，位于第 56 位。

二、各区域主要农产品消费变化趋势

1. 小麦人均消费量变化趋势

根据小麦的消费情况，"一带一路"沿线国家中，中亚、中东欧和西亚地区国家的小麦消费量较高，南亚、中美洲和东盟地区国家的小麦消费量变化趋势比较稳定。西亚地区国家的人均小麦消费量呈现先增加后下降的趋势，在 1985 年达到峰值 246.42 千克后下降到 2013 年的 166.46 千克；中东欧地区国家的人均小麦消费量虽然波动较大但整体呈现递减趋势，从 1992 年的 332.38 千克减少到 2013 年的 231.42 千克；中亚地区国家的人均小麦消费量较高但波动较大，2013 年为 306.43 千克；大洋洲地区国家的人均消费量呈现先下降后上升的趋势，1989 年下降到 91.04 千克后 2013 年又增加到了 167.78 千克；南亚、中美洲和东盟地区国家的人均小麦消费量呈现缓慢上升趋势，2013 年分别达到了 74.10 千克、48.14 千克和 26.39 千克。

2. 水稻人均消费量变化趋势

根据水稻的消费情况，"一带一路"沿线国家中，非洲、西亚、大洋洲、中亚和中东欧地区国家的水稻消费量较低，中美洲和南亚地区国家相差不多，而东盟和东亚地区国家的水稻消费量较高。中亚、大洋洲和中东欧地区国家的人均水稻消费量均低于 20 千克；西亚地区国家的人均水稻消费量从 1961 年的 8.76 千克缓慢增长到了 2013 年的 26.12 千克；非洲地区国家的人均水稻消费量变化比较稳定，2013 年为 25.61 千克；中美洲地区国家的人均水稻消费量波动较大，但和南亚地区国家较为相似，这两个地区 2013 年分别为 67.81 千克和 66.21 千克；东盟地区国家人均水稻消费量最高且呈现递增趋势，从 1961 年的 111.44 千克增加到了 2013 年的 180.50 千克；而东亚地区国家呈现先增后减趋势，1977 年增加到顶峰 145.24 千克后又下降到了 2013 年的 82.42 千克。

3. 玉米人均消费量变化趋势

根据玉米的消费情况，“一带一路”沿线国家中，南亚和中亚地区国家的人均玉米消费量较低，东盟、西亚和大洋洲地区国家的人均玉米消费量呈现缓慢增长趋势，其他地区国家的人均玉米消费量均波动较大。从 1961 年至 2013 年，南亚地区国家的人均玉米消费量均少于 15 千克，中亚地区国家从 1992 年的 28.26 千克下降到 1997 年的 8.70 千克后又开始恢复增长，增加到了 2013 年的 25.42 千克；东盟、西亚和大洋洲地区国家的人均玉米消费量从 1961 年的不足 25 千克的起点分别增长到 2013 年的 74.49 千克、68.84 千克和 40.61 千克；中东欧地区国家的人均玉米消费量虽然波动较大但整体呈现递增趋势，从 1992 年的 99.07 千克增加到 2013 年的 150.48 千克；非洲地区国家的人均玉米消费量变化比较稳定，从 1961 年的 81.34 千克缓慢增加到 2013 年的 103.70 千克；东亚和中美洲地区国家的人均玉米消费量波动也较大，2013 年分别为 164.56 千克和 124.48 千克。

4. 大豆人均消费量变化趋势

根据大豆的消费情况，“一带一路”沿线国家中，东亚地区国家的人均大豆消费量最高，中亚、中美洲和大洋洲地区国家的人均大豆消费量较低，西亚、东盟、非洲和南亚地区国家的人均大豆消费量呈现缓慢增长趋势。东亚地区国家的人均大豆消费量从 1961 年的 6.16 千克增长到 1999 年的顶峰 36.51 千克后又呈现缓慢下降趋势，到 2013 年为 24.16 千克；中亚、中美洲和大洋洲地区国家的人均大豆消费量很少，到 2013 年为止不到 5 千克；西亚、东盟、非洲和南亚地区国家的人均大豆消费量到 2013 年分别增长到了 11.84 千克、9.85 千克、8.83 千克和 7.04 千克；中东欧地区国家的人均大豆消费量呈现先减少后增加的趋势，1996 年下降到 1.68 千克，随后增加到 15.51 千克。

5. 马铃薯人均消费量变化趋势

根据马铃薯的消费情况，“一带一路”沿线国家中，中东欧地区国家的人均马铃薯消费量较多但呈现下降趋势，除了大洋洲、中亚和西亚地区国家，其他地区国家的人均马铃薯消费量均低于 35 千克。中东欧地区国家的人均马铃薯消费量从 1993 年的 274.93 千克逐渐下降到了 2013 年的 213.58 千克；大洋洲地区国家的人均马铃薯消费量相对较大，且一直维持在 100 千克左右；中亚地区国家的马铃薯人均消费量呈现增长趋势，2013 年增加到了 122.46 千克；非洲、南亚、东盟、东亚地区国家的人均马铃薯消费量较低，到 2013 年分别为 28.73 千克、26.24 千克、5.62 千克和 26.54 千克；西亚地区国家的人均消费量呈现缓慢增加又下降的趋势，1999 年到达峰值 53.26 千克后又下降到 33.46 千克。

6. 猪肉人均消费量变化趋势

根据猪肉的消费情况，“一带一路”沿线国家中，中东欧、东亚和大洋洲地区国家的人均猪肉消费量较多，而南亚、西亚和非洲地区国家的消费量较少，中美洲和东盟地区国家的消费量呈现增长趋势。1961 年以来，东亚地区国家的人均猪肉消费量增长迅速，从 2.35 千克增加到 2013 年的 31.00 千克；中东欧地区国家人均猪肉消费量一直处于较高水平，在 2001 年下降到 20.81 千克后增加到 2013 年的 29.18 千克；大洋洲地区国家的人均猪肉消费量也呈现先下降后增长的趋势，从 1961 年的 15.26 千克下降到 1981 年的 10.43 千克后，又大幅增加到了 2013 年的 22.19 千克；中美洲和东盟地区国家的人均猪肉消费处于缓慢增加趋势，从不足 5 千克分别增长到 2013 年的 13.46 千克和 8.57 千克；南亚、西亚和非洲地区国家人均猪肉消费量很少，均不足 2 千克。

7. 羊肉人均消费量变化趋势

根据羊肉的消费情况，“一带一路”沿线国家中，大洋洲地区国家的人均羊肉消费明显高于其他各地区国家，中亚和西亚地区国家的消费量相对较多，而其他地区国家的人均羊肉消费量均不足 5 千克。大洋洲地区国家的人均羊肉消费量波动剧烈，总体处于下降趋势，从 1961 年的 44.97 千克下降到 2013 年的 19.09 千克，减少了一半多；中亚地区国家的人均羊肉消费经历了先下降又逐渐增长的变化，从 1993 年的 9.22 千克下降到了 1999 年的 5.31 千克，又增长到了 2013 年的 7.91 千克；西亚地区国家人均羊肉消费在不断减少，到 2013 年减少到了 4.82 千克；非洲、东亚、东盟、南亚和中东欧地区国家的人均羊肉消费很少且没有呈现出明显的增长趋势。

8. 禽肉人均消费量变化趋势

根据禽肉的消费情况，“一带一路”沿线国家中，各地区国家的人均禽肉消费均呈现出了增长趋势，大洋洲和中美洲地区国家的消费量较多，而中亚和南亚地区国家的消费量较少。中美洲和大洋洲地区国家的人均禽肉消费量增长幅度均很大，分别从 1961 年的 3.41 千克和 2.48 千克增加到了 2013 年的

40.63千克和35.06千克，均增长了10多倍；中东欧和中亚地区国家的人均禽肉消费均经历了先下降后又大幅增加的过程，2013年分别增加到了24.58千克和7.10千克；非洲和东盟地区国家的人均禽肉消费量和变化趋势较为相似，分别从1961年的2.39千克和1.48千克增加到2013年的14.00千克和13.11千克；南亚地区国家人均禽肉消费量较少，2013年仅为2.31千克。

9. 牛奶人均消费量变化趋势

根据牛奶的消费情况，“一带一路”沿线国家中，大洋洲、中东欧和中亚地区国家的牛奶人均消费量较多，而东亚地区国家的牛奶人均消费量最少。大洋洲地区国家的牛奶消费整体呈现出下降趋势，从1961年1 398.10千克大幅下降到了2013年的532.04千克；中东欧地区国家的人均牛奶消费也呈现下降趋势，2013年下降到了242.21千克；中亚地区国家的牛奶消费量从1992年的211.65千克下降到1997年的162.13千克后，又快速上升到2013年的274.97千克；西亚地区国家的人均牛奶消费均较为稳定，保持在140千克左右；南亚地区国家的人均牛奶消费量从1961年的50.35千克增加到了2013年的111.25千克，增长了一倍多；东亚地区国家的人均牛奶消费量较少，2013年仍不足25千克。

10. 鱼肉人均消费量变化趋势

根据鱼肉的消费情况，“一带一路”沿线国家中，东亚、大洋洲和中美洲地区国家的鱼肉消费较多但波动剧烈，东盟地区国家的鱼肉消费呈现稳定增长趋势，而西亚、非洲、南亚和中亚地区国家的鱼肉消费较少。东亚地区国家是人均鱼肉消费增长最快的国家，消费量从1961年的13.03千克增加到2013年的54.41千克，增长3倍多；其次为中美洲地区国家，从1961年的7.69千克增加到2013年的29.50千克，增长将近3倍，但波动较为剧烈，最高曾达到51.70千克；东盟地区国家的人均鱼肉消费量从1961年的14.02千克增加到2013年的37.16千克；非洲地区国家的人均鱼肉消费呈现先上升后下降的趋势，1987年消费量增加到18.74千克后又下降到2013年的10.49千克；南亚地区国家的人均鱼肉消费量很少但处于缓慢增长趋势，到2013年增长到了5.38千克；而中亚地区国家的人均鱼肉消费量一直不足5千克。

11. 蛋类人均消费量变化趋势

根据蛋类的消费情况，“一带一路”沿线国家中，大洋洲和中东欧地区国家的蛋类消费较多，除中亚和中美洲地区国家波动较大外，其他地区国家的蛋类消费均呈现增长趋势，南亚地区国家的蛋类消费最少。大洋洲地区国家的人均蛋类消费量整体呈递减趋势，从1961年的17.33千克减少到2013年的11.76千克；中东欧地区国家的人均蛋类消费量从1992年的13.55千克下降到1996年的11.30后，2013年又增加到了15.79千克；东亚地区国家是人均蛋类消费量增长最快的地区，从 1961 年的 1.38 千克增加到 2013 年的 11.98 千克，增长了将近 8 倍；中亚地区国家的人均蛋类消费量呈现先下降后增加的趋势，1997 年下降到 2.89 千克后又增加到了 2013 年的 8.37 千克；中美洲地区国家的人均蛋类消费量波动较大，曾在 1973 年和 1978 年两次达到过峰值，最终到 2013 年为 6.21 千克；东盟、非洲和南亚地区国家的人均蛋类消费量均呈现缓慢增长趋势，2013 年分别增长到了 7.61 千克、4.28 千克和 2.75 千克。

三、各区域农产品消费结构现状

1. 粮食消费用途分析

(1) 小麦

"一带一路"沿线各国的小麦消费主要以食物消费为主，其次是饲料、种子和加工。除了中美洲地区国家的小麦消费仅用于食物之外，其他地区国家小麦的食物消费比例均大于饲料消费，其中南亚地区国家的食物消费占比最高，为 91.97%，其次为东盟、西亚和大洋洲地区国家，占比分为 82.05%、81.05%和 80.02%，东亚和非洲地区国家以及中亚和大洋洲地区国家相差不多，分别为 74.49%和 74.79%以及 45.26%和 45.90%；在小麦的饲料消费上，大洋洲地区的占比最高，为 42.37%，其次为中亚和中东欧地区，占比分别为 34.44%和 29.70%，东亚和东盟地区饲料消费占比相差不多，分别为 19.17%和 16.35%，而除了中美洲之外，南亚饲料消费占比最少，仅为 2.20%；在小麦的种子消费上，中亚地区的占比最高，为 14.41%，其次为中东欧和西亚地区，分别为 14.39%和 5.28%，除了中美洲之外，东盟的种子消费比例最少，仅为 0.05%；将小麦用于加工的比例较小，最高的为大洋洲地区，占比仅为 10.13%。

(2) 水稻

"一带一路"沿线各国的水稻消费主要以食物消费为主，其次是饲料、种子和加工。各地区国家水稻的食物消费占比均超过 65%，占比最低的是东盟地区国家，为 68.4%，最高是大洋洲地区国家，100%用于食物消费，西亚、南亚、中东欧和中美洲地区国家的食物消费比例超过了 90%，东亚、中亚和非洲地区国家的食物消费比例均在 85%左右；饲料是水稻的第二大消费用途，东盟地区国家的饲料消费占比最高，为 13.98%，其次为东亚和非洲地区国家，分别为 9.04%和 6.96%，西亚地区国家的饲料消费占比最低，仅为 0.28%；水稻消费用于种子和加工的占比很小，其中种子消费占比最高的中亚地区为 5.39%，最低的是西亚地区国家，占比 0.36%，加工消费占比最高为东盟地区国家，为 3.97%，而中亚、西亚、大洋洲和中美洲地区国家的加工消费为 0。

(3) 玉米

“一带一路”沿线各国的玉米消费大部分主要以饲料为主，其次为食物、加工和种子。除了南亚和非洲地区外，其他地区玉米的饲料消费均超过食物消费比例，占比均超过50%，其中中东欧地区饲料消费占比最高，为80.93%，其次为中美洲地区，占比为78.37%，东亚地区和大洋洲地区的饲料消费占比相差不多，分别为72.45%和72.92%，南亚地区的饲料消费最低，占比为41.83%；在玉米的食物消费上，非洲地区的占比最高，为53.67%，其次为南亚地区，占比为51.53%，东盟的食物消费也较多，占比为32.90%，西亚和中亚地区的食物消费相差不多，分别为24.94%和24.76%，食物消费最低的为东亚地区，仅为5.45%；将玉米进行加工最多的为中东欧地区，占比为8.94%，其次为东亚地区，占比为3.99%，中亚、大洋洲和中美洲地区的玉米均不用于加工；玉米种子消费占比很小，占比最多的南亚地区也仅为4.99%，除了大洋洲种子消费为0外，最少的为中美洲地区只有0.25%。

2. 粮食作物消费结构分析

“一带一路”沿线各国中，东亚、东盟和中美洲地区的粮食消费均主要以玉米和水稻为主。在东亚地区的粮食消费中，玉米消费占比最高，为31.75%，其次为水稻和小麦，分别为22.08%和20.42%，马铃薯消费和大豆消费分别占比14.10%和11.64%；东盟地区的水稻消费占比最高，为62.20%，其次为玉米和小麦，占比分别为23.84%和8.48%，而大豆和马铃薯消费占比较少，分别为3.59%和1.89%；中美洲地区的粮食消费中，玉米消费占比最高，为49.78%，其次为水稻和小麦，占比分别为25.66%和18.53%，马铃薯和大豆的消费占比分别为5.33%和0.70%。

“一带一路”沿线各国中，中亚、中东欧和大洋洲地区的粮食消费均主要以小麦和马铃薯为主，且中亚地区的小麦消费占比最高。中亚地区的小麦消费占比高达69.12%，马铃薯消费占比也相对较高，为23.86%，而玉米、水稻和大豆的消费占比较少，分别为4.94%、1.59%和0.49%；中东欧地区的小麦、马铃薯和玉米消费占比分别为39.12%、37.98%和20.05%，大豆和水稻消费占比很少，仅为2.21%和0.64%；大洋洲地区的小麦消费占比达一半，其次为马铃薯和玉米，占比分别为33.26%和13.62%，水稻和大豆占比也较少，仅为2.69%和0.12%。

“一带一路”沿线各国中，西亚、非洲地区的粮食消费以小麦和玉米为主。在西亚地区的粮食消费中，小麦消费占比超过一半，为57.60%，其次为玉米和马铃薯，分别为17.88%和13.09%，水稻和大豆消费的占比较少，仅为7.65%和3.78%；非洲地区的小麦和玉米消费分别为40.58%和37.22%，马铃薯和水稻的消费占比相差不多，分别为9.95%和9.27%，大豆占比较少，仅为2.97%。

“一带一路”沿线各国中，南亚地区的粮食消费以水稻和小麦为主。南亚地区水稻和小麦的消费占比分别为 40.44%和 35%，马铃薯消费比例也相对较大，为 13.77%，玉米和大豆的消费占比分别为 7.65%和 3.78%。

3. 肉蛋奶类消费结构分析

各区域粮食作物消费结构见图 2-5。

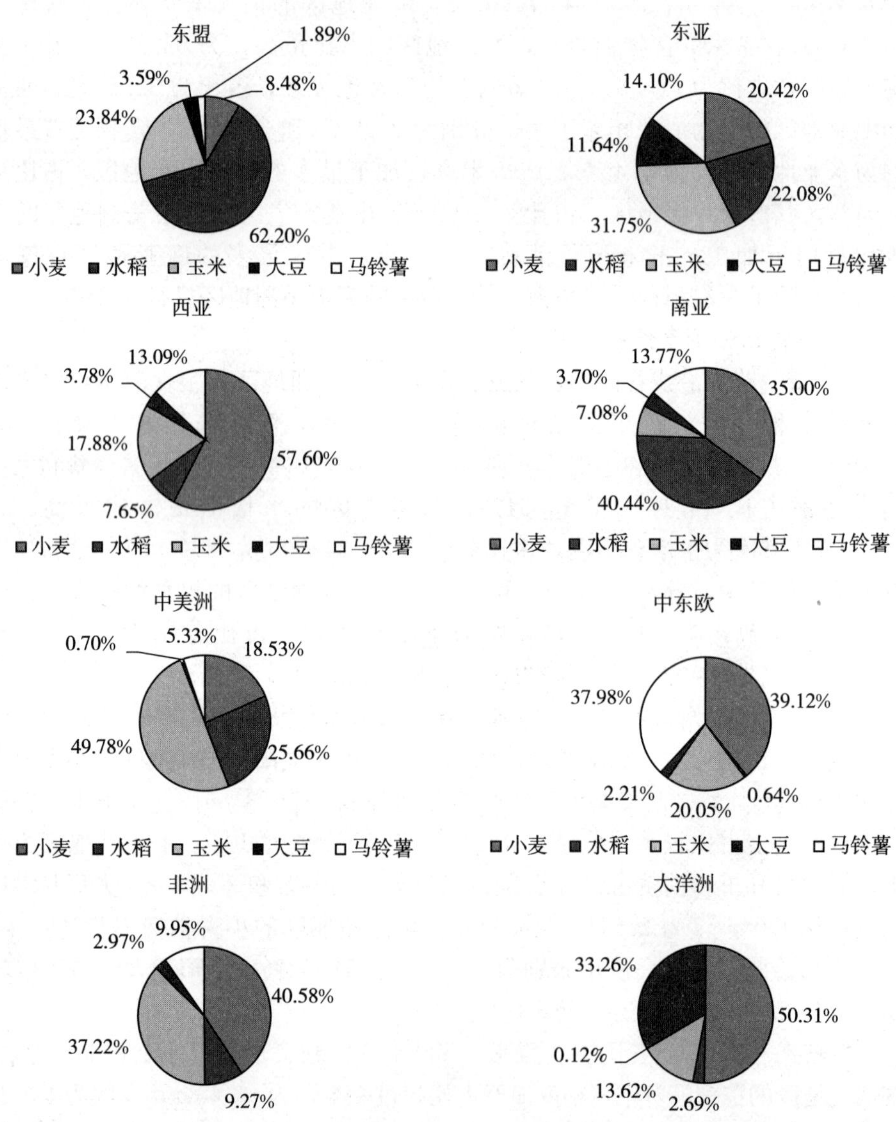

图 2-5 各区域粮食作物消费结构

资料来源：FAO。

“一带一路”沿线各国肉蛋奶消费结构中，东盟和东亚地区的鱼肉消费占比最高，而其他地区均为奶类消费占比最高。

东亚地区肉蛋奶类的三大主要消费分别为鱼肉、猪肉和牛奶，占比分别为28.29%、24.77%和22.97%，其次为蛋类、禽肉和羊肉，占比分别为12.94%、9.03%和2.00%；东盟地区肉蛋奶类的三大主要消费分别为鱼肉、牛奶和禽肉，占比分别为44.29%、22.30%和14.32%，其次为猪肉和蛋类，占比分别为10.10%和8.41%。

在其他地区中，牛奶消费比例最高的为中亚，占比高达90.15%，其次为南亚和大洋洲地区，占比分别为88.73%和83.61%，西亚和中东欧地区相差不多，牛奶消费占比分别为72.72%和73.64%，牛奶消费占比相对较小的是中美洲地区，为44.79%；中美洲、非洲和西亚地区的禽肉和鱼肉消费比例较大，占比分别为25.38%和27.74%、14.60%和11.75%以及13.79%和11.75%；中东欧地区的猪肉消费比例较大，占比8.69%，禽肉、鱼肉和蛋类占比分别为6.01%、5.70%和4.70%。

第五节　农产品价格分析

1. 稻米

“一带一路”沿线区域中，东亚、西亚18国、非洲5国在1995—2016年间稻米价格整体呈现波动上升的趋势，中美洲、南亚8国价格较为稳定，中亚5国、中东欧17国的稻米价格则呈现下降趋势。东亚国家的稻米年平均价格最高为1 022.52美元/吨，年均增长率为1.17%；其次为中亚国家的736.02美元/吨，但其价格跌幅大，以年均−2.80%的速度下降；西亚国家稻米年平均价格为606.73美元/吨，年均增速较低仅为0.86%；南亚与东南亚国家的稻米年平均价格较低，分别为275.39美元/吨和287.58美元/吨，居于后两位，但南亚国家的稻米价格增速较快，增速为3.35%（图2-6）。

2007—2014年，世界前五位稻米出口国中，除了北美洲的美国，其余四个为“一带一路”沿线的印度、泰国、越南、巴基斯坦。根据联合国粮农组织（FAO）发布的《全球粮食展望报告》，2017年中国将居于全球五大稻米生产国之首，稻米产量为1.4亿吨。“一带一路”沿线主要稻米生产国中国、印度、泰国、越南4国中①，中国的稻米平均价格最高为311.33美元/吨，年均增长率为4.68%，出口价格居高不下与稻米国内需求旺盛有关，2012—2016年中国一直为稻米净进口国。印度1995—2008年的稻米价格增速最快，为

① 巴基斯坦稻米价格在2002年之后均缺失，因此未进行分析。

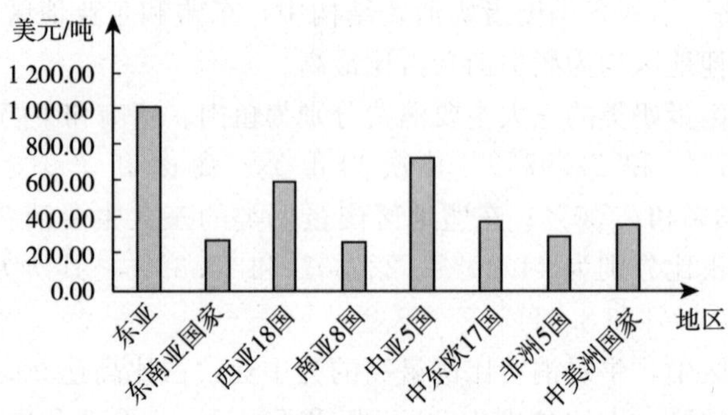

图 2-6 “一带一路”沿线 8 个区域稻米价格分析图

5.26%，且年平均价格为 266.86 美元/吨，高于越南和泰国；越南稻米价格年均增长率为 6.68%，年平均价格为 201.98 美元/吨，泰国的稻米价格较为稳定，年平均价格为 208.47 美元/吨，年均增长率为 1.53%。

2. 小麦

“一带一路”沿线区域中，除中亚 5 国和南亚 8 国外，其他区域在 2006 年之前小麦价格较为稳定，2007 年之后价格波动较大，呈现出先上升后下降的态势。中亚 5 国在 1995 年的小麦价格为 557.4 美元/吨，一路下跌到 2003 年的 102.3 美元/吨，此后小麦价格与其他区域的价格趋势较为一致，2016 年小麦价格低于其他区域；中美洲巴拿马的小麦价格明显高于其他区域，其次为东亚和西亚 18 国，西亚国家农业生产环境恶劣，国内小麦供给量较少，进口依赖性强，2014 年小麦价格达到价格最高点 455.5 美元/吨，2015 年之后也逐渐下降；与其他国家下降趋势不一致的是，南亚 8 国的小麦价格多年来稳步攀升，2016 年达到 343.6 美元/吨，高于其他区域；东亚国家在 2015 年之后小麦价格下降幅度最大。

1991—2016 年，“一带一路”沿线国家中，平均小麦产量位于世界前十位的主要小麦生产国有中国、印度、俄罗斯、巴基斯坦、土耳其，其中土耳其的小麦平均价格最高；为 247.6 美元/吨，中国的小麦平均价格在 2001 年之后呈现稳步增长态势，平均增速最快，为 3.9%，印度与巴基斯坦的小麦价格平均增速相同，均为 3.2%，但巴基斯坦在 2008 年之后小麦价格经历了一次快速的上涨，此后价格一直维持高位，俄罗斯小麦价格相对其他四个国家较为平稳，平均增速仅为 1.2%，与其他国家在 2008 年之后小麦价格呈现上升趋势不同，俄罗斯在 2008—2010 年小麦价格却趋于下降，2010 年仅为127.3 美元/吨，2013 年之后出现下降趋势。

3. 玉米

“一带一路”沿线区域间玉米价格波动差异较大，东亚、西亚 18 国、中亚

5 国、东南亚国家玉米价格在 2009 年之后呈下降趋势，而南亚 8 国、独联体 6 国和乌克兰、中东欧 16 国在 2015 年之后玉米价格却有上升趋势，其中南亚 8 国的玉米价格增幅最大，为 5.17%。西亚 18 国的玉米平均价格为 384.20 美元/吨，高于其他区域，这与西亚国家恶劣的自然环境、也门和巴勒斯坦等地区冲突对农业生产的破坏有关。中美洲国家的平均玉米价格居于第二位，为 375.18 美元/吨，在 2006 年玉米价格呈现急剧增加态势，2008 年之后逐渐走低；中亚 5 国、中东欧 17 国作为玉米的主要产地，玉米平均价格均较低，分别为 192.86 美元/吨和 163.37 美元/吨，多年来玉米价格增速较低，其中中亚 5 国的玉米价格增长率为−4.63%，整体处于下降态势。

1995—2016 年，“一带一路”沿线国家中，平均玉米产量位于世界前十位的主要小麦生产国有中国、印度、印度尼西亚[①]、乌克兰，其中中国 1993—2013 年年均玉米出口量位于世界第五位，但相对于印度和乌克兰，中国的玉米由于单产水平较低，价格居高不下，1995—2016 年中国平均玉米价格为 262.0 美元/吨，在“一带一路”沿线的 44 个国家中排名第 12，相对其他国家而言价格处于上中水平。印度近些年玉米产量稳步增加，由于地理位置便利，加上印度商家愿意提供小型集装箱或小型船只（1.5 万～2 万吨），因而印度成为东南亚的主要玉米供应国，3 个主产国中，印度玉米平均价格为 157.9 美元/吨，价格水平居中。乌克兰地域辽阔，国内玉米供给量较大，2013 年玉米出口量达 2.6 亿吨，玉米平均价格较低，在“一带一路”沿线国家中位列倒数第四，为 115.0 美元/吨。

4. 牛奶[②]

1995—2016 年，“一带一路”沿线区域中，东亚、南亚 8 国和东南亚国家的牛奶价格平均增速相对较大，分别为 2.88%、2.42%和 2.22%，其中东南亚国家呈现步步攀升的态势，且在 2014 年达到最大，为 1 364.00 美元/吨，这与区域的牛奶产量与需求有较大关系，如东南亚的文莱和新加坡，国内牛奶的产量较低，但牛奶需求量较大，导致两国平均牛奶价格在“一带一路”沿线国家中处于前列，分别为 1 986.62 美元/吨和 1 524.38 美元/吨。中亚 5 国和西亚 18 国的牛奶价格增速为负值，为−3.04%和−1.34%。西亚国家的牛奶价格整体处于较高水平，在 2006—2012 年经历了快速的上升和下降，这与西亚国家的政治局势具有较大的关联，如伊拉克多年战乱，国内牛奶平均价格为 4 309.76 美元/吨。中东欧国家为主要的牛奶生产地，国内供给量充足，如白俄罗斯 2013 年的产量达 662.56 万吨，出口量为 323 万吨，平均牛奶价格为

① 印度尼西亚数据缺失。

② 本研究中牛奶价格指标是鲜牛奶的生产者价格。

201.42 美元/吨。

1995—2016 年"一带一路"沿线国家牛奶平均价格见图 2-7。

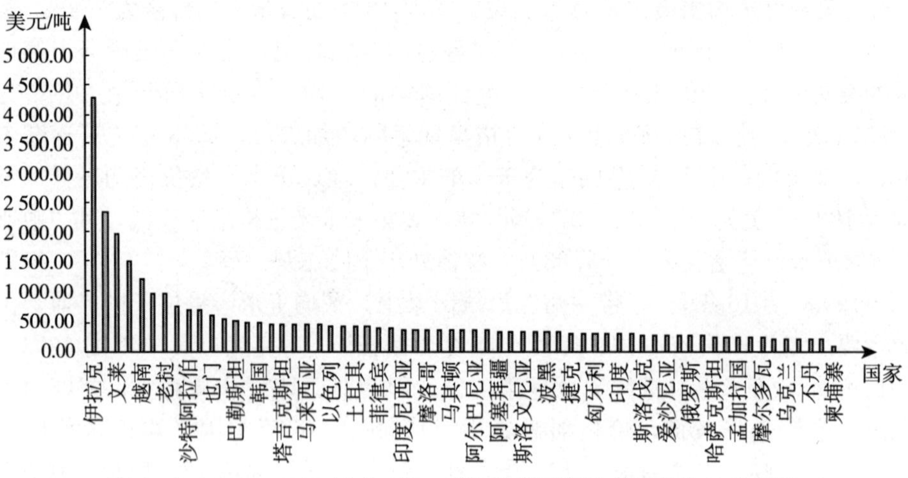

图 2-7　1995—2016 年"一带一路"沿线国家牛奶平均价格分析图

5. 大豆

"一带一路"沿线区域中除东亚国家外，其他区域的大豆价格变动趋势较为相似，2013 年之前整体表现为先下降后上升的态势，在 2013 年之后逐渐出现分化。东亚国家的大豆价格持续走高，平均增速为 2.33%，南亚 8 国的大豆价格上升速度最快为 5.39%，而其他区域却逐渐走低，其中中亚 5 国价格增长率为−6.96%，下降速度明显，中美洲、西亚 18 国、非洲 5 国、中东欧 17 国、东南亚五个区域的增长率均为正值，分别为 3.11%、2.76%、2.05%、1.51%、1.43%。1995—2016 年大豆平均价格最高的区域为东亚，其次为东南亚国家，大洋洲国家的大豆平均价格最低，仅为 201.90 美元/吨。

"一带一路"沿线区域大豆平均价格见图 2-8。

"一带一路"沿线国家中，1995—2016 年 21 年间大豆平均价格排名前 5 位的分别为塔吉克斯坦、老挝、阿尔巴尼亚、阿塞拜疆、尼泊尔，其中塔吉克斯坦的价格最高，为 796.24 美元/吨，排在后五位的国家分别为俄罗斯、乌克兰、吉尔吉斯斯坦、黑山、哈萨克斯坦，这 5 个国家大豆产量较多，其中乌克兰大豆产量处于世界第 9 位，俄罗斯大豆出口额占世界出口总额的 0.27%。中国作为大豆主产国，也是世界大豆第一进口国，2016 年大豆进口额占世界大豆进口总额的 67%，1995—2016 年中国的大豆平均价格为 507.78 美元/吨，在"一带一路"39 个国家中排名第 8 位，比价格最低的摩尔多瓦高出 352.44 美元/吨，整体价格处于较高的水平。

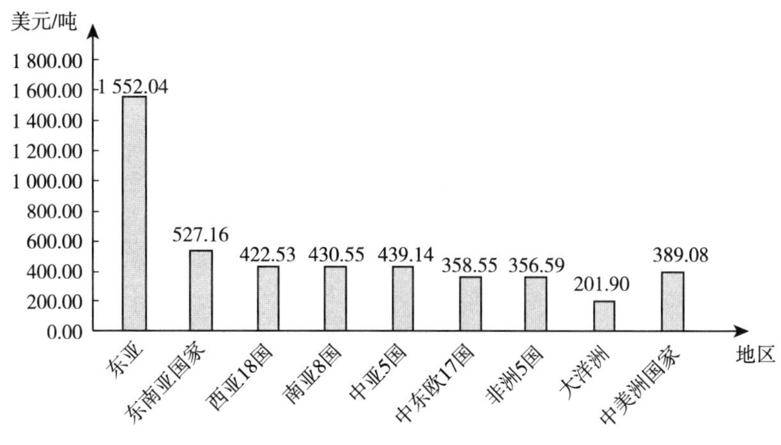

图 2-8 “一带一路”沿线 9 个区域大豆平均价格

6. 牛肉

1995—2016 年，“一带一路”沿线 9 个区域的牛肉价格整体波动趋势较为一致，表现为 2000—2013 年价格波动上升，2013 年之后，除了南亚国家持续上升外，其他 8 个区域则逐渐下降。西亚 18 国在 21 年间的牛肉价格一直处于高位，平均价格为 5 658.48 美元/吨；其次为东南亚国家，牛肉平均价格为 4 052.23美元/吨，这与区域内国家牛肉产量较少、对疯牛病加强贸易管制导致国内需求量大于供给量有关；中东欧国家、中亚、南亚作为主要的牛肉产区，近些年牛肉产量较充足，牛肉价格较为平稳，其中中亚的牛肉价格增长率为负值，南亚牛肉平均价格在 9 大区域中最低仅为 1 273.38 美元/吨。

新加坡、文莱的牛肉价格居于“一带一路”沿线国家前两位，两个国家均位于世界富裕国家之列，人民生活水平较高，国内牛肉产量较少，但品质较高，如文莱每年从澳大利亚进口活肉牛，在国内进行饲养、屠宰和销售，并建立了一个受到许多伊斯兰国家推崇的优质清真认证（Halal）品牌①。“一带一路”沿线国家中牛肉价格最低的为印度和孟加拉国，两国均为亚洲的牛肉主产国，1993—2016 年牛肉年平均产量分别为 99.123 9 万吨、17.676 5 万吨，占亚洲牛肉总产量的 8.59%和 1.53%，国内充足的牛肉供给保证了牛肉价格处于较低水平。中东欧的波兰作为主要牛肉出口国，1995—2014 年牛肉出口额占世界总出口额的 5%，价格水平较低。而希腊、俄罗斯作为世界主要的牛肉贸易国，希腊进口额占世界牛肉进口总额的 2.2%，俄罗斯为 1.5%，相对于其他“一带一路”沿线国家，价格处于中上等水平。

① http://beltandroad.zaobao.com/beltandroad/analysis/story20160502-612164。

7. 鸡肉

1995—2016 年，“一带一路”沿线 9 个区域中，中亚 5 国、中东欧 17 国和非洲 5 国的鸡肉价格处于下降态势，其中中亚 5 国的下降速度最大年增长率为－6.78%，其他 6 个区域的价格年增长率均为正值，其中西亚 18 国的鸡肉价格年增长率最大，为 2.58%，但东亚的鸡肉价格却长期处于较低水平，平均价格为1 178.45美元/吨；平均价格水平最高的区域为中亚 5 国，鸡肉价格的波动也最大，从 2007 年之后价格不断下滑，非洲 5 国 2015 年鸡肉价格居于 9 个区域最低水平，仅为 1 223.2 美元/吨；除中美洲、中亚 5 国外，其他 7 个区域鸡肉价格波动趋势较为一致，鸡肉价格年均增长率处于 1.5%与 2.2%之间。

“一带一路”沿线的 54 个国家中，中亚的土库曼斯坦、塔吉克斯坦的鸡肉年平均价格居前两位，分别为 4 626.52 美元/吨、4 370.58 美元/吨，比价格最低的蒙古高出 4 003.61 美元/吨、3 747.63 美元/吨。FAO 数据显示，1993—2016 年鸡肉年平均产量位于世界前 10 位的“一带一路”沿线国家有中国、俄罗斯、印度和伊朗，但同时俄罗斯、中国也是世界前五位的鸡肉进口国。可以看出 4 个国家中伊朗的鸡肉年平均价格最高，为 2 644.88 美元/吨，其次为印度，价格处于中等水平，为 2 005.25 美元/吨，在其之后的俄罗斯价格水平为 1 819.66 美元/吨，中国在四个国家中价格最低，为 1 499.40 美元/吨。

8. 猪肉

1995—2016 年，“一带一路”沿线 9 个区域中，除南亚 8 国的猪肉价格呈现平稳上升趋势外，其他 8 个区域在 2011 年之后均趋于下降。南亚国家的猪肉价格增长水平最高，年增长率为 4.85%，但猪肉年平均价格水平仅为 1 371.37美元/吨；中亚五国、中东欧 17 国、非洲 5 国的猪肉价格平均增长率均为负值，分别为－3.44%、－0.81%和－0.11%；西亚 18 国的猪肉年平均价格水平为3 977.90美元/吨，在 9 个区域中排名第一，年均增长率为 3.25%；中美洲国家的猪肉年平均价格最低仅为 1 020.60 美元/吨，且增速较慢，仅为 0.79%。

“一带一路”沿线 46 个国家中，土耳其、摩洛哥、土库曼斯坦猪肉年平均价格居于前三位，近些年为推进国内旅游业的发展，猪肉买卖逐渐放开，土耳其自 2006 年之后猪肉进出口均为 0，猪肉主要由国内供给，供给能力有限；印度人均猪肉消费量很低，但印度在 2010—2015 年，猪肉进口年均增长 11%，2015 年，印度对猪肉的进口量年比飙升 28%①，在充足的进口供给下，印度的猪肉价格位于“一带一路”沿线 46 个国家的最后一位，猪肉平均价格仅为 578.45 美元/吨。

① http：//www.zhujiage.com.cn/article/201607/654099.html。

9. 羊肉

1995—2016年，“一带一路”沿线9个区域羊肉价格的整体波动趋势一致，2011年之前缓慢增长，2011年之后则处于明显的下降状态。其中西亚18国、东亚国家的羊肉价格远远高于其他国家，平均价格为6 478.05美元/吨和5 647.03美元/吨，但东亚国家相对增速更快，年平均增长率为5.56%；其次为中东欧17国，平均价格水平为3 613.95美元/吨，价格年均增长率为1.27%；中亚5国的价格年均增长率为负值，21年间价格整体呈现下降态势；中美洲国家的羊肉年平均价格水平较低，为1 093.40美元/吨，但表现出显著的增长趋势，增长率为4.50%。

“一带一路”沿线51个国家中，韩国、巴勒斯坦、以色列三个国家羊肉年平均价格居于前三位，地处中亚的巴勒斯坦物质缺乏，地区冲突使得国内羊肉的供给量有限，故需求量较大，供需矛盾导致羊肉价格常年居高不下。“一带一路”沿线国家中，中国、土耳其、伊朗、印度的羊肉生产量位于世界前十，但土耳其和伊朗的羊肉价格仍然较高，分别为7 367.88美元/吨和6 457.00美元/吨，在中国，由于需求旺盛，羊肉进口量居于世界前5位，羊肉价格多年来增长率为9.26%，羊肉平均价格处于中等水平，为3 473.41美元/吨，印度在4个主产国中价格最低，为3 384.95美元/吨。

第六节 农产品贸易分析

各国各类农产品的进出口贸易数据，包括进出口量、进出口值，主要搜集的农产品种类有：水稻、小麦、玉米、豆类、薯类、大豆、肉、蛋、奶、酒、烟、茶、棉，主要来源是FAO、联合国UNCOMTRADE数据库、世界银行。

根据FAO数据，大部分国家数据，如：中国、新加坡、马来西亚、印度尼西亚、泰国、柬埔寨等，年份大致为1961—2013年；小部分国家数据，如一些独联体国家，年份大致为1992—2013年；捷克、斯洛伐克数据，为1993—2013年；埃塞俄比亚数据为1993—2013年；塞尔维亚、黑山数据，为2006—2013年；联合国数据为1988—2016年；世界银行数据为1960—2016年，但各国有差异。

各国农产品贸易，共收集51个国家或地区数据，其中我国数据没有汇总，采用原始数据即中国大陆数据，按数据年份（1961—2013年，1992—2013年）求均值排序。农产品进口值与出口值，按期间量折算为价值及基于价格折算为价值两种情况计算。中国的进出口值都居首位。其中进口值靠前的有俄罗斯、中国大陆、韩国、沙特阿拉伯；出口值靠前的有中国大陆、泰国、新西兰、马来西亚、印度尼西亚、印度。

“一带一路”沿线国家农产品进出口排名见表 2-13。

表 2-13 农产品进出口排名

单位：亿美元

排名	国家	进口值均值（量）	国家	进口值均值（价）	国家	出口值均值（量）	国家	出口值均值（价）
1	中国[①]	179.61	俄罗斯	143.29	中国大陆	125.89	中国大陆	80.67
2	俄罗斯	162.79	中国大陆	128.11	马来西亚	120.44	泰国	78.43
3	韩国	80.34	韩国	55.35	印度尼西亚	106.33	新西兰	60.48
4	沙特阿拉伯	65.54	波兰	52.83	印度	89.42	马来西亚	51.11
5	马来西亚	54.63	沙特阿拉伯	41.69	泰国	78.97	印度尼西亚	48.80
6	印度	48.93	印度	33.64	新西兰	66.21	印度	42.08
7	印度尼西亚	46.25	新加坡	33.57	乌克兰	49.84	波兰	37.04
8	阿联酋	44.99	印度尼西亚	26.58	土耳其	48.84	乌克兰	36.20
9	巴勒斯坦	44.94	马来西亚	26.25	波兰	45.04	土耳其	35.37
10	泰国	42.43	埃及	25.95	俄罗斯	42.12	南非	27.56
11	埃及	38.80	伊朗	25.70	越南	37.33	俄罗斯	26.08
12	土耳其	38.51	土耳其	23.46	匈牙利	29.40	新加坡	25.02
13	波兰	33.69	阿联酋	20.02	南非	22.24	匈牙利	23.87
14	伊朗	32.28	乌克兰	17.88	阿联酋	18.51	菲律宾	16.06
15	南非	31.85	匈牙利	17.01	叙利亚	17.84	越南	14.64
16	菲律宾	26.63	罗马尼亚	15.51	巴基斯坦	17.31	立陶宛	12.51
17	伊拉克	26.03	泰国	15.38	菲律宾	17.03	哈萨克斯坦	11.26
18	新加坡	25.41	巴基斯坦	15.17	保加利亚	16.92	白俄罗斯	10.91
19	乌克兰	23.44	菲律宾	14.92	乌兹别克斯坦	16.87	罗马尼亚	10.66
20	巴基斯坦	23.08	伊拉克	14.67	伊朗	16.63	乌兹别克斯坦	10.47
21	越南	21.26	白俄罗斯	13.10	新加坡	16.37	摩洛哥	10.13
22	摩洛哥	18.50	南非	12.97	埃及	16.15	以色列	9.95
23	以色列	18.14	以色列	12.80	立陶宛	13.38	保加利亚	9.46
24	罗马尼亚	16.17	越南	11.86	白俄罗斯	11.99	伊朗	9.24
25	叙利亚	14.91	摩洛哥	11.64	韩国	10.73	巴基斯坦	8.11
26	白俄罗斯	13.91	哈萨克斯坦	10.26	斯里兰卡	10.50	斯里兰卡	7.91
27	匈牙利	12.86	立陶宛	10.09	哈萨克斯坦	9.43	韩国	7.37
28	科威特	12.13	保加利亚	9.36	罗马尼亚	8.74	阿联酋	7.06
29	哈萨克斯坦	11.97	黎巴嫩	9.29	以色列	6.58	沙特阿拉伯	6.15

（续）

排名	国家	进口值均值（量）	国家	进口值均值（价）	国家	出口值均值（量）	国家	出口值均值（价）
30	约旦	11.75	新西兰	8.60	沙特阿拉伯	6.34	埃及	5.84
31	立陶宛	10.34	科威特	8.41	摩洛哥	5.85	摩尔多瓦	4.44
32	新西兰	9.68	拉脱维亚	8.08	摩尔多瓦	5.80	拉脱维亚	4.30
33	黎巴嫩	9.42	爱沙尼亚	6.89	拉脱维亚	4.90	爱沙尼亚	4.20
34	斯里兰卡	8.76	乌兹别克斯坦	6.75	爱沙尼亚	3.93	叙利亚	4.07
35	保加利亚	7.43	约旦	6.62	约旦	3.28	约旦	3.34
36	拉脱维亚	6.93	斯里兰卡	6.44	阿塞拜疆	3.15	巴拿马	3.10
37	格鲁吉亚	6.39	叙利亚	6.31	格鲁吉亚	2.60	阿塞拜疆	2.36
38	爱沙尼亚	6.37	阿塞拜疆	4.07	塔吉克斯坦	2.24	马达加斯加	2.14
39	尼泊尔	5.90	格鲁吉亚	3.93	巴拿马	2.16	土库曼斯坦	2.12
40	阿塞拜疆	5.63	土库曼斯坦	2.94	土库曼斯坦	1.96	黎巴嫩	1.75
41	巴拿马	4.07	亚美尼亚	2.78	黎巴嫩	1.82	塔吉克斯坦	1.48
42	乌兹别克斯坦	3.42	摩尔多瓦	2.49	老挝	1.36	吉尔吉斯斯坦	1.30
43	亚美尼亚	3.25	塔吉克斯坦	2.48	吉尔吉斯斯坦	1.28	尼泊尔	1.29
44	塔吉克斯坦	2.44	巴勒斯坦	2.08	马达加斯加	1.22	格鲁吉亚	1.01
45	摩尔多瓦	2.27	巴拿马	1.98	尼泊尔	0.81	巴勒斯坦	0.69
46	吉尔吉斯斯坦	2.15	吉尔吉斯斯坦	1.96	伊拉克	0.81	科威特	0.64
47	马达加斯加	1.94	尼泊尔	1.49	巴勒斯坦	0.47	蒙古	0.55
48	文莱	1.79	文莱	1.26	蒙古	0.43	伊拉克	0.33
49	蒙古	1.77	马达加斯加	0.90	亚美尼亚	0.34	亚美尼亚	0.18
50	土库曼斯坦	0.81	蒙古	0.66	科威特	0.23	老挝	0.09
51	老挝	0.75	老挝	0.57	文莱	0.02	文莱	0.02

注：①我国数据没有汇总，采用原始数据即中国大陆数据。②本表数据根据 FAO 数据整理所得，考虑到对真实水平分析的需要，其中 0 值作为缺失值处理。

根据各国农产品贸易情况变动趋势分析，可以看出，进出口值都随时间增加有所增长。出口值方面由于数据采集区间差异，俄罗斯从 1992 年起，中国大陆从 1961 年起，俄罗斯均值较高，但中国大陆 2000 年以后进口值均高于俄罗斯。

1. 水稻

水稻进口，共收集 63 个国家的数据。其中进口量按平均值排序，中国在所有国家中名列第二，印度尼西亚名列第一，前五的国家还有伊朗、沙特阿拉伯、伊拉克。水稻进口值，按平均值排序，中国在所有国家中名列第四位，沙特阿拉名列第一位，前五的国家还有伊朗、印度尼西亚、伊拉克。对比分析，水稻进口量与进口值的排序差异较大，原因一方面可能是基于进口品种不同价格不同形成的差异，一方面可能是数据的缺失及报告期不一致。

水稻出口，共收集59个国家的数据。其中出口量按平均值排序，中国名列第四位，泰国名列第一位，前五的国家还有越南、巴基斯坦、尼泊尔。水稻出口值，按平均值排序，中国名列第四位，泰国同样名列第一位，排序与水稻出口量排序基本一致。原因可能是出口数据较为完备，且价格差异的影响有限，不足以改变量价总值的排序（表2-14）。

表2-14　水稻进出口排名

单位：万吨，百万美元

排名	国家	进口量均值	国家	进口值均值	国家	出口量均值	国家	出口值均值
1	印度尼西亚	99.46	沙特阿拉伯	343.15	泰国	455.63	泰国	1559.85
2	中国	75.36	伊朗	309.95	越南	183.56	越南	608.68
3	伊朗	57.64	印度尼西亚	297.88	巴基斯坦	138.96	巴基斯坦	521.86
4	沙特阿拉伯	51.64	中国	296.03	中国	133.10	中国	337.62
5	伊拉克	48.72	伊拉克	205.47	尼泊尔	11.23	俄罗斯	28.28
6	马来西亚	47.04	马来西亚	167.04	柬埔寨	10.50	柬埔寨	27.18
7	孟加拉国	45.40	南非	134.33	俄罗斯	5.41	尼泊尔	25.69
8	南非	36.72	俄罗斯	102.63	新加坡	3.98	新加坡	10.95
9	俄罗斯	32.35	新加坡	100.85	印度尼西亚	3.66	哈萨克斯坦	9.00
10	越南	28.01	韩国	100.24	波兰	2.90	马来西亚	7.54
11	新加坡	27.84	孟加拉国	98.09	哈萨克斯坦	2.72	印度尼西亚	7.54
12	韩国	23.88	波兰	80.16	乌兹别克斯坦	1.31	土耳其	6.60
13	斯里兰卡	22.46	科威特	71.61	保加利亚	1.03	波兰	6.59
14	也门	14.96	也门	68.46	南非	1.00	南非	5.07
15	土耳其	14.41	越南	59.65	马达加斯加	0.94	保加利亚	4.65
16	叙利亚	12.51	土耳其	59.19	韩国	0.88	罗马尼亚	4.25
17	马达加斯加	11.67	叙利亚	56.60	土耳其	0.83	乌兹别克斯坦	3.58
18	科威特	9.42	阿曼	49.94	罗马尼亚	0.66	沙特阿拉伯	3.55
19	阿曼	8.04	斯里兰卡	45.05	沙特阿拉伯	0.62	斯洛伐克	3.37
20	波兰	8.02	约旦	37.88	科威特	0.52	阿曼	3.32
21	阿富汗	7.41	马达加斯加	35.08	斯里兰卡	0.51	韩国	2.86
22	尼泊尔	7.32	以色列	29.26	也门	0.51	斯里兰卡	2.28

（续）

排名	国家	进口量均值	国家	进口值均值	国家	出口量均值	国家	出口值均值
23	约旦	7.28	卡塔尔	25.75	阿曼	0.49	马达加斯加	2.09
24	柬埔寨	6.95	乌克兰	21.02	马来西亚	0.42	乌克兰	1.88
25	乌克兰	6.61	尼泊尔	20.48	巴林	0.40	科威特	1.83
26	以色列	6.32	阿富汗	20.46	乌克兰	0.38	孟加拉国	1.81
27	罗马尼亚	5.26	柬埔寨	19.61	孟加拉国	0.35	斯洛文尼亚	1.73
28	老挝	4.19	巴林	19.60	斯洛伐克	0.29	立陶宛	1.65
29	卡塔尔	3.73	罗马尼亚	18.40	立陶宛	0.24	巴林	1.31
30	黎巴嫩	3.54	斯洛伐克	16.79	伊拉克	0.24	也门	1.17
31	巴林	3.30	埃塞俄比亚	16.18	约旦	0.23	约旦	0.91
32	乌兹别克斯坦	3.20	黎巴嫩	15.95	斯洛文尼亚	0.20	伊拉克	0.90
33	斯洛伐克	3.09	文莱	12.71	摩洛哥	0.18	塔吉克斯坦	0.80
34	埃塞俄比亚	3.00	新西兰	11.86	塔吉克斯坦	0.18	黎巴嫩	0.74
35	匈牙利	2.92	匈牙利	11.55	巴拿马	0.17	匈牙利	0.70
36	东帝汶	2.72	白俄罗斯	11.45	匈牙利	0.16	巴拿马	0.58
37	白俄罗斯	2.49	塞尔维亚	9.43	黎巴嫩	0.14	摩洛哥	0.49
38	文莱	2.18	老挝	8.97	伊朗	0.13	伊朗	0.46
39	阿塞拜疆	2.07	乌兹别克斯坦	7.53	文莱	0.09	塞尔维亚	0.45
40	保加利亚	1.93	东帝汶	7.45	卡塔尔	0.08	爱沙尼亚	0.44
41	新西兰	1.71	阿尔巴尼亚	7.20	白俄罗斯	0.06	拉脱维亚	0.44
42	不丹	1.53	阿塞拜疆	6.77	爱沙尼亚	0.06	卡塔尔	0.37
43	阿尔巴尼亚	1.47	克罗地亚	6.50	拉脱维亚	0.05	文莱	0.33
44	亚美尼亚	1.33	斯洛文尼亚	6.45	吉尔吉斯斯坦	0.05	白俄罗斯	0.31
45	塞尔维亚	1.32	保加利亚	6.42	以色列	0.04	克罗地亚	0.27
46	吉尔吉斯斯坦	1.29	巴拿马	5.91	塞尔维亚	0.04	吉尔吉斯斯坦	0.23
47	巴拿马	1.19	亚美尼亚	5.79	叙利亚	0.04	以色列	0.20
48	马尔代夫	1.14	哈萨克斯坦	5.58	克罗地亚	0.03	新西兰	0.13
49	蒙古	1.11	立陶宛	5.21	不丹	0.03	不丹	0.12
50	立陶宛	1.03	吉尔吉斯斯坦	5.03	格鲁吉亚	0.02	格鲁吉亚	0.10
51	哈萨克斯坦	1.02	塔吉克斯坦	4.27	新西兰	0.01	叙利亚	0.10
52	克罗地亚	0.92	马尔代夫	4.11	阿塞拜疆	0.01	波黑	0.08
53	斯洛文尼亚	0.91	蒙古	3.95	波黑	0.01	阿塞拜疆	0.08
54	塔吉克斯坦	0.90	不丹	3.92	蒙古	0.01	东帝汶	0.04

（续）

排名	国家	进口量均值	国家	进口值均值	国家	出口量均值	国家	出口值均值
55	摩洛哥	0.62	巴基斯坦	3.86	阿尔巴尼亚	0.01	阿尔巴尼亚	0.03
56	格鲁吉亚	0.58	泰国	3.68	亚美尼亚	0.01	蒙古	0.02
57	拉脱维亚	0.51	摩洛哥	3.62	埃塞俄比亚	0.00	亚美尼亚	0.02
58	巴基斯坦	0.48	拉脱维亚	3.30	黑山	0.00	埃塞俄比亚	0.01
59	波黑	0.48	波黑	3.23	东帝汶	0.00	黑山	0.01
60	泰国	0.39	格鲁吉亚	2.68				
61	爱沙尼亚	0.35	爱沙尼亚	2.26				
62	黑山	0.13	黑山	1.36				
63	土库曼斯坦	0.04	土库曼斯坦	0.21				

注：本表数据根据FAO数据整理所得，其中0.00值是四舍五入保留两位小数后仍没有数字，这表示该值非常小。

由水稻进出口排名表我们可以看出，中国、印度尼西亚、泰国、越南这些国家水稻的进出口贸易比较发达。这和当地的气候条件、饮食习惯紧密相关。中国的南方、泰国、越南都属于热带、亚热带、温带季风气候，雨水充沛，劳动力密集，非常适合水稻的种植，加之当地人的主食以大米为主，导致了当地的水稻业十分发达。同时，中国和印度尼西亚是人口大国（人口数量分别居世界第一和第四），其水稻进口和出口都处于世界前列。而泰国则主要以出口为主，是世界上稻谷最大出口国之一。农业是泰国传统经济产业，全国可耕地面积约占国土面积的41%。在泰国所有农产品贸易中，稻谷的进出口量最大。

根据各国水稻贸易情况变动趋势分析：水稻进口有一定波动，但总体稳定，有较小增长，伊朗进口增长明显；水稻出口以出口大国为主（如泰国、越南等），逐渐增加到2011年达到峰值，然后下降。

2. 小麦

小麦进口，共收集60个国家的数据。进口量按平均值排序，中国名列第一位，前五的国家还有韩国、印度尼西亚、俄罗斯、伊朗。小麦进口值按平均值排序，中国同样名列第一位，前五的国家还有印度尼西亚、韩国、伊朗、摩洛哥。

小麦出口，共收集了55个国家的数据。出口量按平均值排序，中国仅名列第十四位，前五的国家分别是俄罗斯、乌克兰、哈萨克斯坦、罗马尼亚、保加利亚。小麦出口值按平均值排序，中国仅名列第十六位，前五位的国家分别是俄罗斯、乌克兰、哈萨克斯坦、罗马尼亚、立陶宛（表2-15）。

表 2-15 小麦进出口排名

单位：万吨，百万美元

排名	国家	进口量均值	国家	进口值均值	国家	出口量均值	国家	出口值均值
1	中国	672.02	中国	1 108.32	俄罗斯	705.84	俄罗斯	1 289.10
2	韩国	268.07	印度尼西亚	590.54	乌克兰	380.28	乌克兰	613.14
3	印度尼西亚	265.02	韩国	489.41	哈萨克斯坦	377.83	哈萨克斯坦	589.02
4	俄罗斯	215.49	伊朗	375.34	罗马尼亚	74.59	罗马尼亚	142.80
5	伊朗	210.44	摩洛哥	354.83	保加利亚	61.33	立陶宛	136.94
6	摩洛哥	180.17	伊拉克	334.53	土耳其	59.57	保加利亚	111.35
7	孟加拉国	153.28	俄罗斯	295.20	立陶宛	56.62	拉脱维亚	90.16
8	伊拉克	152.46	埃塞俄比亚	253.87	塞尔维亚	35.96	塞尔维亚	87.17
9	波兰	138.84	土耳其	249.14	沙特阿拉伯	35.78	土耳其	69.70
10	巴基斯坦	112.55	孟加拉国	246.74	拉脱维亚	35.09	波兰	59.12
11	土耳其	112.06	也门	204.67	波兰	27.68	斯洛伐克	55.21
12	也门	95.65	巴基斯坦	188.12	叙利亚	18.99	沙特阿拉伯	42.22
13	埃塞俄比亚	92.29	波兰	174.38	斯洛伐克	18.90	巴基斯坦	35.75
14	乌兹别克斯坦	88.97	阿塞拜疆	152.60	中国	16.61	叙利亚	31.01
15	马来西亚	81.91	马来西亚	151.75	巴基斯坦	16.41	克罗地亚	29.91
16	以色列	81.33	以色列	148.69	克罗地亚	15.25	中国	24.37
17	阿塞拜疆	80.86	乌兹别克斯坦	132.33	南非	11.39	南非	19.32
18	斯里兰卡	55.40	越南	129.92	伊朗	6.84	伊朗	15.96
19	越南	52.36	泰国	114.97	乌兹别克斯坦	6.20	乌兹别克斯坦	13.23
20	白俄罗斯	51.36	斯里兰卡	107.42	爱沙尼亚	5.11	爱沙尼亚	12.86
21	南非	51.33	南非	95.56	伊拉克	3.15	斯洛文尼亚	5.33
22	泰国	47.02	约旦	78.62	斯洛文尼亚	2.40	蒙古	4.29
23	塔吉克斯坦	40.44	沙特阿拉伯	75.11	蒙古	2.24	伊拉克	3.91
24	约旦	39.62	白俄罗斯	74.36	印度尼西亚	1.43	印度尼西亚	3.87
25	罗马尼亚	37.51	罗马尼亚	66.01	新加坡	1.32	阿曼	3.22
26	乌克兰	36.46	亚美尼亚	64.14	阿曼	1.22	约旦	2.94
27	叙利亚	36.16	叙利亚	62.68	波黑	0.69	埃塞俄比亚	2.74
28	黎巴嫩	34.41	黎巴嫩	56.01	也门	0.58	新加坡	2.02
29	亚美尼亚	33.47	乌克兰	54.34	埃塞俄比亚	0.55	波黑	1.67
30	土库曼斯坦	28.13	塔吉克斯坦	53.97	新西兰	0.45	越南	1.54
31	吉尔吉斯斯坦	27.87	波黑	51.21	摩洛哥	0.43	斯里兰卡	1.36

（续）

排名	国家	进口量均值	国家	进口值均值	国家	出口量均值	国家	出口值均值
32	沙特阿拉伯	26.15	土库曼斯坦	49.69	斯里兰卡	0.41	黎巴嫩	0.94
33	波黑	25.11	吉尔吉斯斯坦	46.37	阿尔巴尼亚	0.40	马来西亚	0.93
34	新加坡	18.21	新西兰	38.08	黎巴嫩	0.38	尼泊尔	0.86
35	新西兰	17.49	科威特	34.20	马来西亚	0.36	摩洛哥	0.78
36	阿富汗	16.78	阿曼	33.06	尼泊尔	0.31	也门	0.76
37	科威特	16.59	新加坡	31.34	吉尔吉斯斯坦	0.30	吉尔吉斯斯坦	0.73
38	阿尔巴尼亚	14.46	阿富汗	29.82	约旦	0.29	阿塞拜疆	0.62
39	哈萨克斯坦	14.13	哈萨克斯坦	27.89	阿塞拜疆	0.28	阿尔巴尼亚	0.60
40	阿曼	13.56	阿尔巴尼亚	26.05	白俄罗斯	0.20	以色列	0.39
41	保加利亚	13.48	斯洛文尼亚	23.45	以色列	0.15	新西兰	0.38
42	斯洛文尼亚	12.71	拉脱维亚	21.08	柬埔寨	0.07	白俄罗斯	0.34
43	拉脱维亚	9.36	保加利亚	18.84	孟加拉国	0.07	泰国	0.17
44	巴拿马	7.29	巴拿马	15.64	巴林	0.07	巴林	0.13
45	立陶宛	6.52	斯洛伐克	13.11	越南	0.05	孟加拉国	0.12
46	斯洛伐克	5.54	立陶宛	11.88	泰国	0.04	柬埔寨	0.08
47	蒙古	5.43	蒙古	11.02	黑山	0.04	黑山	0.07
48	卡塔尔	4.01	卡塔尔	10.73	塔吉克斯坦	0.04	韩国	0.05
49	爱沙尼亚	3.38	巴林	7.51	不丹	0.02	塔吉克斯坦	0.04
50	巴林	3.34	黑山	7.10	韩国	0.01	科威特	0.03
51	马达加斯加	3.10	马达加斯加	6.71	科威特	0.01	马达加斯加	0.03
52	黑山	2.58	爱沙尼亚	4.63	卡塔尔	0.01	卡塔尔	0.02
53	克罗地亚	2.01	克罗地亚	3.86	亚美尼亚	0.00	不丹	0.01
54	柬埔寨	1.70	柬埔寨	3.67	马达加斯加	0.00	亚美尼亚	0.00
55	尼泊尔	1.11	尼泊尔	2.10	文莱	0.00	文莱	0.00
56	不丹	1.04	不丹	1.59				
57	塞尔维亚	0.12	塞尔维亚	0.51				
58	老挝	0.05	老挝	0.06				
59	马尔代夫	0.02	文莱	0.04				
60	文莱	0.01	马尔代夫	0.03				

注：本表数据根据FAO数据整理所得，其中0.00值是四舍五入保留两位小数后仍没有数字，这表示该值非常小。

由表2-15我们可以看出，在小麦出口方面，中国出口量、出口值都只处在中等偏上水平。而中国对小麦的需求量高，虽然产量高但中国小麦的出口量并不大，相反，对进口的依赖水平较高，名列第一。中国是全球小麦产量和消费量最大的国家，进口的小麦主要来自澳大利亚和加拿大。

根据各国小麦贸易情况变动趋势分析：小麦进口有一定波动，但总体稳定，有较小增长，中国在20世纪八九十年代进口量较大，近年来有所减少，印度尼西亚进口逐渐增加与其人口增长也有一定关系；小麦出口以俄罗斯、乌克兰等地区为主，2011年之后有所下降。

3. 玉米

玉米进口，共收集63个国家的数据。进口量按平均值排序，中国名列第二位，前五的国家依次是韩国、中国、马来西亚、伊朗、俄罗斯。玉米进口值按平均值排序，中国名列第二位，前五的国家依次是韩国、中国、伊朗、马来西亚、俄罗斯。

玉米出口，共收集了55个国家的数据。出口量按平均值排序，中国名列第二位，前五位的国家还有乌克兰、南非、塞尔维亚、泰国。玉米出口值按平均值排序，中国名列第二位，前五位的国家还有乌克兰、塞尔维亚、南非、匈牙利（表2-16）。

表2-16 玉米进出口排名

单位：万吨，百万美元

排名	国家	进口量均值	国家	进口值均值	国家	出口量均值	国家	出口值均值
1	韩国	450.86	韩国	742.03	乌克兰	314.05	乌克兰	651.50
2	中国	399.33	中国	654.54	中国	279.36	中国	319.08
3	马来西亚	139.82	伊朗	238.73	南非	160.69	塞尔维亚	281.90
4	伊朗	117.45	马来西亚	234.10	塞尔维亚	127.23	南非	220.50
5	俄罗斯	75.58	俄罗斯	149.78	泰国	114.45	匈牙利	211.35
6	沙特阿拉伯	68.43	沙特阿拉伯	139.80	匈牙利	101.62	泰国	139.13
7	印度尼西亚	57.45	印度尼西亚	118.30	罗马尼亚	58.65	罗马尼亚	113.37
8	波兰	54.06	摩洛哥	102.65	俄罗斯	34.41	俄罗斯	73.80
9	摩洛哥	51.54	土耳其	98.18	斯洛伐克	20.34	斯洛伐克	58.43
10	以色列	51.41	以色列	86.23	保加利亚	20.20	波兰	36.78
11	土耳其	50.61	波兰	81.53	波兰	15.13	保加利亚	35.41
12	叙利亚	40.47	叙利亚	72.67	克罗地亚	10.72	克罗地亚	23.42
13	罗马尼亚	38.71	罗马尼亚	72.04	印度尼西亚	7.72	土耳其	13.61
14	南非	33.34	越南	66.61	新加坡	6.78	斯洛文尼亚	11.36
15	越南	28.79	乌克兰	65.12	老挝	6.01	巴基斯坦	10.26

（续）

排名	国家	进口量均值	国家	进口值均值	国家	出口量均值	国家	出口值均值
16	约旦	24.82	约旦	48.28	柬埔寨	5.04	印度尼西亚	8.81
17	斯洛文尼亚	20.29	南非	44.20	斯洛文尼亚	4.39	新加坡	8.77
18	新加坡	20.09	斯洛文尼亚	38.31	越南	3.99	老挝	7.53
19	保加利亚	18.86	白俄罗斯	36.89	巴基斯坦	3.96	越南	5.56
20	黎巴嫩	18.41	保加利亚	34.49	土耳其	3.49	波黑	4.91
21	白俄罗斯	16.63	斯洛伐克	33.22	波黑	2.17	柬埔寨	4.16
22	孟加拉国	13.60	黎巴嫩	30.71	新西兰	1.17	格鲁吉亚	2.65
23	巴拿马	12.20	孟加拉国	29.57	摩洛哥	1.08	埃塞俄比亚	2.63
24	波黑	11.99	也门	25.31	哈萨克斯坦	1.04	立陶宛	2.41
25	也门	11.59	新加坡	24.53	格鲁吉亚	1.02	新西兰	2.39
26	伊拉克	10.95	波黑	23.79	埃塞俄比亚	1.00	以色列	1.89
27	乌克兰	10.80	巴拿马	23.03	阿尔巴尼亚	0.97	哈萨克斯坦	1.65
28	泰国	8.15	匈牙利	20.06	黎巴嫩	0.84	阿尔巴尼亚	1.42
29	科威特	6.41	伊拉克	16.32	立陶宛	0.84	约旦	1.33
30	匈牙利	6.33	泰国	12.42	伊拉克	0.56	也门	1.32
31	斯洛伐克	5.82	立陶宛	11.57	约旦	0.54	黎巴嫩	1.22
32	立陶宛	5.43	科威特	11.26	也门	0.53	马来西亚	1.02
33	阿曼	4.18	克罗地亚	11.22	马来西亚	0.50	摩洛哥	0.93
34	斯里兰卡	4.13	阿曼	9.91	马达加斯加	0.48	伊拉克	0.71
35	尼泊尔	3.79	塞尔维亚	9.46	以色列	0.46	马达加斯加	0.66
36	阿塞拜疆	3.75	巴基斯坦	9.44	尼泊尔	0.35	白俄罗斯	0.54
37	克罗地亚	3.63	埃塞俄比亚	8.89	白俄罗斯	0.14	尼泊尔	0.41
38	哈萨克斯坦	2.94	尼泊尔	7.51	爱沙尼亚	0.11	吉尔吉斯斯坦	0.40
39	亚美尼亚	2.79	阿塞拜疆	7.12	阿曼	0.10	阿曼	0.25
40	埃塞俄比亚	2.73	斯里兰卡	6.78	吉尔吉斯斯坦	0.09	拉脱维亚	0.25
41	阿尔巴尼亚	2.48	亚美尼亚	5.65	拉脱维亚	0.08	伊朗	0.23
42	爱沙尼亚	1.76	哈萨克斯坦	4.54	叙利亚	0.06	沙特阿拉伯	0.19
43	乌兹别克斯坦	1.52	阿尔巴尼亚	4.38	伊朗	0.06	爱沙尼亚	0.18
44	巴基斯坦	1.41	格鲁吉亚	4.15	斯里兰卡	0.05	叙利亚	0.09
45	拉脱维亚	1.37	拉脱维亚	3.67	沙特阿拉伯	0.05	黑山	0.08
46	黑山	1.31	黑山	3.21	黑山	0.03	斯里兰卡	0.07
47	格鲁吉亚	1.28	爱沙尼亚	2.83	科威特	0.02	韩国	0.06

（续）

排名	国家	进口量均值	国家	进口值均值	国家	出口量均值	国家	出口值均值
48	塔吉克斯坦	1.18	卡塔尔	2.53	不丹	0.01	卡塔尔	0.04
49	卡塔尔	1.12	巴林	1.80	卡塔尔	0.01	阿富汗	0.03
50	土库曼斯坦	1.03	柬埔寨	1.75	阿富汗	0.01	科威特	0.03
51	新西兰	0.54	土库曼斯坦	1.67	韩国	0.00	巴林	0.01
52	文莱	0.45	马达加斯加	1.62	文莱	0.00	不丹	0.01
53	吉尔吉斯斯坦	0.42	新西兰	1.55	巴林	0.00	孟加拉国	0.01
54	东帝汶	0.40	乌兹别克斯坦	1.35	孟加拉国	0.00	文莱	0.01
55	马达加斯加	0.39	塔吉克斯坦	1.30	巴拿马	0.00	巴拿马	0.01
56	不丹	0.37	东帝汶	1.08				
57	塞尔维亚	0.34	文莱	0.92				
58	阿富汗	0.31	阿富汗	0.78				
59	柬埔寨	0.14	不丹	0.58				
60	老挝	0.09	吉尔吉斯斯坦	0.52				
61	蒙古	0.01	老挝	0.37				
62	巴林	0.01	蒙古	0.06				
63	马尔代夫	0.00	马尔代夫	0.04				

注：本表数据根据 FAO 数据整理所得，其中 0.00 值是四舍五入保留两位小数后仍没有数字，这表示该值非常小。

由表 2－16 我们可以看出，在玉米的进出口方面，中国的进出口总额始终位居前列。韩国、中国、马来西亚、伊朗、俄罗斯在玉米进口方面，不论是数量还是价值都排在“一带一路”沿线国家的前五名，这些国家由于饮食习惯和当地的习俗，对玉米的需求量大，而本国的产量又不足，从而导致对外的依赖性强。而在玉米的出口方面，乌克兰、中国、南非、塞尔维亚、泰国、匈牙利分列前六名。

根据各国玉米贸易情况变动趋势分析：中国玉米进出口均有所下降，而乌克兰玉米出口呈显著增长趋势。

4. 豆类

豆类统计以交易量较大的干豆为主。在干豆方面，不论是进口还是出口数据，按平均值排序后，中国都位列第一。干豆出口量和出口值较大的国家有泰国、埃塞俄比亚、吉尔吉斯斯坦、土耳其等；而进口量和进口值主要由人口及消费偏好决定，人口大国也是进口大国，居于前列的有巴基斯坦、印度尼西亚、南非（表 2－17）。

表 2-17 干豆进出口排名

单位：万吨，百万美元

排名	国家	进口量均值	国家	进口值均值	国家	出口量均值	国家	出口值均值
1	中国	6.98	中国	28.08	中国	38.53	中国	212.26
2	巴基斯坦	4.53	巴基斯坦	19.59	泰国	9.20	泰国	36.14
3	印度尼西亚	3.79	印度尼西亚	17.28	埃塞俄比亚	5.36	埃塞俄比亚	30.09
4	南非	3.47	南非	16.98	吉尔吉斯斯坦	3.22	吉尔吉斯斯坦	19.18
5	马来西亚	3.00	土耳其	16.85	土耳其	1.57	土耳其	10.22
6	也门	2.78	也门	14.93	巴基斯坦	1.21	印度尼西亚	5.02
7	韩国	2.41	伊拉克	14.68	新加坡	1.16	巴基斯坦	4.81
8	伊拉克	2.12	马来西亚	13.08	马达加斯加	0.92	新加坡	4.44
9	土耳其	2.09	韩国	11.35	印度尼西亚	0.90	马达加斯加	3.78
10	新加坡	1.87	俄罗斯	10.11	伊朗	0.82	伊朗	3.43
11	俄罗斯	1.65	塞尔维亚	9.66	保加利亚	0.78	波兰	3.39
12	罗马尼亚	1.30	新加坡	7.97	越南	0.68	保加利亚	3.14
13	塞尔维亚	1.20	伊朗	7.32	南非	0.64	南非	3.04
14	斯里兰卡	1.18	罗马尼亚	5.26	匈牙利	0.54	匈牙利	2.90
15	伊朗	1.14	以色列	4.44	波兰	0.40	越南	2.26
16	保加利亚	0.83	斯里兰卡	4.39	柬埔寨	0.35	叙利亚	1.87
17	以色列	0.70	匈牙利	4.07	罗马尼亚	0.31	斯洛伐克	1.31
18	波黑	0.59	保加利亚	3.98	叙利亚	0.14	罗马尼亚	1.31
19	匈牙利	0.48	波黑	3.92	斯洛伐克	0.13	新西兰	0.75
20	黎巴嫩	0.41	克罗地亚	3.73	乌克兰	0.12	柬埔寨	0.64
21	格鲁吉亚	0.36	黎巴嫩	3.62	马来西亚	0.10	乌克兰	0.63
22	新西兰	0.36	波兰	3.30	摩洛哥	0.09	摩洛哥	0.62
23	斯洛伐克	0.35	新西兰	2.87	尼泊尔	0.09	阿尔巴尼亚	0.54
24	沙特阿拉伯	0.34	斯洛文尼亚	2.75	阿尔巴尼亚	0.06	马来西亚	0.48
25	泰国	0.33	斯洛伐克	2.68	黎巴嫩	0.05	黎巴嫩	0.38
26	波兰	0.33	格鲁吉亚	2.38	韩国	0.05	斯洛文尼亚	0.33
27	孟加拉国	0.31	沙特阿拉伯	2.37	新西兰	0.04	立陶宛	0.29
28	斯洛文尼亚	0.25	泰国	2.36	哈萨克斯坦	0.04	尼泊尔	0.27
29	摩洛哥	0.24	叙利亚	2.27	立陶宛	0.04	俄罗斯	0.20
30	阿尔巴尼亚	0.23	摩洛哥	1.97	也门	0.04	巴拿马	0.18
31	叙利亚	0.22	约旦	1.69	巴拿马	0.03	沙特阿拉伯	0.18

（续）

排名	国家	进口量均值	国家	进口值均值	国家	出口量均值	国家	出口值均值
32	巴拿马	0.22	巴拿马	1.65	沙特阿拉伯	0.03	韩国	0.18
33	埃塞俄比亚	0.22	阿尔巴尼亚	1.51	斯洛文尼亚	0.03	塞尔维亚	0.16
34	约旦	0.21	埃塞俄比亚	1.29	约旦	0.02	也门	0.16
35	尼泊尔	0.17	孟加拉国	1.12	塞尔维亚	0.02	波黑	0.15
36	科威特	0.13	科威特	1.04	波黑	0.01	约旦	0.14
37	哈萨克斯坦	0.10	哈萨克斯坦	0.93	拉脱维亚	0.01	斯里兰卡	0.14
38	黑山	0.08	尼泊尔	0.72	斯里兰卡	0.01	哈萨克斯坦	0.13
39	阿塞拜疆	0.07	土库曼斯坦	0.65	以色列	0.01	以色列	0.09
40	东帝汶	0.07	立陶宛	0.55	阿塞拜疆	0.01	卡塔尔	0.06
41	巴林	0.07	巴林	0.52	克罗地亚	0.01	拉脱维亚	0.06
42	立陶宛	0.07	东帝汶	0.45	卡塔尔	0.01	孟加拉国	0.04
43	卡塔尔	0.06	白俄罗斯	0.42	孟加拉国	0.00	阿塞拜疆	0.03
44	塔吉克斯坦	0.05	卡塔尔	0.38	巴林	0.00	阿曼	0.03
45	马达加斯加	0.05	黑山	0.38	阿曼	0.00	科威特	0.02
46	白俄罗斯	0.04	阿曼	0.38	不丹	0.00	巴林	0.02
47	拉脱维亚	0.04	马达加斯加	0.31	科威特	0.00	黑山	0.02
48	越南	0.03	阿塞拜疆	0.28	黑山	0.00	格鲁吉亚	0.01
49	亚美尼亚	0.03	文莱	0.26	格鲁吉亚	0.00	不丹	0.01
50	柬埔寨	0.02	乌克兰	0.24	白俄罗斯	0.00	白俄罗斯	0.01
51	阿曼	0.02	亚美尼亚	0.24	爱沙尼亚	0.00	爱沙尼亚	0.00
52	乌克兰	0.02	不丹	0.11	文莱	0.00	文莱	0.00
53	不丹	0.02	柬埔寨	0.08	俄罗斯	0.00	亚美尼亚	0.00
54	乌兹别克斯坦	0.01	拉脱维亚	0.07	亚美尼亚	0.00	东帝汶	0.00
55	爱沙尼亚	0.01	吉尔吉斯斯坦	0.03				
56	吉尔吉斯斯坦	0.01	马尔代夫	0.03				
57	克罗地亚	0.01	蒙古	0.00				
58	马尔代夫	0.00						
59	蒙古	0.00						

注：本表数据根据 FAO 数据整理所得，其中 0.00 值是四舍五入保留两位小数后仍没有数字，这表示该值非常小。

根据各国豆类贸易情况变动趋势分析：中国长期居于干豆进出口贸易总量第一的市场领导地位。

5. 马铃薯

薯类进口，共收集63个国家的数据。进口量按平均值排序，中国仅名列第二十二位，前五位的国家分别是俄罗斯、乌兹别克斯坦、马来西亚、阿塞拜疆、黎巴嫩。薯类进口值按平均值排序，中国依然名列第二十二位，前五位的国家分别是俄罗斯、乌兹别克斯坦、黎巴嫩、马来西亚、捷克。

薯类出口，共收集60个国家的数据。出口量按平均值排序，中国名列第二位，前五位的国家分别是波兰、中国、黎巴嫩、土耳其、以色列。薯类出口值按平均值排序，中国名列第一位，前五位的国家分别是中国、以色列、波兰、摩洛哥、巴基斯坦（表2-18）。

表2-18　马铃薯进出口排名

单位：万吨，百万美元

排名	国家	进口量均值	国家	进口值均值	国家	出口量均值	国家	出口值均值
1	俄罗斯	34.25	俄罗斯	119.01	波兰	27.80	中国	25.18
2	乌兹别克斯坦	6.91	乌兹别克斯坦	21.38	中国	11.58	以色列	24.98
3	马来西亚	6.78	黎巴嫩	17.98	黎巴嫩	7.91	波兰	21.65
4	阿塞拜疆	5.26	马来西亚	17.22	土耳其	7.87	摩洛哥	15.29
5	黎巴嫩	5.19	捷克	13.42	以色列	7.61	巴基斯坦	12.24
6	伊拉克	5.07	沙特阿拉伯	13.19	白俄罗斯	6.86	土耳其	11.61
7	沙特阿拉伯	5.05	波兰	12.00	巴基斯坦	6.31	伊朗	11.55
8	罗马尼亚	4.39	摩洛哥	11.77	摩洛哥	5.95	黎巴嫩	11.07
9	斯里兰卡	4.32	阿富汗	11.19	俄罗斯	5.55	白俄罗斯	10.20
10	阿富汗	4.25	伊拉克	10.15	伊朗	5.45	阿塞拜疆	9.87
11	哈萨克斯坦	4.18	斯洛文尼亚	9.68	阿塞拜疆	3.31	叙利亚	9.79
12	捷克	4.12	克罗地亚	9.50	匈牙利	3.01	俄罗斯	8.69
13	波兰	3.96	哈萨克斯坦	9.08	叙利亚	2.62	沙特阿拉伯	5.96
14	匈牙利	3.67	越南	8.73	印度尼西亚	2.41	南非	5.56
15	尼泊尔	3.61	新加坡	8.71	沙特阿拉伯	2.39	新西兰	4.63
16	摩洛哥	3.48	斯里兰卡	8.65	南非	2.10	印度尼西亚	4.18
17	新加坡	3.38	以色列	8.12	新西兰	1.91	埃塞俄比亚	3.97
18	越南	3.19	罗马尼亚	7.71	吉尔吉斯斯坦	1.82	新加坡	3.33
19	保加利亚	3.06	约旦	7.61	罗马尼亚	1.68	阿富汗	2.85
20	塔吉克斯坦	2.67	科威特	7.11	埃塞俄比亚	1.50	斯洛文尼亚	2.83
21	科威特	2.61	匈牙利	6.32	保加利亚	1.47	立陶宛	2.79
22	中国	2.52	中国	5.85	新加坡	1.41	匈牙利	2.72

（续）

排名	国家	进口量均值	国家	进口值均值	国家	出口量均值	国家	出口值均值
23	土库曼斯坦	2.45	塔吉克斯坦	5.84	塞尔维亚	1.36	吉尔吉斯斯坦	2.70
24	约旦	2.42	叙利亚	5.80	不丹	1.23	约旦	2.49
25	克罗地亚	2.26	保加利亚	5.79	阿富汗	1.05	塞尔维亚	2.16
26	格鲁吉亚	2.12	阿塞拜疆	5.78	哈萨克斯坦	1.05	捷克	2.08
27	蒙古	2.06	阿曼	5.76	斯洛文尼亚	0.91	不丹	1.81
28	斯洛文尼亚	1.98	土库曼斯坦	5.55	立陶宛	0.82	罗马尼亚	1.65
29	叙利亚	1.67	塞尔维亚	5.39	约旦	0.68	孟加拉国	1.60
30	以色列	1.56	土耳其	5.19	孟加拉国	0.66	保加利亚	1.52
31	伊朗	1.44	波黑	4.56	捷克	0.59	波黑	1.15
32	波黑	1.39	立陶宛	3.98	乌克兰	0.55	乌克兰	1.02
33	阿曼	1.20	乌克兰	3.94	波黑	0.47	克罗地亚	0.70
34	乌克兰	1.19	尼泊尔	3.92	克罗地亚	0.27	拉脱维亚	0.66
35	阿尔巴尼亚	1.12	韩国	3.89	拉脱维亚	0.22	亚美尼亚	0.52
36	塞尔维亚	1.10	泰国	3.77	格鲁吉亚	0.19	蒙古	0.51
37	立陶宛	1.04	格鲁吉亚	3.56	爱沙尼亚	0.16	哈萨克斯坦	0.50
38	白俄罗斯	0.95	印度尼西亚	3.45	乌兹别克斯坦	0.14	格鲁吉亚	0.50
39	土耳其	0.85	阿尔巴尼亚	3.11	尼泊尔	0.13	爱沙尼亚	0.39
40	黑山	0.83	伊朗	2.79	亚美尼亚	0.13	马来西亚	0.29
41	巴基斯坦	0.81	白俄罗斯	2.59	蒙古	0.13	阿尔巴尼亚	0.26
42	泰国	0.78	卡塔尔	2.39	阿尔巴尼亚	0.13	乌兹别克斯坦	0.25
43	巴林	0.78	巴基斯坦	2.38	马来西亚	0.09	也门	0.18
44	卡塔尔	0.78	亚美尼亚	2.31	巴林	0.06	阿曼	0.15
45	韩国	0.74	黑山	2.16	也门	0.06	尼泊尔	0.14
46	拉脱维亚	0.62	蒙古	1.99	塔吉克斯坦	0.06	泰国	0.11
47	印度尼西亚	0.59	巴林	1.92	越南	0.05	越南	0.11
48	亚美尼亚	0.37	拉脱维亚	1.84	伊拉克	0.04	塔吉克斯坦	0.11
49	爱沙尼亚	0.37	孟加拉国	1.58	阿曼	0.03	韩国	0.08
50	也门	0.33	马尔代夫	1.08	科威特	0.03	伊拉克	0.08
51	孟加拉国	0.31	也门	0.99	泰国	0.03	巴林	0.07
52	马尔代夫	0.27	爱沙尼亚	0.92	韩国	0.02	科威特	0.06
53	南非	0.21	文莱	0.64	卡塔尔	0.01	文莱	0.03
54	吉尔吉斯斯坦	0.18	巴拿马	0.51	马达加斯加	0.01	斯里兰卡	0.03

（续）

排名	国家	进口量均值	国家	进口值均值	国家	出口量均值	国家	出口值均值
55	不丹	0.14	吉尔吉斯斯坦	0.37	黑山	0.01	巴拿马	0.02
56	巴拿马	0.13	南非	0.34	文莱	0.01	卡塔尔	0.02
57	文莱	0.13	不丹	0.23	柬埔寨	0.00	黑山	0.02
58	东帝汶	0.03	东帝汶	0.12	斯里兰卡	0.00	马达加斯加	0.01
59	马达加斯加	0.01	埃塞俄比亚	0.04	巴拿马	0.00	柬埔寨	0.01
60	柬埔寨	0.01	柬埔寨	0.02	土库曼斯坦	0.00	土库曼斯坦	0.00
61	埃塞俄比亚	0.00	马达加斯加	0.02				
62	老挝	0.00	老挝	0.01				
63	新西兰	0.00	新西兰	0.01				

注：本表数据根据FAO数据整理所得，其中0.00值是四舍五入保留两位小数后仍没有数字，这表示该值非常小。

由表2-18可见，在薯类的进出口方面，中国出口大于进口。而俄罗斯、乌兹别克斯坦、马来西亚、阿塞拜疆进口大于出口，以色列、波兰、黎巴嫩则出口大于进口。

根据各国马铃薯贸易情况变动趋势分析：马铃薯进口俄罗斯需求较大，而中国在马铃薯出口方面呈增长趋势。

6. 大豆

大豆进口量，共收集64个国家的数据。进口量按平均值排序，中国在所有国家中名列第一位，前五位的国家还有韩国、泰国、印度尼西亚、土耳其。大豆进口值按平均值排序，中国居首位，前五位的国家还有泰国、印度尼西亚、韩国、埃及。

大豆出口量，共收集56个国家的数据。出口量按平均值排序，中国第一位，前五位的国家还有乌克兰、斯洛文尼亚、俄罗斯、罗马尼亚。大豆出口值按平均值排序，中国依然居首位。出口值与出口量排序稍有差异（表2-19）。

表2-19 大豆进出口排名

单位：万吨，百万美元

排名	国家	进口量均值	国家	进口值均值	国家	出口量均值	国家	出口值均值
1	中国	1 074.90	中国	4 618.34	中国	48.41	中国	134.50
2	韩国	75.86	泰国	279.63	乌克兰	25.61	乌克兰	107.80
3	泰国	73.07	印度尼西亚	265.91	斯洛文尼亚	6.37	斯洛文尼亚	32.12
4	印度尼西亚	71.49	韩国	247.70	俄罗斯	3.16	印度	9.12

（续）

排名	国家	进口量均值	国家	进口值均值	国家	出口量均值	国家	出口值均值
5	土耳其	43.43	埃及	175.47	罗马尼亚	2.57	塞尔维亚	9.04
6	以色列	41.72	土耳其	171.02	印度	2.15	罗马尼亚	8.61
7	伊朗	40.84	伊朗	152.93	塞尔维亚	1.74	俄罗斯	7.84
8	埃及	39.77	俄罗斯	143.77	克罗地亚	1.71	克罗地亚	7.64
9	马来西亚	30.68	以色列	117.60	摩尔多瓦	1.48	南非	6.54
10	俄罗斯	29.34	马来西亚	102.42	南非	1.46	摩尔多瓦	5.65
11	阿联酋	18.97	阿联酋	65.89	匈牙利	1.29	匈牙利	5.08
12	叙利亚	17.99	叙利亚	61.84	马来西亚	1.03	斯洛伐克	4.92
13	罗马尼亚	13.23	沙特阿拉伯	60.31	新加坡	0.89	马来西亚	3.78
14	摩洛哥	11.47	孟加拉国	53.32	柬埔寨	0.89	埃塞俄比亚	3.33
15	孟加拉国	11.46	罗马尼亚	38.27	埃塞俄比亚	0.57	新加坡	2.58
16	沙特阿拉伯	11.13	摩洛哥	37.76	斯洛伐克	0.57	拉脱维亚	2.48
17	菲律宾	6.67	斯洛文尼亚	22.61	拉脱维亚	0.49	柬埔寨	2.38
18	波兰	5.70	菲律宾	20.20	哈萨克斯坦	0.47	哈萨克斯坦	1.86
19	斯洛文尼亚	4.49	波兰	13.97	保加利亚	0.37	保加利亚	1.05
20	克罗地亚	4.32	克罗地亚	13.37	泰国	0.33	土耳其	1.02
21	乌兹别克斯坦	3.77	乌兹别克斯坦	11.10	缅甸	0.27	泰国	1.02
22	巴基斯坦	3.35	塞尔维亚	10.92	印度尼西亚	0.26	缅甸	1.00
23	新加坡	3.27	新加坡	10.50	土耳其	0.16	爱沙尼亚	0.76
24	南非	2.69	波黑	9.15	阿联酋	0.16	阿联酋	0.69
25	黎巴嫩	2.30	捷克	8.79	伊朗	0.11	捷克	0.68
26	捷克	2.21	巴基斯坦	7.65	约旦	0.10	伊朗	0.53
27	塞尔维亚	2.07	尼泊尔	6.83	捷克	0.10	印度尼西亚	0.38
28	波黑	2.00	南非	5.99	爱沙尼亚	0.06	约旦	0.33
29	也门	1.62	黎巴嫩	5.60	波兰	0.05	波兰	0.26
30	匈牙利	1.31	斯洛伐克	4.76	韩国	0.03	韩国	0.19
31	尼泊尔	1.29	也门	4.15	格鲁吉亚	0.03	埃及	0.18
32	保加利亚	1.27	匈牙利	3.75	不丹	0.03	斯里兰卡	0.15
33	拉脱维亚	0.88	拉脱维亚	3.51	埃及	0.03	格鲁吉亚	0.10
34	阿塞拜疆	0.88	保加利亚	3.38	老挝	0.02	巴基斯坦	0.09
35	斯洛伐克	0.77	阿塞拜疆	2.29	叙利亚	0.02	不丹	0.08
36	伊拉克	0.72	伊拉克	2.28	斯里兰卡	0.01	老挝	0.06

（续）

排名	国家	进口量均值	国家	进口值均值	国家	出口量均值	国家	出口值均值
37	摩尔多瓦	0.65	摩尔多瓦	2.11	黎巴嫩	0.01	摩洛哥	0.06
38	科威特	0.51	哈萨克斯坦	1.82	波黑	0.01	叙利亚	0.06
39	哈萨克斯坦	0.49	阿曼	1.60	巴基斯坦	0.01	波黑	0.06
40	阿曼	0.48	科威特	1.57	文莱	0.01	白俄罗斯	0.05
41	亚美尼亚	0.36	亚美尼亚	1.55	吉尔吉斯斯坦	0.01	立陶宛	0.05
42	吉尔吉斯斯坦	0.33	印度	1.13	以色列	0.01	菲律宾	0.03
43	印度	0.33	埃塞俄比亚	1.09	摩洛哥	0.01	阿曼	0.03
44	巴林	0.30	巴林	1.09	立陶宛	0.01	马达加斯加	0.02
45	埃塞俄比亚	0.20	乌克兰	1.06	菲律宾	0.01	以色列	0.02
46	乌克兰	0.19	吉尔吉斯斯坦	0.97	阿曼	0.00	吉尔吉斯斯坦	0.02
47	立陶宛	0.18	白俄罗斯	0.86	白俄罗斯	0.00	黎巴嫩	0.02
48	白俄罗斯	0.18	立陶宛	0.68	尼泊尔	0.00	沙特阿拉伯	0.02
49	斯里兰卡	0.17	巴拿马	0.65	沙特阿拉伯	0.00	文莱	0.01
50	巴拿马	0.14	爱沙尼亚	0.57	卡塔尔	0.00	阿尔巴尼亚	0.01
51	卡塔尔	0.13	斯里兰卡	0.55	马其顿	0.00	科威特	0.01
52	爱沙尼亚	0.11	卡塔尔	0.48	阿尔巴尼亚	0.00	尼泊尔	0.01
53	马其顿	0.05	新西兰	0.28	新西兰	0.00	卡塔尔	0.01
54	新西兰	0.04	黑山	0.22	马达加斯加	0.00	马其顿	0.01
55	文莱	0.04	马其顿	0.21	科威特	0.00	新西兰	0.01
56	黑山	0.03	文莱	0.18	乌兹别克斯坦	0.00	乌兹别克斯坦	0.00
57	柬埔寨	0.03	马达加斯加	0.13				
58	格鲁吉亚	0.02	柬埔寨	0.09				
59	马达加斯加	0.02	格鲁吉亚	0.08				
60	阿尔巴尼亚	0.01	约旦	0.03				
61	约旦	0.00	阿尔巴尼亚	0.02				
62	蒙古	0.00	蒙古	0.02				
63	不丹	0.00	马尔代夫	0.01				
64	马尔代夫	0.00	不丹	0.00				

注：本表数据根据FAO数据整理所得，其中0.00值是四舍五入保留两位小数后仍没有数字，这表示该值非常小。

中国虽然在大豆的进出口方面都居于榜首，但进口远大于出口数十倍数量级，属于进口依赖型。泰国、印度尼西亚、韩国等也以大豆进口为主。乌克兰、斯洛文尼亚等国家则主要为大豆出口型。

根据各国大豆贸易情况变动趋势分析：中国的大豆进口处于快速攀升状态，而出口逐步下降；大豆出口方面，乌克兰异军突起。

7. 肉类

肉类以餐食肉为代表，进口共收集 58 个国家数据，进口前五国为越南、中国、波兰、泰国、印度尼西亚。肉类出口共收集 53 国数据（黎巴嫩出口量为 0 未计入），居前位的国家有新西兰、波兰、斯洛伐克、捷克、罗马尼亚、中国（表 2－20）。

表 2－20　肉类进出口排名

单位：万吨，百万美元

排名	国家	进口量均值	国家	进口值均值	国家	出口量均值	国家	出口值均值
1	波兰	9.48	越南	31.08	新西兰	7.61	新西兰	25.46
2	中国	8.21	中国	30.47	波兰	4.33	波兰	12.71
3	越南	7.53	波兰	29.19	中国	1.06	斯洛伐克	3.11
4	泰国	5.95	泰国	26.31	克罗地亚	1.00	捷克	2.93
5	印度尼西亚	5.73	印度尼西亚	23.83	罗马尼亚	0.96	罗马尼亚	2.91
6	俄罗斯	4.41	俄罗斯	20.96	捷克	0.86	中国	2.88
7	菲律宾	3.68	菲律宾	13.11	匈牙利	0.63	克罗地亚	2.05
8	埃及	3.04	埃及	11.49	斯洛伐克	0.58	斯洛文尼亚	1.94
9	南非	2.82	南非	9.75	斯洛文尼亚	0.51	匈牙利	1.82
10	匈牙利	2.11	匈牙利	8.53	白俄罗斯	0.32	印度	1.61
11	马来西亚	1.79	叙利亚	6.70	南非	0.30	白俄罗斯	1.52
12	捷克	1.67	马来西亚	6.01	乌克兰	0.27	越南	1.23
13	叙利亚	1.40	以色列	5.87	新加坡	0.24	菲律宾	1.01
14	以色列	1.18	捷克	5.18	泰国	0.23	乌克兰	0.88
15	孟加拉国	1.14	土耳其	3.56	蒙古	0.21	南非	0.84
16	黎巴嫩	0.73	孟加拉国	2.93	越南	0.17	泰国	0.81
17	土耳其	0.66	黎巴嫩	2.32	印度尼西亚	0.15	阿曼	0.64
18	新加坡	0.65	斯里兰卡	2.30	印度	0.15	新加坡	0.58
19	罗马尼亚	0.53	土库曼斯坦	2.13	阿曼	0.13	塞尔维亚	0.51
20	斯洛伐克	0.50	伊朗	1.83	科威特	0.12	巴拿马	0.49
21	伊朗	0.49	斯洛伐克	1.74	菲律宾	0.11	科威特	0.38

（续）

排名	国家	进口量均值	国家	进口值均值	国家	出口量均值	国家	出口值均值
22	约旦	0.44	立陶宛	1.57	哈萨克斯坦	0.11	俄罗斯	0.36
23	土库曼斯坦	0.42	约旦	1.48	塞尔维亚	0.10	立陶宛	0.34
24	斯里兰卡	0.41	新加坡	1.36	巴拿马	0.10	蒙古	0.32
25	立陶宛	0.37	罗马尼亚	1.15	俄罗斯	0.08	波黑	0.29
26	拉脱维亚	0.27	巴基斯坦	1.12	伊朗	0.07	哈萨克斯坦	0.28
27	白俄罗斯	0.27	拉脱维亚	1.07	也门	0.07	印度尼西亚	0.27
28	韩国	0.20	白俄罗斯	1.06	立陶宛	0.07	拉脱维亚	0.24
29	塞尔维亚	0.17	塞尔维亚	0.98	波黑	0.07	伊朗	0.24
30	沙特阿拉伯	0.16	韩国	0.80	拉脱维亚	0.06	也门	0.19
31	巴基斯坦	0.16	沙特阿拉伯	0.70	爱沙尼亚	0.06	阿塞拜疆	0.17
32	亚美尼亚	0.14	亚美尼亚	0.60	巴林	0.04	爱沙尼亚	0.13
33	爱沙尼亚	0.12	柬埔寨	0.47	叙利亚	0.03	马来西亚	0.11
34	柬埔寨	0.08	爱沙尼亚	0.35	阿塞拜疆	0.03	约旦	0.11
35	克罗地亚	0.06	格鲁吉亚	0.27	马来西亚	0.03	巴基斯坦	0.08
36	哈萨克斯坦	0.06	哈萨克斯坦	0.26	约旦	0.03	韩国	0.07
37	巴林	0.05	马达加斯加	0.23	巴基斯坦	0.02	叙利亚	0.06
38	马达加斯加	0.05	阿曼	0.19	韩国	0.02	埃及	0.04
39	阿曼	0.04	克罗地亚	0.19	马达加斯加	0.02	土耳其	0.04
40	格鲁吉亚	0.04	卡塔尔	0.15	土库曼斯坦	0.02	黑山	0.03
41	尼泊尔	0.04	阿尔巴尼亚	0.13	埃塞俄比亚	0.01	埃塞俄比亚	0.03
42	阿尔巴尼亚	0.03	尼泊尔	0.11	埃及	0.01	土库曼斯坦	0.03
43	斯洛文尼亚	0.03	巴拿马	0.10	摩洛哥	0.01	尼泊尔	0.03
44	马其顿	0.03	马其顿	0.10	尼泊尔	0.01	马达加斯加	0.03
45	卡塔尔	0.02	新西兰	0.09	格鲁吉亚	0.01	巴林	0.03
46	巴拿马	0.01	斯洛文尼亚	0.08	土耳其	0.00	摩洛哥	0.02
47	不丹	0.01	科威特	0.05	以色列	0.00	沙特阿拉伯	0.02
48	新西兰	0.01	吉尔吉斯斯坦	0.04	斯里兰卡	0.00	以色列	0.02
49	科威特	0.01	摩尔多瓦	0.04	沙特阿拉伯	0.00	格鲁吉亚	0.01
50	波黑	0.01	波黑	0.04	亚美尼亚	0.00	亚美尼亚	0.01
51	摩尔多瓦	0.01	巴林	0.04	黑山	0.00	斯里兰卡	0.01
52	文莱	0.01	文莱	0.03	文莱	0.00	文莱	0.00
53	吉尔吉斯斯坦	0.01	不丹	0.03			黎巴嫩	0.00

（续）

排名	国家	进口量均值	国家	进口值均值	国家	出口量均值	国家	出口值均值
54	摩洛哥	0.01	摩洛哥	0.02				
55	黑山	0.00	埃塞俄比亚	0.01				
56	也门	0.00	印度	0.01				
57	印度	0.00	黑山	0.00				
58	埃塞俄比亚	0.00	也门	0.00				

注：本表数据根据 FAO 数据整理所得，其中 0.00 值是四舍五入保留两位小数后仍没有数字，这表示该值非常小。

波兰虽然肉类进出口均为前三名，但其进口量与值均大于出口，为进口依赖型。

根据各国肉类贸易情况变动趋势分析：肉类出口较小，近年来仅较少国家有增长趋势，原因是基于肉类特点，各国多为国内消费为主。

8. 鸡蛋

鸡蛋数据为壳鸡蛋数据，进口共收集 70 个国家数据，进口居前位的国家为中国、伊拉克、俄罗斯、新加坡、波兰。鸡蛋出口共收集 60 国数据，前五位的国家有土耳其、中国、波兰、马来西亚、白俄罗斯。中国进口大于出口；波兰进出口均在前列，但出口大于进口（表 2-21）。

表 2-21 鸡蛋进出口排名

单位：万吨，百万美元

排名	国家	进口量均值	国家	进口值均值	国家	出口量均值	国家	出口值均值
1	中国	7.33	中国	73.25	中国	5.54	土耳其	51.55
2	伊拉克	3.73	伊拉克	55.37	土耳其	3.85	中国	47.60
3	新加坡	2.56	俄罗斯	42.18	波兰	3.65	波兰	37.47
4	波兰	1.26	新加坡	29.77	马来西亚	3.20	马来西亚	29.20
5	俄罗斯	1.20	波兰	16.78	白俄罗斯	2.76	白俄罗斯	25.72
6	捷克	1.12	捷克	15.59	匈牙利	1.32	匈牙利	18.52
7	科威特	0.92	伊朗	11.54	沙特阿拉伯	1.29	沙特阿拉伯	17.28
8	阿富汗	0.83	科威特	10.24	印度	1.28	乌克兰	15.30
9	伊朗	0.68	乌克兰	10.22	乌克兰	1.12	捷克	14.60
10	阿曼	0.67	沙特阿拉伯	8.36	俄罗斯	0.86	印度	12.26
11	哈萨克斯坦	0.61	阿曼	7.99	罗马尼亚	0.85	叙利亚	12.04
12	阿塞拜疆	0.53	阿富汗	7.45	伊朗	0.84	斯洛伐克	9.94

（续）

排名	国家	进口量均值	国家	进口值均值	国家	出口量均值	国家	出口值均值
13	格鲁吉亚	0.51	斯洛伐克	7.11	捷克	0.80	俄罗斯	8.62
14	罗马尼亚	0.50	匈牙利	7.10	立陶宛	0.66	立陶宛	8.51
15	沙特阿拉伯	0.49	哈萨克斯坦	6.52	黎巴嫩	0.60	拉脱维亚	6.81
16	斯洛伐克	0.46	罗马尼亚	6.45	叙利亚	0.57	伊朗	6.68
17	卡塔尔	0.38	阿塞拜疆	6.21	泰国	0.55	罗马尼亚	6.32
18	匈牙利	0.35	土耳其	5.42	拉脱维亚	0.54	约旦	5.78
19	塔吉克斯坦	0.31	也门	5.37	斯洛伐克	0.50	泰国	5.08
20	亚美尼亚	0.28	卡塔尔	4.88	以色列	0.40	斯洛文尼亚	4.07
21	波黑	0.27	克罗地亚	4.53	南非	0.36	黎巴嫩	3.89
22	也门	0.27	巴勒斯坦	4.38	约旦	0.23	南非	3.56
23	爱沙尼亚	0.26	拉脱维亚	4.12	越南	0.19	以色列	3.41
24	马尔代夫	0.25	埃及	3.93	斯洛文尼亚	0.17	越南	3.08
25	乌克兰	0.24	爱沙尼亚	3.62	摩尔多瓦	0.16	波黑	2.03
26	拉脱维亚	0.24	马尔代夫	3.34	阿曼	0.16	阿曼	1.93
27	蒙古	0.20	波黑	3.31	阿尔巴尼亚	0.16	马其顿	1.73
28	巴林	0.19	格鲁吉亚	3.13	马其顿	0.16	阿尔巴尼亚	1.62
29	巴勒斯坦	0.19	蒙古	2.82	波黑	0.13	新西兰	1.49
30	阿尔巴尼亚	0.18	塔吉克斯坦	2.79	新加坡	0.08	摩尔多瓦	1.22
31	埃及	0.18	巴林	2.52	克罗地亚	0.07	塞尔维亚	1.18
32	吉尔吉斯斯坦	0.17	以色列	2.45	爱沙尼亚	0.06	巴拿马	1.16
33	克罗地亚	0.15	立陶宛	2.36	新西兰	0.06	克罗地亚	1.09
34	叙利亚	0.14	亚美尼亚	2.15	亚美尼亚	0.06	印度尼西亚	0.99
35	以色列	0.14	黎巴嫩	1.97	巴基斯坦	0.06	摩洛哥	0.87
36	立陶宛	0.13	斯洛文尼亚	1.68	摩洛哥	0.06	巴基斯坦	0.79
37	土库曼斯坦	0.13	约旦	1.61	阿塞拜疆	0.05	爱沙尼亚	0.70
38	黑山	0.12	叙利亚	1.45	巴拿马	0.05	新加坡	0.68
39	约旦	0.12	孟加拉国	1.45	科威特	0.05	埃及	0.61
40	孟加拉国	0.11	土库曼斯坦	1.40	塞尔维亚	0.04	斯里兰卡	0.47
41	黎巴嫩	0.11	文莱	1.40	印度尼西亚	0.04	科威特	0.47
42	土耳其	0.10	黑山	1.37	哈萨克斯坦	0.04	亚美尼亚	0.43
43	斯洛文尼亚	0.08	白俄罗斯	1.19	斯里兰卡	0.03	哈萨克斯坦	0.37
44	文莱	0.08	吉尔吉斯斯坦	1.03	格鲁吉亚	0.03	格鲁吉亚	0.30

（续）

排名	国家	进口量均值	国家	进口值均值	国家	出口量均值	国家	出口值均值
45	东帝汶	0.07	乌兹别克斯坦	0.94	埃塞俄比亚	0.02	阿塞拜疆	0.29
46	不丹	0.06	阿尔巴尼亚	0.82	埃及	0.02	也门	0.28
47	尼泊尔	0.05	韩国	0.81	也门	0.01	埃塞俄比亚	0.16
48	马来西亚	0.05	摩尔多瓦	0.80	伊拉克	0.01	菲律宾	0.09
49	越南	0.05	印度尼西亚	0.66	卡塔尔	0.01	韩国	0.09
50	韩国	0.05	缅甸	0.61	韩国	0.01	伊拉克	0.08
51	塞尔维亚	0.04	塞尔维亚	0.57	菲律宾	0.00	卡塔尔	0.07
52	白俄罗斯	0.03	菲律宾	0.57	文莱	0.00	吉尔吉斯斯坦	0.04
53	缅甸	0.02	巴基斯坦	0.53	巴林	0.00	文莱	0.03
54	摩尔多瓦	0.02	摩洛哥	0.50	吉尔吉斯斯坦	0.00	巴林	0.02
55	印度尼西亚	0.02	越南	0.49	尼泊尔	0.00	尼泊尔	0.01
56	摩洛哥	0.02	东帝汶	0.49	黑山	0.00	缅甸	0.01
57	巴基斯坦	0.02	新西兰	0.48	缅甸	0.00	孟加拉国	0.01
58	南非	0.02	泰国	0.46	马达加斯加	0.00	黑山	0.01
59	斯里兰卡	0.02	马来西亚	0.42	不丹	0.00	马达加斯加	0.00
60	印度	0.01	不丹	0.41	孟加拉国	0.00	不丹	0.00
61	乌兹别克斯坦	0.01	巴拿马	0.40				
62	巴拿马	0.01	尼泊尔	0.31				
63	老挝	0.01	印度	0.25				
64	菲律宾	0.01	柬埔寨	0.18				
65	柬埔寨	0.01	南非	0.18				
66	马其顿	0.00	斯里兰卡	0.14				
67	泰国	0.00	马达加斯加	0.08				
68	新西兰	0.00	马其顿	0.07				
69	马达加斯加	0.00	老挝	0.03				
70	埃塞俄比亚	0.00	埃塞俄比亚	0.02				

注：本表数据根据 FAO 数据整理所得，其中 0.00 值是四舍五入保留两位小数后仍没有数字，这表示该值非常小。

根据各国鸡蛋贸易情况变动趋势分析可以看出：鸡蛋进出口交易从 2005 年后开始活跃，交易量逐渐变大。

9. 奶

奶进口共收集 61 个国家数据，进口居前位的国家为韩国、摩洛哥、埃及、波兰。奶出口共收集 49 国数据（但黑山、巴林、马其顿数据值为 0，不予分析），居前位的国家有新西兰、沙特阿拉伯、波兰、匈牙利。波兰、沙特阿拉伯进出口均在前列，且出口大于进口（表 2 - 22）。

表 2 - 22　奶进出口排名

单位：万吨，百万美元

排名	国家	进口量均值	国家	进口值均值	国家	出口量均值	国家	出口值均值
1	韩国	1.76	韩国	46.36	新西兰	3.02	新西兰	144.80
2	摩洛哥	0.90	摩洛哥	29.49	沙特阿拉伯	0.82	沙特阿拉伯	12.65
3	波兰	0.53	埃及	11.55	匈牙利	0.63	波兰	8.61
4	埃及	0.36	波兰	5.75	波兰	0.59	匈牙利	5.38
5	沙特阿拉伯	0.28	新加坡	5.33	斯洛伐克	0.32	韩国	3.54
6	新西兰	0.27	沙特阿拉伯	5.32	乌克兰	0.20	新加坡	2.69
7	波黑	0.20	新西兰	4.39	立陶宛	0.19	马来西亚	2.54
8	新加坡	0.18	中国	4.31	也门	0.15	乌克兰	2.27
9	泰国	0.13	越南	3.00	泰国	0.15	立陶宛	1.83
10	也门	0.13	巴勒斯坦	2.80	拉脱维亚	0.12	白俄罗斯	1.65
11	俄罗斯	0.13	俄罗斯	2.67	捷克	0.11	也门	1.41
12	中国	0.12	印度尼西亚	2.08	韩国	0.11	捷克	1.38
13	罗马尼亚	0.11	斯洛伐克	2.02	哈萨克斯坦	0.10	泰国	1.32
14	越南	0.10	也门	1.99	白俄罗斯	0.10	波黑	0.92
15	印度尼西亚	0.10	科威特	1.88	新加坡	0.09	伊朗	0.88
16	巴勒斯坦	0.09	马来西亚	1.73	约旦	0.07	哈萨克斯坦	0.87
17	马来西亚	0.09	塞尔维亚	1.72	中国	0.07	约旦	0.84
18	菲律宾	0.09	菲律宾	1.51	伊朗	0.07	中国	0.81
19	斯洛伐克	0.08	南非	1.42	科威特	0.07	拉脱维亚	0.67
20	捷克	0.08	波黑	1.41	叙利亚	0.07	科威特	0.58
21	马尔代夫	0.07	泰国	1.35	马来西亚	0.06	叙利亚	0.57
22	立陶宛	0.06	伊朗	1.28	黎巴嫩	0.04	以色列	0.50
23	塞尔维亚	0.05	捷克	1.15	波黑	0.04	印度	0.49
24	吉尔吉斯斯坦	0.05	罗马尼亚	1.11	埃及	0.03	斯洛伐克	0.49
25	巴拿马	0.05	巴林	1.00	罗马尼亚	0.03	黎巴嫩	0.36
26	克罗地亚	0.04	叙利亚	0.90	印度	0.03	埃及	0.34
27	科威特	0.04	马尔代夫	0.66	俄罗斯	0.03	罗马尼亚	0.32
28	南非	0.04	约旦	0.65	克罗地亚	0.02	巴基斯坦	0.31
29	匈牙利	0.03	吉尔吉斯斯坦	0.61	巴基斯坦	0.02	南非	0.31
30	约旦	0.03	乌克兰	0.60	南非	0.02	俄罗斯	0.30

（续）

排名	国家	进口量均值	国家	进口值均值	国家	出口量均值	国家	出口值均值
31	伊朗	0.03	立陶宛	0.59	以色列	0.02	克罗地亚	0.27
32	叙利亚	0.03	土耳其	0.50	土耳其	0.01	摩洛哥	0.26
33	巴基斯坦	0.02	克罗地亚	0.48	爱沙尼亚	0.01	巴勒斯坦	0.23
34	乌克兰	0.02	巴拿马	0.47	印度尼西亚	0.01	爱沙尼亚	0.23
35	巴林	0.02	匈牙利	0.44	摩洛哥	0.01	土耳其	0.22
36	爱沙尼亚	0.02	巴基斯坦	0.42	斯洛文尼亚	0.01	斯洛文尼亚	0.16
37	以色列	0.02	以色列	0.42	斯里兰卡	0.00	印度尼西亚	0.10
38	格鲁吉亚	0.02	印度	0.29	埃塞俄比亚	0.00	斯里兰卡	0.04
39	斯洛文尼亚	0.01	斯洛文尼亚	0.29	巴勒斯坦	0.00	塞尔维亚	0.02
40	土耳其	0.01	阿尔巴尼亚	0.25	塞尔维亚	0.00	尼泊尔	0.02
41	白俄罗斯	0.01	格鲁吉亚	0.23	尼泊尔	0.00	菲律宾	0.01
42	哈萨克斯坦	0.01	爱沙尼亚	0.22	吉尔吉斯斯坦	0.00	吉尔吉斯斯坦	0.01
43	阿尔巴尼亚	0.01	白俄罗斯	0.20	菲律宾	0.00	阿尔巴尼亚	0.01
44	亚美尼亚	0.01	拉脱维亚	0.18	阿尔巴尼亚	0.00	阿塞拜疆	0.00
45	马其顿	0.01	哈萨克斯坦	0.16	阿塞拜疆	0.00	孟加拉国	0.00
46	阿塞拜疆	0.01	阿塞拜疆	0.15	孟加拉国	0.00	马其顿	0.00
47	印度	0.01	亚美尼亚	0.15				
48	摩尔多瓦	0.01	黎巴嫩	0.14				
49	阿曼	0.01	摩尔多瓦	0.14				
50	拉脱维亚	0.01	马其顿	0.13				
51	卡塔尔	0.01	卡塔尔	0.12				
52	埃塞俄比亚	0.01	阿曼	0.12				
53	孟加拉国	0.01	孟加拉国	0.11				
54	黎巴嫩	0.00	埃塞俄比亚	0.09				
55	黑山	0.00	黑山	0.07				
56	尼泊尔	0.00	尼泊尔	0.05				
57	柬埔寨	0.00	马达加斯加	0.03				
58	马达加斯加	0.00	文莱	0.02				
59	斯里兰卡	0.00	斯里兰卡	0.02				
60	文莱	0.00	柬埔寨	0.01				
61	蒙古	0.00	蒙古	0.00				

注：本表数据根据 FAO 数据整理所得，其中 0.00 值是四舍五入保留两位小数后仍没有数字，这表示该值非常小。

根据各国奶贸易情况变动趋势分析：奶进出口交易从1988年才开始有零星非0数据，进入21世纪以后逐步活跃。奶出口新西兰一直居于第一，但2005年后有下降趋势。

10. 酒

葡萄酒进口共收集69个国家数据，进口前三位的国家为俄罗斯、中国、捷克。葡萄酒出口共收集59国数据，居前位的国家有南非、新西兰、摩尔多瓦、匈牙利等。量值的排序不太一致，可能的原因是酒类品种和价格差异较大（表2-23）。

表2-23 葡萄酒进出口排名

单位：万吨，百万美元

排名	国家	进口量均值	国家	进口值均值	国家	出口量均值	国家	出口值均值
1	俄罗斯	40.19	俄罗斯	483.92	摩尔多瓦	14.06	南非	177.19
2	捷克	10.14	中国	307.87	匈牙利	11.77	新西兰	138.61
3	中国	6.15	捷克	97.33	南非	10.87	摩尔多瓦	130.24
4	波兰	5.53	新加坡	93.63	马其顿	7.24	匈牙利	82.21
5	白俄罗斯	3.17	波兰	61.73	罗马尼亚	4.84	新加坡	63.57
6	立陶宛	3.15	立陶宛	55.14	乌克兰	4.37	拉脱维亚	47.13
7	乌克兰	3.02	拉脱维亚	51.23	摩洛哥	3.97	乌克兰	41.03
8	塞尔维亚	2.51	乌克兰	40.76	新西兰	2.71	马其顿	39.27
9	斯洛伐克	2.50	新西兰	37.80	格鲁吉亚	1.97	立陶宛	37.03
10	匈牙利	2.20	斯洛伐克	35.02	立陶宛	1.76	罗马尼亚	36.48
11	拉脱维亚	2.17	塞尔维亚	33.91	拉脱维亚	1.60	格鲁吉亚	35.68
12	新西兰	1.54	白俄罗斯	32.92	塞尔维亚	1.26	中国	32.74
13	斯洛文尼亚	1.29	爱沙尼亚	31.22	斯洛伐克	1.14	黑山	22.33
14	罗马尼亚	1.27	韩国	29.13	克罗地亚	0.97	塞尔维亚	14.55
15	爱沙尼亚	1.09	哈萨克斯坦	19.00	斯洛文尼亚	0.88	捷克	12.79
16	克罗地亚	1.08	卡塔尔	16.19	阿塞拜疆	0.77	克罗地亚	12.43
17	哈萨克斯坦	1.02	越南	13.32	捷克	0.76	斯洛伐克	11.62
18	卡塔尔	0.93	马来西亚	12.82	阿尔巴尼亚	0.70	斯洛文尼亚	9.94
19	摩尔多瓦	0.91	克罗地亚	11.77	黑山	0.68	摩洛哥	8.22
20	波黑	0.71	波黑	11.63	中国	0.46	爱沙尼亚	7.52
21	新加坡	0.70	罗马尼亚	10.38	土耳其	0.42	以色列	7.10
22	韩国	0.70	匈牙利	9.36	乌兹别克斯坦	0.40	泰国	5.42
23	马达加斯加	0.40	泰国	8.94	俄罗斯	0.33	马来西亚	4.52

（续）

排名	国家	进口量均值	国家	进口值均值	国家	出口量均值	国家	出口值均值
24	泰国	0.32	斯洛文尼亚	8.54	波兰	0.31	阿尔巴尼亚	4.34
25	南非	0.32	南非	6.99	新加坡	0.29	阿塞拜疆	4.20
26	越南	0.32	菲律宾	5.32	以色列	0.28	俄罗斯	3.83
27	菲律宾	0.27	以色列	4.99	波黑	0.26	黎巴嫩	3.82
28	摩洛哥	0.25	黑山	4.36	土库曼斯坦	0.24	土耳其	3.47
29	马来西亚	0.22	摩尔多瓦	4.32	爱沙尼亚	0.18	波兰	3.46
30	黑山	0.21	巴拿马	4.27	泰国	0.18	印度尼西亚	2.98
31	吉尔吉斯斯坦	0.16	摩洛哥	4.10	塔吉克斯坦	0.15	白俄罗斯	2.69
32	以色列	0.15	印度	3.20	白俄罗斯	0.14	土库曼斯坦	2.33
33	格鲁吉亚	0.14	马尔代夫	3.08	埃及	0.10	波黑	2.32
34	阿尔巴尼亚	0.14	缅甸	2.90	哈萨克斯坦	0.09	乌兹别克斯坦	2.27
35	巴拿马	0.13	格鲁吉亚	2.76	亚美尼亚	0.09	塔吉克斯坦	1.54
36	蒙古	0.11	黎巴嫩	2.69	黎巴嫩	0.07	亚美尼亚	1.34
37	巴林	0.08	巴林	2.65	马来西亚	0.06	印度	0.98
38	马其顿	0.08	阿尔巴尼亚	2.58	印度	0.04	哈萨克斯坦	0.49
39	印度	0.06	蒙古	2.56	吉尔吉斯斯坦	0.02	吉尔吉斯斯坦	0.34
40	马尔代夫	0.06	吉尔吉斯斯坦	2.25	印度尼西亚	0.02	埃及	0.32
41	土库曼斯坦	0.06	老挝	1.89	柬埔寨	0.01	巴林	0.28
42	柬埔寨	0.06	柬埔寨	1.63	巴拿马	0.01	韩国	0.15
43	黎巴嫩	0.05	土耳其	1.34	巴林	0.01	巴勒斯坦	0.13
44	缅甸	0.05	马达加斯加	1.25	韩国	0.00	巴拿马	0.12
45	老挝	0.05	尼泊尔	1.06	巴勒斯坦	0.00	马达加斯加	0.12
46	尼泊尔	0.05	阿富汗	1.01	约旦	0.00	约旦	0.09
47	印度尼西亚	0.04	埃塞俄比亚	0.92	叙利亚	0.00	菲律宾	0.08
48	土耳其	0.04	斯里兰卡	0.78	菲律宾	0.00	马尔代夫	0.08
49	埃塞俄比亚	0.04	伊拉克	0.76	埃塞俄比亚	0.00	柬埔寨	0.07
50	阿塞拜疆	0.03	印度尼西亚	0.71	阿曼	0.00	叙利亚	0.05
51	东帝汶	0.03	土库曼斯坦	0.69	伊朗	0.00	卡塔尔	0.04
52	亚美尼亚	0.03	亚美尼亚	0.65	马尔代夫	0.00	斯里兰卡	0.04
53	伊拉克	0.03	阿塞拜疆	0.64	不丹	0.00	埃塞俄比亚	0.03
54	阿富汗	0.02	马其顿	0.58	斯里兰卡	0.00	尼泊尔	0.01
55	阿曼	0.02	阿曼	0.52	尼泊尔	0.00	伊朗	0.01

（续）

排名	国家	进口量均值	国家	进口值均值	国家	出口量均值	国家	出口值均值
56	斯里兰卡	0.02	约旦	0.46	马达加斯加	0.00	不丹	0.01
57	塔吉克斯坦	0.01	塔吉克斯坦	0.45	卡塔尔	0.00	阿曼	0.01
58	乌兹别克斯坦	0.01	文莱	0.36	也门	0.00	也门	0.00
59	约旦	0.01	巴基斯坦	0.33	巴基斯坦	0.00	巴基斯坦	0.00
60	叙利亚	0.01	东帝汶	0.31				
61	不丹	0.01	乌兹别克斯坦	0.31				
62	文莱	0.01	叙利亚	0.30				
63	孟加拉国	0.01	孟加拉国	0.26				
64	巴基斯坦	0.01	不丹	0.18				
65	巴勒斯坦	0.01	巴勒斯坦	0.17				
66	埃及	0.00	伊朗	0.13				
67	伊朗	0.00	沙特阿拉伯	0.06				
68	也门	0.00	埃及	0.05				
69	沙特阿拉伯	0.00	也门	0.04				

注：本表数据根据 FAO 数据整理所得，其中 0.00 值是四舍五入保留两位小数后仍没有数字，这表示该值非常小。

大麦啤酒进口共收集 63 个国家的数据，进口前三位的国家为中国、俄罗斯、波黑。大麦啤酒出口共收集 60 国数据，前五位的国家有捷克、塞尔维亚、俄罗斯、中国、乌克兰。中国、俄罗斯进出口均在前列，但进口大于出口（表 2－24）。

表 2－24　大麦啤酒进出口排名

单位：万吨，百万美元

排名	国家	进口量均值	国家	进口值均值	国家	出口量均值	国家	出口值均值
1	俄罗斯	20.66	中国	123.12	捷克	25.58	捷克	143.25
2	中国	15.21	俄罗斯	107.65	乌克兰	16.66	塞尔维亚	68.43
3	波黑	8.64	波黑	50.64	俄罗斯	13.81	俄罗斯	64.37
4	匈牙利	8.09	新加坡	36.67	塞尔维亚	11.19	中国	55.96
5	斯洛伐克	6.34	哈萨克斯坦	31.60	中国	9.45	乌克兰	51.98
6	哈萨克斯坦	5.55	白俄罗斯	28.70	斯洛文尼亚	4.59	新加坡	43.66
7	白俄罗斯	5.43	斯洛伐克	26.48	新加坡	4.22	泰国	26.34
8	新加坡	3.75	匈牙利	20.40	波兰	4.14	马来西亚	26.21

（续）

排名	国家	进口量均值	国家	进口值均值	国家	出口量均值	国家	出口值均值
9	克罗地亚	3.04	克罗地亚	17.41	克罗地亚	3.91	斯洛文尼亚	24.30
10	捷克	2.52	阿尔巴尼亚	16.80	土耳其	3.84	波兰	22.22
11	阿尔巴尼亚	2.47	缅甸	16.62	白俄罗斯	3.84	克罗地亚	22.19
12	立陶宛	2.40	乌克兰	14.95	泰国	3.14	土耳其	20.93
13	乌克兰	2.39	柬埔寨	14.61	韩国	2.71	韩国	15.70
14	缅甸	2.14	捷克	13.96	马来西亚	2.59	南非	14.86
15	沙特阿拉伯	2.10	沙特阿拉伯	13.27	南非	2.45	白俄罗斯	14.15
16	拉脱维亚	2.10	立陶宛	12.76	斯洛伐克	2.31	爱沙尼亚	11.88
17	罗马尼亚	1.71	南非	12.47	爱沙尼亚	2.14	斯洛伐克	10.58
18	爱沙尼亚	1.68	爱沙尼亚	12.06	匈牙利	1.52	立陶宛	8.11
19	摩尔多瓦	1.64	拉脱维亚	11.61	立陶宛	1.49	新西兰	7.84
20	吉尔吉斯斯坦	1.63	新西兰	10.65	拉脱维亚	1.09	匈牙利	5.96
21	柬埔寨	1.61	马来西亚	10.24	黑山	1.07	黑山	5.83
22	波兰	1.53	韩国	9.50	新西兰	0.76	拉脱维亚	5.73
23	南非	1.49	斯洛文尼亚	9.45	菲律宾	0.75	越南	4.32
24	斯洛文尼亚	1.49	波兰	9.16	马其顿	0.69	菲律宾	4.19
25	蒙古	1.38	伊拉克	9.12	罗马尼亚	0.60	印度	4.10
26	伊拉克	1.27	巴林	9.06	印度	0.54	罗马尼亚	3.40
27	黑山	1.21	吉尔吉斯斯坦	8.83	越南	0.53	马其顿	3.19
28	马来西亚	1.18	以色列	8.57	哈萨克斯坦	0.41	印度尼西亚	2.31
29	以色列	1.13	蒙古	8.00	印度尼西亚	0.34	哈萨克斯坦	1.89
30	韩国	1.13	摩尔多瓦	7.91	波黑	0.27	黎巴嫩	1.33
31	塞尔维亚	1.12	黑山	7.85	亚美尼亚	0.23	约旦	1.13
32	巴林	1.11	塞尔维亚	7.59	约旦	0.22	波黑	1.11
33	新西兰	0.92	越南	7.33	埃及	0.17	亚美尼亚	0.98
34	格鲁吉亚	0.82	罗马尼亚	7.24	黎巴嫩	0.13	不丹	0.91
35	阿曼	0.76	阿曼	4.75	不丹	0.12	埃及	0.77
36	越南	0.75	格鲁吉亚	4.63	格鲁吉亚	0.12	以色列	0.62
37	黎巴嫩	0.60	黎巴嫩	3.91	以色列	0.07	缅甸	0.61
38	土库曼斯坦	0.52	巴拿马	3.33	埃塞俄比亚	0.06	格鲁吉亚	0.59
39	巴拿马	0.42	文莱	2.86	尼泊尔	0.06	埃塞俄比亚	0.58
40	不丹	0.41	阿富汗	2.86	缅甸	0.06	斯里兰卡	0.49

（续）

排名	国家	进口量均值	国家	进口值均值	国家	出口量均值	国家	出口值均值
41	泰国	0.40	乌兹别克斯坦	2.75	巴拿马	0.05	巴拿马	0.34
42	马其顿	0.40	土库曼斯坦	2.63	斯里兰卡	0.04	叙利亚	0.32
43	乌兹别克斯坦	0.38	泰国	2.62	老挝	0.04	老挝	0.31
44	文莱	0.27	马其顿	2.54	叙利亚	0.04	尼泊尔	0.30
45	塔吉克斯坦	0.26	不丹	2.11	阿尔巴尼亚	0.03	摩洛哥	0.25
46	亚美尼亚	0.26	亚美尼亚	1.98	巴林	0.03	阿尔巴尼亚	0.23
47	阿塞拜疆	0.25	马尔代夫	1.80	摩洛哥	0.02	沙特阿拉伯	0.21
48	伊朗	0.22	塔吉克斯坦	1.50	沙特阿拉伯	0.02	巴林	0.20
49	东帝汶	0.20	东帝汶	1.49	摩尔多瓦	0.02	摩尔多瓦	0.18
50	也门	0.19	孟加拉国	1.44	柬埔寨	0.02	吉尔吉斯斯坦	0.12
51	摩洛哥	0.19	阿塞拜疆	1.31	阿塞拜疆	0.02	柬埔寨	0.12
52	阿富汗	0.16	伊朗	1.24	吉尔吉斯斯坦	0.01	阿塞拜疆	0.10
53	马尔代夫	0.15	土耳其	1.20	巴基斯坦	0.01	孟加拉国	0.08
54	孟加拉国	0.14	摩洛哥	1.18	马达加斯加	0.01	马达加斯加	0.07
55	印度尼西亚	0.14	埃塞俄比亚	1.17	科威特	0.01	阿曼	0.07
56	叙利亚	0.14	叙利亚	1.08	阿曼	0.01	伊朗	0.05
57	斯里兰卡	0.13	斯里兰卡	1.04	孟加拉国	0.01	科威特	0.03
58	老挝	0.12	卡塔尔	1.03	伊朗	0.00	乌兹别克斯坦	0.02
59	土耳其	0.12	也门	1.03	乌兹别克斯坦	0.00	也门	0.02
60	卡塔尔	0.11	老挝	0.80	也门	0.00	巴基斯坦	0.01
61	马达加斯加	0.10	印度	0.73	伊拉克	0.00	卡塔尔	0.01
62	印度	0.09	印度尼西亚	0.65	卡塔尔	0.00	马尔代夫	0.01
63	埃塞俄比亚	0.08	巴基斯坦	0.36	马尔代夫	0.00	伊拉克	0.01
64	巴基斯坦	0.07	马达加斯加	0.28	蒙古	0.00	文莱	0.01
65	约旦	0.06	菲律宾	0.28	文莱	0.00	蒙古	0.01
66	科威特	0.04	约旦	0.23	巴勒斯坦	0.00	巴勒斯坦	0.00
67	巴勒斯坦	0.03	科威特	0.22				
68	菲律宾	0.03	埃及	0.17				
69	埃及	0.02	巴勒斯坦	0.16				
70	尼泊尔	0.01	尼泊尔	0.10				

注：本表数据根据 FAO 数据整理所得，其中 0.00 值是四舍五入保留两位小数后仍没有数字，这表示该值非常小。

根据各国酒类贸易情况变动趋势分析：红酒进口趋于上升，出口量波动较大，出口值波动中有所增长。大麦啤酒进口增加后有减少；大麦啤酒出口从20世纪90年代起呈阶段性增加趋势。其中塞尔维亚大麦啤酒出口量及出口值均居于前位，原因与数据统计阶段有一定关系，其数据值仅从2006年开始；而捷克从1993年起，俄罗斯、乌克兰从1992年起，中国则从1961年起。

11. 烟

中国在香烟进出口方面都居第一位，为香烟生产和消费大国。香烟进口共收集72个国家数据，进口居前位的国家为中国、新加坡。香烟出口共收集66国数据（文莱出口量为0未计入），居前位的国家有中国、新加坡、波兰、保加利亚等。量、值的排序不太一致，可能的原因是香烟品种和价格差异较大（表2-25）。

表2-25　香烟进出口排名

单位：万吨，百万美元

排名	国家	进口量均值	国家	进口值均值	国家	出口量均值	国家	出口值均值
1	中国	3.25	中国	680.33	中国	3.68	中国	637.28
2	柬埔寨	2.28	新加坡	278.51	保加利亚	3.66	新加坡	322.65
3	俄罗斯	1.90	越南	260.13	波兰	2.66	波兰	294.31
4	阿联酋	1.63	沙特阿拉伯	247.14	印度尼西亚	2.15	保加利亚	210.94
5	新加坡	1.49	俄罗斯	227.51	新加坡	1.71	捷克	191.20
6	沙特阿拉伯	1.47	阿联酋	177.79	捷克	1.32	俄罗斯	146.93
7	伊朗	1.24	柬埔寨	129.67	俄罗斯	1.14	罗马尼亚	145.91
8	越南	1.23	伊朗	121.66	乌克兰	1.03	印度尼西亚	131.45
9	伊拉克	0.86	阿塞拜疆	99.89	阿联酋	1.00	阿联酋	118.09
10	捷克	0.81	阿曼	93.71	立陶宛	0.79	立陶宛	106.25
11	阿曼	0.78	捷克	86.98	土耳其	0.78	韩国	98.54
12	罗马尼亚	0.74	黎巴嫩	83.95	罗马尼亚	0.69	乌克兰	96.16
13	斯洛伐克	0.65	斯洛伐克	81.09	阿曼	0.67	阿曼	71.85
14	乌克兰	0.65	伊拉克	80.03	克罗地亚	0.55	克罗地亚	68.03
15	阿塞拜疆	0.64	罗马尼亚	78.05	马来西亚	0.51	土耳其	58.25
16	黎巴嫩	0.63	乌克兰	70.41	菲律宾	0.39	马来西亚	56.98
17	白俄罗斯	0.51	韩国	59.42	马其顿	0.34	马其顿	31.08
18	塞尔维亚	0.48	土耳其	58.47	哈萨克斯坦	0.27	塞尔维亚	29.61

（续）

排名	国家	进口量均值	国家	进口值均值	国家	出口量均值	国家	出口值均值
19	土耳其	0.42	白俄罗斯	53.71	拉脱维亚	0.24	哈萨克斯坦	28.25
20	斯洛文尼亚	0.41	波黑	52.09	约旦	0.24	南非	27.89
21	哈萨克斯坦	0.40	以色列	51.88	塞尔维亚	0.23	菲律宾	24.10
22	波黑	0.40	斯洛文尼亚	50.28	印度	0.21	拉脱维亚	22.01
23	格鲁吉亚	0.36	科威特	48.99	越南	0.18	印度	17.91
24	泰国	0.35	塞尔维亚	48.84	斯洛伐克	0.18	白俄罗斯	16.96
25	马来西亚	0.34	拉脱维亚	44.14	匈牙利	0.15	匈牙利	15.48
26	科威特	0.33	哈萨克斯坦	42.15	摩尔多瓦	0.15	斯洛伐克	13.33
27	拉脱维亚	0.32	格鲁吉亚	39.44	斯洛文尼亚	0.14	越南	13.27
28	韩国	0.32	缅甸	36.94	阿尔巴尼亚	0.12	约旦	12.99
29	波兰	0.29	马来西亚	36.22	白俄罗斯	0.11	摩尔多瓦	10.05
30	阿尔巴尼亚	0.27	阿尔巴尼亚	36.20	亚美尼亚	0.11	斯洛文尼亚	9.66
31	缅甸	0.27	摩尔多瓦	32.32	阿塞拜疆	0.10	亚美尼亚	9.47
32	摩尔多瓦	0.26	亚美尼亚	32.24	也门	0.09	巴林	8.25
33	立陶宛	0.25	泰国	31.08	柬埔寨	0.08	柬埔寨	6.97
34	阿富汗	0.24	立陶宛	28.82	巴林	0.06	泰国	6.52
35	以色列	0.24	叙利亚	28.08	泰国	0.06	波黑	6.30
36	吉尔吉斯斯坦	0.22	巴林	27.77	波黑	0.06	阿尔巴尼亚	6.03
37	亚美尼亚	0.22	爱沙尼亚	27.36	科威特	0.06	叙利亚	5.18
38	爱沙尼亚	0.20	摩洛哥	26.57	巴基斯坦	0.04	新西兰	4.85
39	叙利亚	0.19	卡塔尔	19.89	叙利亚	0.04	也门	4.78
40	土库曼斯坦	0.19	黑山	19.11	黑山	0.03	阿塞拜疆	4.78
41	巴林	0.17	波兰	18.76	斯里兰卡	0.02	爱沙尼亚	4.41
42	克罗地亚	0.16	蒙古	18.69	沙特阿拉伯	0.02	科威特	3.32
43	保加利亚	0.15	吉尔吉斯斯坦	18.38	埃及	0.02	巴基斯坦	2.90
44	摩洛哥	0.14	阿富汗	16.88	缅甸	0.02	沙特阿拉伯	2.64
45	菲律宾	0.14	保加利亚	15.03	格鲁吉亚	0.02	缅甸	2.57
46	匈牙利	0.13	菲律宾	14.77	爱沙尼亚	0.02	黑山	1.78
47	卡塔尔	0.13	克罗地亚	14.58	以色列	0.01	斯里兰卡	1.33
48	埃及	0.13	匈牙利	14.16	孟加拉国	0.01	埃及	1.31

（续）

排名	国家	进口量均值	国家	进口值均值	国家	出口量均值	国家	出口值均值
49	黑山	0.12	埃及	13.73	伊朗	0.01	摩洛哥	0.95
50	蒙古	0.12	土库曼斯坦	12.06	吉尔吉斯斯坦	0.01	吉尔吉斯斯坦	0.92
51	南非	0.11	南非	11.11	伊拉克	0.00	巴拿马	0.86
52	乌兹别克斯坦	0.08	文莱	9.78	尼泊尔	0.00	格鲁吉亚	0.82
53	也门	0.06	乌兹别克斯坦	8.42	蒙古	0.00	以色列	0.78
54	巴勒斯坦	0.06	马尔代夫	7.00	黎巴嫩	0.00	孟加拉国	0.74
55	文莱	0.06	新西兰	6.41	土库曼斯坦	0.00	伊朗	0.39
56	马其顿	0.05	老挝	6.30	卡塔尔	0.00	马达加斯加	0.36
57	老挝	0.04	马其顿	6.01	马尔代夫	0.00	蒙古	0.29
58	新西兰	0.03	巴勒斯坦	5.84	塔吉克斯坦	0.00	埃塞俄比亚	0.21
59	巴拿马	0.03	也门	4.73	埃塞俄比亚	0.00	马尔代夫	0.15
60	印度尼西亚	0.03	印度	3.29	马达加斯加	0.01	黎巴嫩	0.14
61	塔吉克斯坦	0.03	埃塞俄比亚	3.12	摩洛哥	0.00	尼泊尔	0.13
62	马尔代夫	0.03	塔吉克斯坦	3.11	新西兰	0.04	伊拉克	0.13
63	埃塞俄比亚	0.02	斯里兰卡	2.35	巴拿马	0.01	土库曼斯坦	0.05
64	印度	0.02	印度尼西亚	2.23	韩国	1.13	卡塔尔	0.05
65	斯里兰卡	0.01	约旦	2.05	南非	0.60	文莱	0.01
66	东帝汶	0.01	巴拿马	1.83				
67	约旦	0.01	东帝汶	1.26				
68	马达加斯加	0.01	孟加拉国	1.22				
69	孟加拉国	0.01	马达加斯加	0.52				
70			尼泊尔	0.42				
71			巴基斯坦	0.29				
72			不丹	0.15				

注：本表数据根据 FAO 数据整理所得，其中 0 值是四舍五入保留两位小数后仍没有数字，这表示该值非常小。

根据各国香烟贸易情况变动趋势分析：20 世纪 80 年代末 90 年代初交易活跃。中国在香烟进出口方面居首位，但 1997 年后有所下降。

12. 茶

茶进口共收集 72 个国家数据，进口居前位的国家为俄罗斯、巴基斯坦、埃及、阿联酋。中国在茶进口量排名中为第八位，在茶进口值排名中为第十位。茶出口共收集 67 国数据，中国为第三位，居前国家有斯里兰卡、印度、中国、印度尼西亚等。中国为茶出口国（表 2-26）。

表 2-26　茶进出口排名

单位：万吨，百万美元

排名	国家	进口量均值	国家	进口值均值	国家	出口量均值	国家	出口值均值
1	俄罗斯	15.69	俄罗斯	356.16	斯里兰卡	22.42	斯里兰卡	504.99
2	巴基斯坦	7.83	巴基斯坦	143.63	印度	19.94	印度	408.08
3	埃及	4.73	埃及	94.56	中国	17.01	中国	345.86
4	阿联酋	2.99	阿联酋	90.94	印度尼西亚	7.18	印度尼西亚	96.73
5	摩洛哥	2.84	伊朗	70.31	越南	3.44	阿联酋	56.30
6	伊拉克	2.67	沙特阿拉伯	68.61	孟加拉国	1.96	越南	43.95
7	伊朗	2.45	乌克兰	58.77	阿联酋	1.52	波兰	43.73
8	中国	2.43	摩洛哥	58.49	格鲁吉亚	0.78	俄罗斯	31.10
9	波兰	2.34	哈萨克斯坦	53.86	伊朗	0.74	孟加拉国	28.70
10	哈萨克斯坦	2.06	中国	52.11	土耳其	0.66	阿塞拜疆	13.74
11	阿富汗	2.00	伊拉克	50.79	俄罗斯	0.66	新加坡	12.59
12	乌兹别克斯坦	1.82	波兰	49.63	波兰	0.59	埃及	7.45
13	乌克兰	1.77	阿富汗	35.49	新加坡	0.53	土耳其	7.43
14	南非	1.68	叙利亚	33.84	阿塞拜疆	0.39	匈牙利	7.07
15	叙利亚	1.58	乌兹别克斯坦	23.75	尼泊尔	0.23	伊朗	6.28
16	沙特阿拉伯	1.48	南非	23.65	南非	0.22	格鲁吉亚	5.32
17	印度	1.39	印度	21.83	埃及	0.13	南非	4.90
18	也门	0.82	越南	20.19	阿曼	0.11	尼泊尔	4.11
19	马来西亚	0.73	白俄罗斯	19.38	马来西亚	0.10	摩洛哥	3.37
20	阿塞拜疆	0.63	科威特	16.20	巴基斯坦	0.10	捷克	3.12
21	新西兰	0.54	也门	13.68	叙利亚	0.08	立陶宛	2.84
22	土库曼斯坦	0.51	捷克	13.15	匈牙利	0.08	阿曼	2.77
23	新加坡	0.49	阿塞拜疆	13.00	科威特	0.08	也门	2.58
24	科威特	0.48	新加坡	12.99	也门	0.06	巴基斯坦	2.31
25	斯里兰卡	0.41	约旦	12.11	埃塞俄比亚	0.06	沙特阿拉伯	2.27
26	约旦	0.40	新西兰	11.91	泰国	0.06	马来西亚	2.06
27	吉尔吉斯斯坦	0.38	马来西亚	11.49	沙特阿拉伯	0.05	拉脱维亚	1.84
28	蒙古	0.37	斯里兰卡	9.11	吉尔吉斯斯坦	0.05	斯洛伐克	1.48
29	塔吉克斯坦	0.35	阿曼	8.75	缅甸	0.04	韩国	1.47
30	越南	0.33	立陶宛	8.37	巴林	0.04	科威特	1.46

（续）

排名	国家	进口量均值	国家	进口值均值	国家	出口量均值	国家	出口值均值
31	白俄罗斯	0.29	拉脱维亚	7.64	韩国	0.04	哈萨克斯坦	1.40
32	印度尼西亚	0.28	黎巴嫩	6.64	哈萨克斯坦	0.04	叙利亚	1.27
33	阿曼	0.28	土库曼斯坦	6.27	捷克	0.03	泰国	1.19
34	捷克	0.25	卡塔尔	6.24	立陶宛	0.03	吉尔吉斯斯坦	0.98
35	土耳其	0.24	以色列	5.54	拉脱维亚	0.02	埃塞俄比亚	0.89
36	黎巴嫩	0.23	吉尔吉斯斯坦	5.40	约旦	0.02	乌克兰	0.83
37	以色列	0.21	土耳其	4.93	马达加斯加	0.02	巴拿马	0.77
38	匈牙利	0.14	爱沙尼亚	4.64	白俄罗斯	0.02	白俄罗斯	0.73
39	巴勒斯坦	0.12	匈牙利	4.21	乌克兰	0.02	黎巴嫩	0.62
40	泰国	0.12	塔吉克斯坦	4.14	斯洛伐克	0.02	巴林	0.60
41	立陶宛	0.12	巴林	4.12	摩洛哥	0.02	罗马尼亚	0.58
42	卡塔尔	0.11	印度尼西亚	3.90	菲律宾	0.01	塞尔维亚	0.56
43	拉脱维亚	0.11	巴勒斯坦	3.45	爱沙尼亚	0.01	约旦	0.55
44	巴林	0.10	蒙古	3.29	黎巴嫩	0.01	以色列	0.54
45	格鲁吉亚	0.08	斯洛伐克	3.25	罗马尼亚	0.01	缅甸	0.50
46	缅甸	0.08	摩尔多瓦	2.89	保加利亚	0.01	爱沙尼亚	0.46
47	孟加拉国	0.07	格鲁吉亚	2.39	卡塔尔	0.01	新西兰	0.42
48	斯洛伐克	0.07	泰国	2.20	土库曼斯坦	0.01	斯洛文尼亚	0.38
49	马其顿	0.07	缅甸	1.57	塔吉克斯坦	0.01	卡塔尔	0.37
50	柬埔寨	0.06	孟加拉国	1.31	以色列	0.01	克罗地亚	0.35
51	爱沙尼亚	0.06	马其顿	1.30	新西兰	0.01	保加利亚	0.25
52	摩尔多瓦	0.06	韩国	1.30	巴拿马	0.01	马达加斯加	0.24
53	尼泊尔	0.05	罗马尼亚	1.26	巴勒斯坦	0.01	摩尔多瓦	0.18
54	菲律宾	0.05	柬埔寨	1.19	塞尔维亚	0.01	土库曼斯坦	0.16
55	保加利亚	0.04	菲律宾	1.18	斯洛文尼亚	0.00	巴勒斯坦	0.14
56	罗马尼亚	0.03	亚美尼亚	1.13	马其顿	0.00	菲律宾	0.13
57	马尔代夫	0.03	斯洛文尼亚	1.13	黑山	0.00	马其顿	0.11
58	韩国	0.02	尼泊尔	0.96	摩尔多瓦	0.00	黑山	0.08
59	亚美尼亚	0.02	保加利亚	0.94	克罗地亚	0.00	波黑	0.07
60	巴拿马	0.02	克罗地亚	0.84	文莱	0.00	塔吉克斯坦	0.04
61	埃塞俄比亚	0.02	马尔代夫	0.75	蒙古	0.00	文莱	0.04
62	斯洛文尼亚	0.01	巴拿马	0.74	乌兹别克斯坦	0.00	乌兹别克斯坦	0.03

（续）

排名	国家	进口量均值	国家	进口值均值	国家	出口量均值	国家	出口值均值
63	文莱	0.01	文莱	0.67	亚美尼亚	0.00	亚美尼亚	0.02
64	塞尔维亚	0.01	塞尔维亚	0.66	阿尔巴尼亚	0.00	阿尔巴尼亚	0.02
65	不丹	0.01	黑山	0.36	柬埔寨	0.00	蒙古	0.01
66	克罗地亚	0.01	波黑	0.35	波黑	0.00	柬埔寨	0.00
67	东帝汶	0.01	不丹	0.27	不丹	0.00	不丹	0.00
68	阿尔巴尼亚	0.01	阿尔巴尼亚	0.27				
69	老挝	0.00	埃塞俄比亚	0.20				
70	波黑	0.00	东帝汶	0.13				
71	黑山	0.00	马达加斯加	0.05				
72	马达加斯加	0.00	老挝	0.05				

注：本表数据根据 FAO 数据整理所得，其中 0 值是四舍五入保留两位小数后仍没有数字，这表示该值非常小。

根据各国茶贸易情况变动趋势分析：进出口值有所增长，进出口量活跃但有所波动。

13. 棉

棉花贸易以皮棉为代表进行分析。皮棉进口共收集 71 个国家数据，但有实值的仅 68 个国家，中国进口为第一，进口前六位的国家为中国、印度尼西亚、土耳其、韩国、泰国、俄罗斯。皮棉出口共收集 69 国数据，但有实值的仅 65 个国家，中国的皮棉出口量排名第七位，皮棉出口值排名第六位，前五名的国家有乌兹别克斯坦、印度、埃及、土库曼斯坦、巴基斯坦。中国为皮棉进口国（表 2－27）。

表 2－27　皮棉进出口排名

单位：万吨，百万美元

排名	国家	进口量均值	国家	进口值均值	国家	出口量均值	国家	出口值均值
1	中国	115.77	中国	1 837.50	乌兹别克斯坦	71.96	乌兹别克斯坦	930.93
2	印度尼西亚	27.56	印度尼西亚	443.54	印度	29.55	印度	461.47
3	韩国	25.67	土耳其	398.91	巴基斯坦	18.68	埃及	288.31
4	土耳其	25.50	韩国	395.62	土库曼斯坦	16.40	土库曼斯坦	210.18
5	俄罗斯	25.10	泰国	318.99	埃及	15.30	巴基斯坦	193.95
6	泰国	20.57	俄罗斯	280.00	土耳其	12.61	中国	148.09
7	孟加拉国	13.77	孟加拉国	206.24	中国	11.31	土耳其	138.13

（续）

排名	国家	进口量均值	国家	进口值均值	国家	出口量均值	国家	出口值均值
8	波兰	10.35	巴基斯坦	161.52	叙利亚	11.09	叙利亚	132.64
9	巴基斯坦	10.05	越南	146.17	塔吉克斯坦	8.92	塔吉克斯坦	113.32
10	印度	9.46	印度	129.59	哈萨克斯坦	8.06	哈萨克斯坦	91.15
11	越南	8.53	波兰	112.98	俄罗斯	4.01	以色列	48.56
12	罗马尼亚	5.98	罗马尼亚	81.61	伊朗	3.71	俄罗斯	38.31
13	匈牙利	5.03	马来西亚	70.13	以色列	2.93	伊朗	31.96
14	马来西亚	4.15	捷克	64.63	吉尔吉斯斯坦	2.68	吉尔吉斯斯坦	26.71
15	捷克	4.10	匈牙利	56.13	阿塞拜疆	2.61	阿塞拜疆	24.82
16	保加利亚	4.07	埃及	54.96	阿富汗	1.19	马来西亚	20.77
17	菲律宾	3.52	保加利亚	53.60	马来西亚	1.01	阿富汗	13.91
18	南非	3.27	菲律宾	43.48	新加坡	0.72	新加坡	9.75
19	埃及	2.81	南非	40.39	保加利亚	0.69	保加利亚	8.40
20	摩洛哥	2.27	摩洛哥	35.97	乌克兰	0.49	乌克兰	6.32
21	乌克兰	1.81	伊朗	27.28	捷克	0.49	捷克	6.20
22	白俄罗斯	1.56	白俄罗斯	21.90	阿联酋	0.42	阿联酋	6.03
23	爱沙尼亚	1.51	乌克兰	21.36	南非	0.38	也门	4.98
24	伊朗	1.25	爱沙尼亚	20.44	匈牙利	0.38	南非	4.54
25	新加坡	1.06	伊拉克	15.70	也门	0.38	摩洛哥	4.16
26	伊拉克	0.97	新加坡	14.44	缅甸	0.31	立陶宛	4.03
27	哈萨克斯坦	0.91	斯洛文尼亚	12.04	立陶宛	0.29	匈牙利	3.87
28	立陶宛	0.79	立陶宛	10.05	摩洛哥	0.29	爱沙尼亚	3.08
29	斯洛文尼亚	0.73	斯里兰卡	9.42	爱沙尼亚	0.28	韩国	2.96
30	斯里兰卡	0.65	哈萨克斯坦	9.29	伊拉克	0.25	埃塞俄比亚	2.66
31	斯洛伐克	0.52	斯洛伐克	8.20	埃塞俄比亚	0.20	印度尼西亚	2.47
32	巴林	0.48	阿联酋	7.33	韩国	0.18	缅甸	2.24
33	以色列	0.45	以色列	6.54	马达加斯加	0.16	马达加斯加	1.93
34	阿联酋	0.44	巴林	6.34	印度尼西亚	0.14	伊拉克	1.91
35	拉脱维亚	0.33	拉脱维亚	5.74	泰国	0.13	泰国	1.71
36	阿富汗	0.27	阿富汗	5.48	阿尔巴尼亚	0.10	斯洛伐克	1.61
37	马其顿	0.27	波黑	4.82	波兰	0.09	阿尔巴尼亚	1.22
38	克罗地亚	0.27	克罗地亚	4.58	斯洛伐克	0.08	波兰	1.21
39	黎巴嫩	0.25	马其顿	4.46	黎巴嫩	0.07	摩尔多瓦	1.20
40	波黑	0.24	埃塞俄比亚	2.82	摩尔多瓦	0.07	白俄罗斯	0.74
41	柬埔寨	0.19	阿尔巴尼亚	2.77	孟加拉国	0.06	拉脱维亚	0.73

（续）

排名	国家	进口量均值	国家	进口值均值	国家	出口量均值	国家	出口值均值
42	阿尔巴尼亚	0.18	黎巴嫩	2.73	拉脱维亚	0.06	孟加拉国	0.68
43	缅甸	0.16	塞尔维亚	2.69	白俄罗斯	0.05	格鲁吉亚	0.53
44	埃塞俄比亚	0.15	缅甸	2.31	柬埔寨	0.05	越南	0.47
45	吉尔吉斯斯坦	0.15	格鲁吉亚	2.27	越南	0.04	黎巴嫩	0.35
46	尼泊尔	0.15	尼泊尔	1.96	科威特	0.02	罗马尼亚	0.29
47	摩尔多瓦	0.15	吉尔吉斯斯坦	1.77	菲律宾	0.02	柬埔寨	0.28
48	沙特阿拉伯	0.14	柬埔寨	1.76	罗马尼亚	0.02	斯洛文尼亚	0.24
49	塞尔维亚	0.14	约旦	1.54	斯洛文尼亚	0.02	菲律宾	0.22
50	马达加斯加	0.10	马达加斯加	1.37	格鲁吉亚	0.01	波黑	0.14
51	约旦	0.10	乌兹别克斯坦	1.16	巴林	0.01	巴林	0.13
52	也门	0.08	沙特阿拉伯	1.02	老挝	0.01	巴勒斯坦	0.11
53	乌兹别克斯坦	0.08	也门	0.91	巴勒斯坦	0.01	马其顿	0.11
54	科威特	0.06	摩尔多瓦	0.86	波黑	0.01	克罗地亚	0.11
55	格鲁吉亚	0.04	亚美尼亚	0.40	斯里兰卡	0.01	约旦	0.10
56	亚美尼亚	0.03	阿塞拜疆	0.28	克罗地亚	0.01	斯里兰卡	0.09
57	阿塞拜疆	0.03	卡塔尔	0.15	尼泊尔	0.01	科威特	0.07
58	卡塔尔	0.01	东帝汶	0.14	蒙古	0.00	蒙古	0.06
59	蒙古	0.01	叙利亚	0.13	约旦	0.00	阿曼	0.06
60	巴拿马	0.01	科威特	0.12	马其顿	0.00	沙特阿拉伯	0.05
61	叙利亚	0.01	新西兰	0.09	沙特阿拉伯	0.00	尼泊尔	0.04
62	新西兰	0.00	文莱	0.08	塞尔维亚	0.00	塞尔维亚	0.04
63	文莱	0.00	阿曼	0.07	阿曼	0.00	卡塔尔	0.04
64	阿曼	0.00	巴拿马	0.06	新西兰	0.00	老挝	0.03
65	东帝汶	0.00	蒙古	0.05	卡塔尔	0.00	新西兰	0.02
66	巴勒斯坦	0.00	巴勒斯坦	0.04				
67	不丹	0.00	不丹	0.02				
68			黑山	0.00				

注：本表数据根据 FAO 数据整理所得，其中 0 值是四舍五入保留两位小数后仍没有数字，这表示该值非常小。

第三章 构建"一带一路"沿线国家农业国际竞争力评价指标体系

现代农业竞争力的研究已由产品之间的竞争转为产业链之间的竞争，是一国农业多环节产业链在国际市场上表现出来的综合竞争能力，覆盖生产端、流通环节和加工环节。本章基于对国内外农业竞争力文献进行整理和实证研究，采用比较优势和竞争优势理论，结合"一带一路"沿线国家的农业发展特点，构建包含农业竞争力现状和发展潜力两大类内容，覆盖农业生产、农产品、市场竞争力、要素竞争力和环境竞争力五大方面的评价指标体系。

第一节　国际竞争力的内涵

一、国际竞争力的定义

关于国际竞争力的探讨最早可以追溯到18世纪对于国际贸易的讨论，但是直到20世纪70年代末才明确提出关于国际竞争力的概念。20世纪70年代以来，随着全球化的加速发展和国际贸易的日益广泛，日本等国家经济快速发展，美国在钢铁、汽车等行业丧失了竞争优势，美国率先开始对国际竞争力进行研究，随后日本、法国以及其他欧洲国家也相继开始国际竞争力的研究，国际竞争力理论得到逐步的发展和完善。在与世界经济联系越来越密切的背景下，特别是加入世界贸易组织以来，我国也加大对国际竞争力的研究。其中，世界经济论坛（World Economic Forum，WEF）和瑞士洛桑国际管理发展学院（Institute for Management Development，IMD）是在此领域最有影响力的机构。欧盟委员会、经济合作与发展组织等组织和机构也相继提出关于国际竞争力的观点，也有学者发表了关于国际竞争力定义的看法。

1. 世界经济论坛（WEF）的定义

1985年世界经济论坛在其出版的《关于竞争力报告》中首次提出企业国际竞争力的概念，国际竞争力是指企业主目前和未来在各自的环境中以比他们国内和国外的竞争者更有吸引力的价格和质量来进行设计生产并销售货物以及提供服务的能力和机会。此后根据国际经济发展状况和国际形势变化，世界经济论坛又对其定义进行了多次修改和完善。

1989年起，IMD和WEF合作对世界各国或地区的国际竞争力进行测度，并对各国和地区的国际竞争力进行排名。1991年WEF和IMD联合发布《世界竞争力报告》时提出国际竞争力的概念：在世界范围内，一国企业设计、生产和销售产品与服务的能力，其价格和非价格特性比国内外竞争对手更具有市场吸引力。

1994年WEF和IMD更新概念为：一国或者公司在世界市场上均衡地生产出比其他竞争对手更多财富的能力。

1996年由于理念分歧，IMD与WEF结束合作，分开进行国际竞争力的研究。1997年WEF更新概念，认为国际竞争力是指一国实现人均国内生产总值持续高速增长的能力。这一时期国际竞争力的研究由企业层面转向国家层面，国家是国际竞争力的主体。

在2017年出版的《全球竞争力报告》中，WEF对于国际竞争力定义如下：国际竞争力是决定一个国家生产力水平的制度、政策以及要素的集合。生产力水平决定了经济可以达到的繁荣程度，也决定了投资在经济中的回报率，而投资在经济中的回报率反过来又是生产力水平的根本动因。也就是说，一个更具竞争力的经济体可能会随着时间的推移增长得更快。

2. 瑞士洛桑国际管理发展学院（IMD）定义

自1996年与WEF分开进行竞争力研究后，IMD于1997年开始编写《世界竞争力年鉴》。在其1997年的报告中，IMD将国际竞争力定义为：一国或一公司在国际市场上均衡地生产出比其竞争对手更多的财富的能力。

2017年IMD采用更广泛的关于竞争力的定义：一个国家在多大程度上可以创造一个使企业持续产生价值的环境的能力。

3. 波特对国际竞争力的定义

波特在其著作《国家竞争优势》中认为，国家的主要财富主要取决于本国的生产率和一国所能利用的单位物质资源。国际竞争力是指确保投入要素能够高效地使用和升级换代的一国经营环境和支持性制度。主要强调的是国家的生产率，在国家层面上，竞争力唯一意义就是国家生产力，并提出钻石理论揭示了在某一区域的某一特定领域影响生产率和生产率增长的各种因素，诸如信息、激励、竞争压力等。

4. 我国关于国际竞争力的定义

（1）中国国际竞争力研究课题组的定义

中国国际竞争力研究课题组于1996年成立，系统研究我国的国际竞争力，根据《世界竞争力报告》的方法对我国的国际竞争力进行了研究并出版《中国国际竞争力发展报告（1996）》，报告中将国际竞争力定义为：企业或者企业家们在各种环境中成功地从事经营活动的能力。2001年将其重新定义为：国际竞争力是在追求持续、最大限度地提高人民生活质量的目标下，通过竞争形成和促进一国的整体发展能力。

（2）狄昂照等的定义

1991年，狄昂照、吴明录等承担了国家科委的重大软课题“国际竞争力的研究”，并于1992年出版了我国第一部研究产业国际竞争力的专著——《国际竞争力》，在该书中，国际竞争力的定义为：在国际间自由贸易条件下（或排除了贸易壁垒的假设条件下），一国某特定产业的产品所具有的开拓市场、占据市场并以此获得利润的能力。

（3）张金昌的定义

张金昌认为竞争力就是竞争主体在竞争过程中所表现出来的力量，包含四层含义，一：竞争力是竞争主体间的相互较量、竞争；二：竞争力是指某个竞争主体的竞争力量；三：竞争力是对竞争对象的吸引力或者获取力；四：竞争力是竞争主体最终取得某种收益或利益的能力。将竞争力分为竞争主体、竞争对象与竞争结果等角度分析。

5. 其他定义

（1）欧盟委员会定义

2009年欧盟委员会对于竞争力的定义如下：一个国家和地区国民生活水平的持续上升和尽可能低水平的非自愿失业①。

（2）经济合作与发展组织定义

2005年经济合作与发展组织（经合组织，OECD）首次提出关于国际竞争力的概念：一国能在自由和公正的市场条件下生产产品和服务，而这些产品和服务既能满足国际市场的检验标准，同时又能长期保持和扩大该国人民的实际收入的能力。

为了方便对比，将不同组织对于国际竞争力的评价进行总结，详见表3-1。

表3-1　国际竞争力评价研究汇总表

作者或单位	含　义	资料来源
世界经济论坛（WEF）	国际竞争力是决定一个国家生产力水平的制度、政策以及要素的集合	《全球竞争力报告》（2017年）
瑞士洛桑国际管理发展学院（IMD）	一个国家在多大程度上可以创造一个使企业持续产生价值的环境的能力	《世界竞争力年鉴》（1997年）

① European Commission (2009), European Competitiveness Report 2008, European Commission, Brussels。

（续）

作者或单位	含　义	资料来源
波特	国家的主要财富主要取决于本国的生产率和一国所能利用的单位物质资源	《国家竞争优势》（1990年）
中国国际竞争力研究课题组	国际竞争力是在追求持续、最大限度地提高人民生活质量的目标下，通过竞争形成和促进一国的整体发展能力	《中国国际竞争力发展报告》（2001年）
狄昂照	在国际间自由贸易条件下（或排除了贸易壁垒的假设条件下），一国某特定产业的产品所具有的开拓市场、占据市场并以此获得利润的能力	《国际竞争力》（1992年）
张金昌	将竞争力分为竞争主体、竞争对象与竞争结果分析，竞争力是竞争主体间的相互较量、竞争；是指某个竞争主体的竞争力量；是对竞争对象的吸引力或者获取力；是竞争主体最终取得某种收益或利益的能力	《国际竞争力评价的理论和方法》（2002年）
欧盟委员会	一个国家和地区国民生活水平的持续上升和尽可能低水平的非自愿失业	
经济合作与发展组织	一国能在自由和公正的市场条件下生产产品和服务，而这些产品和服务既能满足国际市场的检验标准，同时又能长期保持和扩大该国人民的实际收入的能力	

二、国际竞争力的评价体系

1. WEF 国际竞争力评价体系

WEF 认为国际竞争力是指决定一个国家生产力水平的制度、政策以及要素的集合。以新古典经济增长理论、竞争优势理论等理论为基础进行指标的选取和测量，综合考虑促进生产力水平提高的制度、政策、要素多个因素。

1996 年 WEF 开始独立出版《全球竞争力报告》，综合分析各国和地区的全球竞争力指数（Global Competitiveness Index，GCI），1996 年采取的是国际竞争力综合指数、经济增长指数、市场增长指数组成的竞争力指数评价体系，1998 年、2000 年、2003 年三次更新评价体系，目前主要测度增长竞争力指数和当前竞争力指数，包括体制机构、基础设施、宏观经济环境、健康与初级教育、高等教育和培训、基础商品市场效率、劳动力市场效率、金融市场发展、技术指数、市场规模、商业成熟度、创新能力 12 个指数。WEF 主要采用定性指标，软指标占指标的绝大多数。

2. IMD 国际竞争力评价体系

IMD 认为国际竞争力是指一个国家在多大程度上可以创造一个使企业持续产生价值的环境的能力。侧重一国创造使企业有竞争力和人民拥有财富的环境的能力。其评价方法并不是一成不变的，随着时代的进步，IMD 国际竞争力评价体系也在不断完善发展。

1996 年与世界经济论坛分开进行国际竞争力研究后，IMD 自 1997 年开始编写《国际竞争力年鉴》，2001 年形成了涵盖 300 多个指标的四大因素的竞争力分析体系。其中四大因素分别是经济运行竞争力、政府效率竞争力、企业效率竞争力以及基础设施竞争力。在最终竞争力的核算中，基础设施竞争力占据 30%的比例，经济运行竞争力占 25%，政府效率竞争力占 23%，企业效率占 22%。利用国家四大竞争力的计算综合得出全球 60 多个国家和地区的竞争力排名。主要特点是采用 2/3 的硬指标和 1/3 的软指标，且硬指标权重大于软指标。

3. 波特竞争力评价体系

波特认为影响国家竞争力的因素主要有生产要素，需求条件，相关产业和支持产业的表现以及企业的战略、结构和竞争对手，这四个因素形成"钻石体系"以评价一国的国际竞争力。其中生产要素即一个国家在特定产业竞争中有关生产方面的表现，包括天然资源、地理位置等初级生产要素以及劳动者的专业技能、信息网络等高级生产要素，高级要素的优劣是一国国际竞争力强弱的主要决定因素；需求条件是指本国市场对于该项产业所提供的产品或者服务的需求状况，包括国内市场的大小与成长速度、国内市场的性质以及国内市场需求转化为国际市场需求的能力；相关产业和支持产业是指上下游企业以及相关产业等是否具有国际竞争力带来的效应；企业战略、结构和竞争对手即一个企业在地区的基础、组织和管理形态以及国内市场竞争对手的表现等。

波特认为由上述四个元素组成的钻石体系关系到一个国家的产业或者产业环节能否成功。但也不意味着属于该国的企业就都能成功。在国家环境和企业竞争力的关系上，还有"机会"和"政府"等两个变数。产业发展的机会通常需要等基础发明、技术、政治环境、战争等方面发生重大变革与突破，"机会"通常非企业甚至政府所控制的。构成整个竞争力体系的最后一部分是政府，政府的主要作用体现在政府对于钻石模型造成的作用，比如反托拉斯法对于国内竞争对手的崛起、法规可能改变国内市场的需求情形。钻石体系具体见图3-1。

4. 我国国际竞争力评价体系

(1) 狄昂照等建立的评价体系

狄昂照等（1992）对于国际竞争力的测度主要关注产品开拓市场、占据市

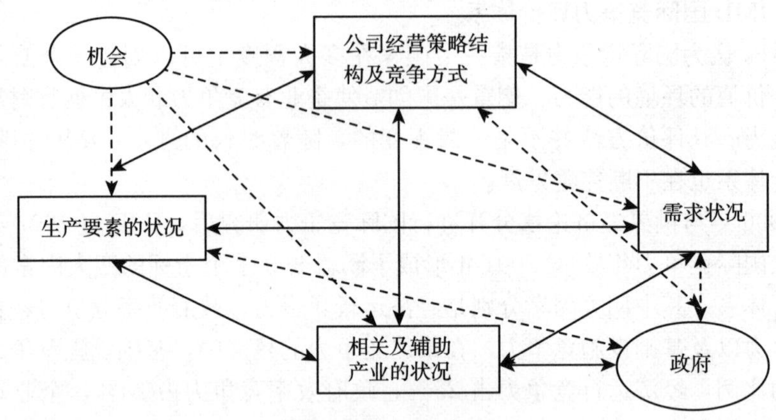

图 3-1　完整的钻石体系

场并以此获得利润的能力，并提出经济活力、工业效能、财政活力、人力资源、自然资源、对外经济活动活力、创新能力、国家干预八大因素，并设定了这些因素的评价指标进行了亚太地区国际竞争力的比较。

(2) 标杆测定法

张金昌（2002）采用标杆测定国际竞争力，标杆测定是指在全球范围内寻求最佳实践、确定最佳做法，并为自己提出改进方案的一种做法。不仅能够评价竞争力高低，还能找出竞争力高低的原因以及为了提高竞争力应当如何去做。标杆测定需要确定标杆测定的主题，测定的对象和内容，组成工作小组、确定工作计划，资料收集和调查，分析比较、找出差距、确定最佳做法，明确改进方向、制定实施方案，组织实施、并将实施情况不断与最佳做法进行比较、努力达到最佳水平、努力超越标杆对象。

(3) 因果分析模型

金碚（1997）提出了因果分析模型，反映竞争结果的指标主要是产品市场占有率、固定市场份额模型指标、显示性比较优势指数；反映原因的指标包括价格、质量、品牌、产品结构、市场营销等直接因素和成本、技术、经营管理、企业规模、资本实力等间接因素指标。

5. 其他评价方法

(1) 进出口数据法

利用一国或地区的进出口数据计算相应的指标对国家竞争力进行测算，波特“钻石体系”中实证部分采用的进出口数据为基础的竞争力测算方法。进出口数据法主要采用的指标包括：显示性比较优势指标（RCA）、贸易竞争指数（TC）、国际市场份额（MS）、贸易条件指数（TOT）、产业内贸易指数（IIT）、国内资源成本系数（DRC）以及等市场份额模型（CMS）。

（2）九因素模型

Dong-Sung Cho（2000）提出九因素估计法，将产业国际竞争力分为物理因素、人力因素和外部机遇。其中包括四种物理因素，即自然资源禀赋、商业环境、相关与支持产业、国内需求；三种人力因素，即工人、政治家和官僚，企业家、职业经理和工程师；外加一个外部偶然事件。

三、小结

国际竞争力目前得到了广泛的研究，对于国际竞争力的定义越来越广泛，尽管国内外对于国际竞争力的研究很多，但是这些研究普遍存在以下两个问题。第一，对国际竞争力的定义多种多样，未达成共识；第二，在衡量国际竞争力时采用了不同的指标，但是对各种评价指标本身的功能分析较少，以至于根据指标得出错误的结论[①]。

研究者希望，不再只局限于企业，而是综合考虑一个国家的整体发展能力；不再只考虑产品和服务，而是考虑产品、服务和国民生活水平；不仅是考察最后的经济状况，而是考虑影响其发展的制度、政策等。但目前对其概念仍然没有一个统一的定论。WEF对于国际竞争力测度能够促进生产力水平提高的能力，主要看中一国的制度和政策以及要素的集合，因此评价指标多是软性指标；IMD测度促进企业持续产生价值的环境，评价指标多采用硬指标；我国对于国际竞争力的测算差异较大，一部分仍然停留在对WEF和IMD的借鉴和介绍上。

由于对于国际竞争力概念本身的理解不同和测算的重点不同，对于国际竞争力体系指标的确立也存在很大的差异。从企业看，则是企业生产、销售产品和服务的能力；从国际贸易角度看，国际竞争力主要是比较优势的测度或者进出口贸易的测度；从国家角度看，主要是指提高国民生活水平的能力或者国家促进发展的环境的测度；从效率看，则是生产率和生产水平的测度。

第二节 国际竞争力的理论基础

一、外生比较优势理论

外生比较优势理论以国家间先天赋予的生产条件差别对贸易基础进行讨论，大卫·李嘉图（David Ricardo）的比较优势贸易理论和赫克歇尔-俄林（Heckscher & Ohlin）的资源要素禀赋理论是其代表理论。

1. 外生比较优势说

大卫·李嘉图在其1817年出版的代表作《政治经济学及赋税原理》中提

① 马丹．人民币实际汇率与中国国际竞争力问题研究［D］．上海复旦大学，2006。

出比较优势贸易理论，该理论认为国际贸易的基础并不局限于生产技术的绝对差别，只要各国之间存在着生产技术上的相对差别，就会出现生产成本和产品价格的相对差别，从而使各国在不同的产品上具有比较优势，每个国家应该生产并出口本国具有"比较优势"的产品，而进口"比较劣势"的产品，在此基础上国际分工和国际贸易成为可能，进而国家可以获得比较利益，具有产业国际竞争力。李嘉图的比较优势贸易理论弥补了亚当·斯密（Adam Smith）的绝对优势理论的缺陷，是外生比较优势理论产生和发展的前提。但是其自身也存在一些不足，主要表现在以下两方面，一是解释了劳动生产率的差别如何引起国际贸易，但是没有解释各国的劳动生产率存在差异的原因；二是认为各国根据比较优势原则进行完全专业化的生产，与现实状况不符，现实中很难找到一个国家在国际贸易中进行完全专业化的生产。

2. 资源要素禀赋理论

李嘉图比较优势的存在归结于生产技术的不同产生的结果，20 世纪初，赫克歇尔-俄林则从生产要素比例的差别的角度，用生产要素的丰缺来解释国际贸易产生的原因和国际竞争力产生的方式。赫克歇尔、俄林认为两国的要素禀赋不同、要素密集程度不同会导致成本的绝对差异，继而产生国家间的贸易。假定只有劳动力和资本两种生产要素，只有 X 和 Y 两种商品，且 X 是劳动密集型商品，Y 是资本密集型商品；只有 A 和 B 两个国家，且 A 国资本充裕，B 国劳动力充裕。两国具有相同的偏好，有同一组社会无差异曲线，则资本富裕的国家在资本密集型商品上具有比较优势，而劳动力充裕的国家在劳动力密集型商品上具有比较优势。因此，一国在进行贸易时应该出口本国富裕和便宜的生产要素生产的商品，进口本国缺乏和昂贵的生产要素生产的商品，该理论被称为"资源要素禀赋理论"，又称 H－O 理论、H－O 模型。资源要素禀赋理论克服了亚当·斯密和李嘉图贸易模型中的不足，认为劳动力、资本、土地以及其他生产要素也都在生产中起了重要作用并影响到劳动生产率和生产成本，国际贸易的基础是生产资源配置或者要素禀赋上的差别。

根据外生比较优势理论的分析，产业国际竞争力的差别主要来源于本国在生产技术和资源要素方面的优势。在假定生产技术、资源要素不能进行跨国流动的基础上，各国拥有的先天优势决定了国家的产业竞争力状况。

二、内生比较优势理论

内生比较优势理论假定国家之间不具有与生俱来的差别，而从规模优势、专业化分工以及技术创新等角度探讨比较优势的来源和产业国际竞争力不同的原因。强调的是比较优势的内生性和动态性。

亚当·斯密在《国民财富的性质和原因的研究》（1776 年）中提出国际分

工与自由贸易理论，认为每一个国家都有其适于生产某些特定产品的绝对有利的生产条件，通过专业化生产和交换可以节约劳动转换的时间、发明新的生产工具以及通过“干中学”提高劳动熟练技能，会对所有交换国家都有利，便形成了“绝对优势理论”。根据斯密的定义，比较优势取决于人们对于分工和专业化的选择，这是一种内生的比较优势，因此“绝对优势理论”是内生比较优势理论的起源。在该理论的支持下，斯密主张各国应根据自身优势条件，生产最有优势的产品，以发挥本国绝对优势。

2001 年以杨小凯为代表的经济学家对传统贸易理论进行了重新思考，创立了新兴古典经济学。杨小凯的内生比较优势理论可以概括为新兴古典贸易理论和新兴古典增长模型两个部分。其中，新兴古典贸易理论从专业化和分工分析了比较优势的产生。由于分工的存在，减少了工人重复学习的成本，工人生产经验不断增加，规模报酬递增，因此分工后的总生产力水平大于自给自足水平。基于分工带来生产率差异的内生比较优势能够随着分工发展而不断演进，进一步成为推动一国贸易发展和经济增长的持续动力源泉。1991 年杨小凯和博兰（Yang & Borland）在新兴古典增长模型中引入熟能生巧概念，内生比较优势可以通过熟能生巧即经验积累人为创造出来，刚开始进行分工时，每个人都没有太多经验，生产率极低，也不能负担专业化和分工造成的交易成本，主要是自给自足状态；随着工人经验的增长，生产率提高，开始从事一定程度的专业化活动；随后，生产率更进一步提高，专业化程度更高。即比较优势取决于专业化分工带来的收益与成本之间的对比，当专业化分工的成本小于收益，比较优势较小；随着分工的不断加深，比较优势产生。与规模经济不同，杨小凯认为这种由于个人分工和专业化的发展而后天创造的比较优势具有重要意义，是产业国际竞争力的来源。

内生比较优势理论从规模经济、技术进步、分工与专业化等角度分析了国家产业国际竞争力的来源不仅依靠国家先天拥有的外生比较优势，还通过后天的专业化学习、投资创新以及经验积累等人为创造出来，强调的是规模报酬递增、不完全竞争、技术创新和经验积累的理论，后天产生和发展的内生比较优势更是国家产业竞争力产生的原因，对于国家制定贸易政策、发挥内生比较优势具有重要的指导意义。

三、新贸易理论

此后学者逐渐突破了国际竞争的产业视角，将研究重点放在跨国企业等新型主体上，从供给、需求、技术差距论等不同角度分析了国际贸易的动因与基础，包括规模经济性和不完全竞争市场结构下的企业的垄断竞争行为，需求与产品差异等内容，逐渐形成“新贸易理论”。

M. V. 波斯纳（M. V. Posner）认为除了劳动和资本投入的差别外，存在着技术投入上的差别。当一国率先掌握某种技术并研发出新产品，国家可以利用技术领先优势向其他国家出口新产品；随着国家间的贸易日益加深，其他国家也因为技术合作、跨国公司对外直接投资等途径掌握此项技术，并可以生产出替代产品，从而减少进口；并可以凭借低廉的劳动力等优势生产低成本产品反过来向技术领先国家出口，到此，技术领先国家丧失全部利润。但是，在此项技术传播的过程中，技术领先国家也在进行新产品的研发和生产，制造出其他技术领先产品，继续同上一产品相同的传播过程，周而复始。

1966年，R. 弗农（Raymond Vernon）提出产品生命周期理论，把技术变化作为国际贸易的一个重要决定因素，指出由于在产品的不同阶段需要不同的生产要素等导致技术水平不同的国家在不同产品的不同阶段拥有不同的比较优势，即随着产品及其生产技术的生命周期演进，国家间比较优势呈现出动态转移的特点，因此国际贸易格局和方向也发生相应的变化。一般来说，在产品研发阶段，需要大量的研究与开发工作和高技术人才，发达国家具有技术与人才优势；当产品标准化之后，不再需要技术人才，需要熟练工人生产，因此拥有大量劳动力的欠发达国家具有优势，而发达国家此时的产品市场份额会减少、利润降低，会停止生产，转而从欠发达国家进口。生命周期理论表明，欠发达国家在生产技术已经成熟的产品领域具有国际竞争力。

1989年，保罗·克鲁格曼（Paul Krugman）提出规模优势理论，认为要素禀赋的差异并不是促进国家比较优势的唯一因素，比较优势不是外生的，并引入"干中学"将比较优势内生化。即使不存在要素禀赋差异，一国通过专业化生产可以获得规模报酬递增带来的规模优势。该理论用内在规模经济（单个企业的规模经济）和外在规模经济（整个行业扩大所带来的成本下降）揭示了发达国家之间的产业内贸易，认为在国内市场达到规模经济的情况下，产品出口开拓了国外市场；产量的增加使产品的平均成本降低，增加了国际市场的竞争力。因此，任何国家都不可能也没必要发展所有行业的生产，一国可以通过有选择地暂时性保护一些具有发展潜力的产业并形成专业化，从而使本国在这些产业内具有比较优势，规模经济效应会形成良性循环，获得规模报酬递增效应，规模经济的发展是国家获得产业竞争力的来源。规模经济理论还认为，一国可以通过补贴、进口限制等使国内有成本优势的产品的生产达到国际市场竞争所要求的规模，然后取消补贴或进口限制，就有可能建立产品在国际市场上的竞争优势，为国家实施出口补贴、关税等提供依据。但实施国家很快也遭受了批评，例如美国以提高本国竞争力为由，采取过多干预政策影响了正常贸易秩序，遭到了创始人克鲁格曼的批评。

新贸易理论主要强调一国的国际竞争力并不是一成不变的，随着产品的生命周期的不同会发生变化，起初不具有比较优势的国家有可能会逐渐获得比较优势，这一理论为发展中国家参与国际分工以及引导产业升级等提供了理论支持。

四、竞争优势理论

20 世纪 50 年代以来，在科技发展和经济全球化的不断影响下，资源禀赋对经济发展的作用逐渐减弱，一些发达国家不具有比较优势的产业在国际竞争中仍具有很强的竞争力。在此背景下，波特在分析多国案例的基础上，系统地从竞争优势角度进行了国际竞争力的探讨。他认为随着国际形势的变化，“比较优势不足以解释产业强国的大多数产业现象，新的竞争优势理论必须从比较优势的观念提升到‘国家’竞争优势层面”，一个国家的竞争优势不一定是看整个国民经济，而主要看该国有无独特的产业或者产业群体。并提出了钻石理论，钻石理论主要由生产要素，需求条件，相关产业和支持性产业，企业战略、结构和竞争对手四要素以及机会和政府两个辅助因素组成，系统地描绘竞争环境。在钻石模型中的关键要素可以形成系统动力、自我强化的钻石体系，进而带动国家竞争优势。但是一个国家的成功并非来自某一产业的成功，而是纵横交织的产业集群，这些产业集群弥补并提供竞争优势，反映一国的经济发展状况。

之后，相关学者不断对钻石模型进行改进和发展，随着全球化和经济一体化的推进，Dunning（1993）提出将跨国经营纳入钻石模型；Rugman 和 Cruz（1993）在对加拿大国际竞争力的研究中，考虑到国内“母国钻石”的局限性，构建了“双重钻石模型”，Moon（1998）等人之后逐渐将其扩展为适应各小国的一般化钻石模型。

与以往产业国际竞争力理论不同，钻石模型的主要区别点在于，第一：对于产业国际竞争力的影响因素分析是一个复杂的系统分析，不再局限于一个或者多个因素的集合。第二：是一个双向强化系统，其中任何一项因素的效果必然会影响到另一项的状态。钻石模型对于企业建立积极进取的创新机制具有启迪作用，同时系统地阐述了政府在提高产业国际竞争力中的作用，对于政府积极实行有利于提高国家产业竞争力的政策有重要的指引作用。

五、小结

比较优势理论较为看重生产要素对产业国际竞争力的作用，从资源禀赋静态研究认为国家比较优势是天生的，到生产要素丰裕度的细化分析和动态研究认为比较优势是可以后天发展的，竞争力理论不断完善和发展，也验证了人类社会经济发展的历史进程：最开始主要投入自然资源，随着生产过程的复杂化和要素投入的增加以及各要素在生产过程中地位的变化，更多投入资本、技术、知识等复杂要素并逐渐占据主导地位。随后新贸易理论的产生进一步强调了国际竞争力的动态变化，起初不具有比较优势的国家有可能会逐渐获得比较优势，为发展中国家参与国际分工以及引导产业升级等提供了理论支持。钻石模型则系统地论述一个国家如何形成整体的优势，提高国际竞争力。

根据本章第一节和第二节的分析发现，目前对于国际竞争力的定义和测算方法都没有比较统一的结论，但是在进行国际竞争力测算前，必须对国际竞争力的定义和测算方法有一个明确的认识。在综合分析了国内外学者关于国际竞争力的理论之后，本书选择根据当前经济发展趋势并结合农业的特殊性以及数据指标可得性等，综合学者对于竞争力的评价指标体系，建立一个能尽可能有说服力的竞争力评价指标体系。对于国际竞争力的测算体系建立以及具体指标的设定见本章第五节。

第三节　农业国际竞争力的定义和特点分析

在农业国际竞争力的经济学理论研究中，由于农业自身的特殊性以及分析角度的差异等原因，学者们对于农业国际竞争力的理解不一，不同的学者对于农业国际竞争力都有一套独特的认识和分析体系，至今没有形成一套统一的分析体系。同时，目前对于农业国际竞争力的研究不足，其理论成果较少。本节主要从农业国际竞争力的定义及其影响因素角度进行分析，总结影响农业国际竞争力的因素，以便于后期建立农业国际竞争力评价指标体系。

一、农业国际竞争力的定义

现代农业竞争力的研究已由产品之间的竞争转为产业链之间的竞争，是一国农业多环节产业链在国际市场上表现出来的综合竞争能力，覆盖生产端、流通环节和加工环节。农业国际竞争力可以从农业生产效率、农产品成本、农产品质量、农产品价格、国际贸易环境、生产技术、生产者素质、满足消费需求程度、农业政策等多方面表现出来。

本书中一国的农业国际竞争力是指在自由和公平的市场条件下，一国以其相对于他国更高的农业生产率，生产出更多的具有竞争优势的农产品，并持续地获得盈利的能力。一国农业的比较经济实力（即比较劳动生产率）应是该国农业国际竞争力的本质，或称为一国的农业基础竞争力。而农产品的国际竞争力是一国农业国际竞争力的具体表现。农业的基础竞争力，最终要通过农产品的市场竞争力来体现。因此可以将农业国际竞争力分为两部分理解，一部分为农业基础竞争力，是隐性的竞争力；一部分是农产品竞争力，是显性竞争力。

将农业国际竞争力归纳为两个部分，一部分是农产品的价格因素，即相同的农产品在国际市场上的价格低则竞争力大；一部分是非价格因素，即农产品的品质、品种、品牌、产地、营销等。品质好、品种多、品牌受欢迎、产地有保障、营销能力强的产品具有竞争力①。

二、农业国际竞争力的特点

本书对于农业国际竞争力的分析主要根据波特的钻石模型并结合农业再生产的特点来进行。主要从农业生产竞争力、农产品竞争力、农业市场竞争力、农业要素竞争力以及农业环境竞争力五个方面进行分析。其中农业要素竞争力是指农业生产所需要的土地、水资源等初级生产要素和生产技术等现代要素的竞争力。农业环境竞争力主要指农业发展所处的国家政治生态环境。

（1）高度依赖于自然资源是农业国际竞争的重要特点，农业生产的对象是有生命的动植物个体，生产过程受到地区气候、土壤、水源等资源条件的限制，这也是造成各国、各地区农产品品种和质量差异的首要原因。自然资源是地区先天拥有的，农业生产者乃至政府是难以改变的。因此不同于工业的地区资源禀赋无差异，农业国际竞争存在着无法忽视的先天差异。

（2）农业国际竞争力与生产技术及效率的差异联系密切。从精耕细作的小农户农业到规模化生产的大农场农业，农业的生产效率不同，对于农业国际竞争力产生很大的影响。美国、日本以及欧洲各国等农业大国基础设施完善、劳动力素质高、科学技术支持等大大提高了农业的生产效率，而在非洲、中亚等贫穷地区所面临的初始条件如基础设施建设不完善、建设昂贵等困难严重阻碍了农业的发展。Timmer 指出 18 世纪及之前农业是国家收入的重要来源。随着生产效率的变化，农业的份额发生了变化，在贫穷的国家，农业仍然是国家经济重要来源之一，是国民赖以生存的生活来源；在富裕国家农业的份额减少，农民只是劳动力的一小部分，农业对总体经济的相对重要性下降。可见农业生产效率对农业国际竞争力的重要影响。

（3）农业相关产业的发展对于农业国际竞争力具有重要影响。20 世纪以来，农业不仅仅是用作粮食生产，同时也发展了相关产业，例如能源领域、旅游产业。高能源价格和生物燃料作物农业的“游戏改变者”对于农业的发展具有重要的影响。休闲农业与乡村旅游目前也在兴起，特别是在发达国家，对于改变农业生产效率、避免农业陷入贫困陷阱发挥了不容忽视的作用。

（4）农业国际竞争力与政府的农业政策有很大的关系。农业是一国的基础产业，农业健康发展是国民生活的保障，也是维护国家安全的需要。农业具有

---

① 陈卫平．农业国际竞争力影响因素分析［J］．江西社会科学，2002（7）：207-208。

弱质性的特点，需要政府基于支持和保护目的促进农业的发展。一方面，国家为农业提供财政补贴、政策支持保障农业的基础设施完善、劳动力数量稳定以及素质提高、科技水平发展等，是农业能够得到稳定健康发展的重要原因。另一方面，在国际贸易中，农业高级保护主义障碍也是大国保护本国农业发展的措施。为自己的农民保留了世界农业消费越来越大的份额，阻碍了小国农业的发展。

第四节　农业国际竞争力指标体系

一、已有研究回顾与评述

20世纪后半叶开始，国内外学者开始研究农业国际竞争力，从多个角度对农业产业的国际竞争力进行测算，学者们关于农业竞争力评价的研究较为丰富，其中农业国际竞争力指标类别包含了农业价格竞争力、质量竞争力、信誉竞争力、品牌竞争力和出口竞争力等方面，指标制定的出发点多为反映农业国际竞争力结果、生产要素成本、资源配置效率、贸易扭曲程度、农业技术水平、农业经营水平（如经营主体水平、经营规模大小、产业关联程度、农业制度）等。农业国际竞争力研究情况见表3-2。

表3-2　农业国际竞争力研究情况整理

学　者	一级指标	二级指标
陈卫平，赵彦云（2005）	农业规模、效益、基础、结构、现代化、成长、特色竞争力（7大类38个指标）	各产值、生产率、收入、优势指数、耕地面积、非文盲人口占比、投资强度、科研强度、自然灾害面积占比、多样化指数、乡镇企业增加值、非农从业人员比重、加工机械动力、龙头企业数量、有效灌溉、农业机械、用电、施肥、柴油、农药使用量、人力资本支出占比、投资总额、增加值、机械总动力、科技三项支出增长率、劳动密集型、土地密集型农产品生产集中度 、农产品商品率、利用外资额、外向度指数等
游士兵，肖加元（2005）	农业生产要素条件、农产品需求状况、农业经营主体竞争力、相关产业发展状况、机制竞争力因素（5大类18个具体指标）	劳动力数量、有效灌溉面积、水库总库容量、农业机械总动力、化肥施用量；农林牧副渔总产值、占本国GDP的比重、农民收入、粮食人均占有量；单个劳动力粮食产量、人均经营耕地面积、谷类作物单产、人均经营山地面积；年末农业生产性固定资产原值、农村用电量；农业R&D支出比重、每万户村民委员会个数、水土流失治理面积
赵美玲，王述英（2005）	显示竞争力、产品、要素和环境竞争力（4大类40个指标）	农业生产、市场、价格、质量、信誉、资源、资本、技术、人力资本、基础设施、相关产业、制度、市场和生态环境等

（续）

学　者	一级指标	二级指标
漆雁斌（2007）	农业生产力、市场、技术、资本竞争力	农业总产值、增加值、增加值率，劳动生产率，费用收入率；市场占有率、销售率、外销率、国际市场相对占有率；农业技术人员总额、投入强度，综合开发投入总额、投入强度；农业/农村固定资产投资总额、人均农业固定资产投资额
赵树宽，刘冠宏（2013）	国家安全保障力、国际市场竞争力、可持续发展力	
刘秀琴，黄耀斌（2014）	生产竞争力、技术竞争力、市场竞争力、资本竞争力	
侯彦明，郭振（2016）	农业资源状况、农业经济增长、农业产业化经营程度、农业现代化程度、农业可持续发展力	自然资源、水资源、劳动力结构和劳动力的综合素质、生态环境；农业经济发展规模，经济发展总量和农业经济的结构与效益、农业投入和产出的比例；农业集群；科技投入
叶兴庆（2017）	价格竞争力、基础竞争力、政策竞争力、产业链竞争力、品质竞争力	降低价格扭曲程度、成本投入、效益效率、农业技术投入、基础设施投入、农产品加工业与农业产值比、农民参与和分享的机制、质量标准、品牌认证、休闲观光、乡村休闲旅游产值

二、研究方法

使用较广泛的有成本效益法（程国强，2001），除此之外如指标综合评价法、竞争结果评价法、影响因素剖析法、全要素生产率（TFP）法和标杆法，具体测算及模型如下：

①比较成本优势的国内资源成本法（ Domestic Resource Cost，DRC）；

②计算成本最小化的空间均衡模型（ Spatial Equilibrium Model，SEM）；

③衡量农产品在国际市场上整体竞争力变化趋势和出口增长源泉的等市场份额模型；

④GTAP 全球贸易分析模型；

⑤NPC 名义保护系数，指一国某商品国内价格与世界参考价格的比例。

三、具体指标体系

通过科学的原则选取考量指标，考虑到数据的可得性与可靠性，本书构建指标体系时，将"一带一路"沿线国家农业国际竞争力作为一级指标，一级指标下分为6个二级指标，二级指标下再细分19个三级指标。本研究基于前人的研究、"一带一路"沿线国家的农业发展特点，采用比较优势和竞争优势理论，构建包含农业国际竞争力现状和发展潜力两大类内容的体系，其中竞争力现状从农业生产、农产品、市场竞争力三个方面入手，发展潜力主要从要素竞争力和环境竞争力两方面展开，具体指标见表3-3。

表3-3 指标体系构建

一级指标	二级指标	三级指标	计　算
"一带一路"沿线国家农业国际竞争力	农业生产竞争力	农业效益、效率竞争力	土地产出率—单产
	农产品竞争力	农产品价格	生产者价格
	农业市场竞争力	国际市场占有率	各国农业出口总额/世界农产品出口总额
		贸易竞争力指数（*TC*）	某类农产品净出口/某类农产品贸易总额
		显示性比较优势指数（*RCA*）	某类农产品出口总值占该国出口总值的份额/世界该类农产品出口总值占世界出口总值份额
	农业要素竞争力	资源	农业水资源；农业用地面积
		技术	拖拉机使用数量；农药消耗量
	农业环境竞争力	政策环境	财政用于农业的支出；农业科技支出
		生态环境	森林覆盖率；土壤退化程度；表层土的平均碳含量；遭遇干旱、洪水和极端气温人口占总人口的百分比

第四章 “一带一路”沿线国家农业国际竞争力的测算

通过对“一带一路”沿线各国农业国际竞争力的测算和分析，能够详细总结出各国主要农产品相对比较优势，在此基础上为各国农业生产的总量调整和结构调整提供参考意见，进而整合“一带一路”沿线国家农业生产要素布局，为各国农户和企业与世界各国开展农产品贸易、积极参与国际合作与竞争、扬长避短提出针对性的引导。本章基于联合国粮农组织（FAO）、世界银行（WB）等国际组织的公开数据，分别对沿线国家农业生产竞争力、农产品竞争力、农业市场竞争力、农业要素竞争力和农业环境竞争力等进行测算，为未来“一带一路”沿线国家的农业交流提供精确的科学依据。

第一节　农业生产竞争力

取1961—2016年各国家种植业单产均值，“一带一路”沿线国家的蔬菜和瓜类单产最高，其次为水果（除瓜类）、谷物类。从谷物的单产情况看，排名前五位的国家是科威特、埃及、斯洛文尼亚、韩国、新西兰。从蔬菜和瓜类的单产情况看，排名前五位的国家是科威特、亚美尼亚、乌兹别克斯坦、韩国、以色列。从水果（除瓜类）的单产情况看，排名前五位的国家是科威特、巴拿马、以色列、伊拉克、新西兰（表4-1）。

表4-1　1961—2016年“一带一路”沿线国家种植业年每公顷单产情况

单位：吨

序号	谷物		蔬菜和瓜		水果（除瓜类）	
	国家	重量	国家	重量	国家	重量
1	科威特	6.10	科威特	39.14	科威特	65.97
2	埃及	5.39	亚美尼亚	27.02	巴拿马	39.14
3	斯洛文尼亚	5.33	乌兹别克斯坦	26.82	以色列	23.90

（续）

序号	谷物		蔬菜和瓜		水果（除瓜类）	
	国家	重量	国家	重量	国家	重量
4	韩国	5.32	韩国	24.14	伊拉克	19.40
5	新西兰	5.21	以色列	23.24	新西兰	18.36
6	克罗地亚	5.06	约旦	22.79	波兰	17.41
7	捷克	4.73	埃及	22.08	埃及	15.87
8	斯洛伐克	4.29	土耳其	21.94	南非	15.72
9	匈牙利	4.13	波兰	21.47	马来西亚	14.67
10	卡塔尔	3.87	克罗地亚	20.88	黎巴嫩	13.02
11	其他国家	123.37	其他国家	721.90	其他国家	412.09

资料来源：联合国粮农组织，电子文件和网站。

第二节　农产品竞争力

本研究选取的价格指标为生产者价格，生产者价格是指“生产成本加合理利润”或“生产成本加基本收益”，能够较好地体现农产品供给所耗费的成本与补偿水平，是农产品进入市场的基础价格（收购价格），也是各国粮食价格政策（如我国的粮食最低保护价和临时收储价政策）制定的依据。本研究通过计算 1995—2016 年各国农产品平均生产者价格与沿线国家均值的差额，对其差额进行排序，当一国的生产者价格高于沿线均值时，差额越大表明其国内该类农产品的供给耗费成本较大，而当其差额为负值，差额越小表明该国生产某类农产品的耗费成本越小，竞争力越大。

1. 稻米

“一带一路”沿线国家中，孟加拉国、尼泊尔等南亚国家，老挝、泰国等东南亚国家均为主要的稻米生产国，区域热带、亚热带气候在稻米生产上具有极大的气候优势，因此稻米生产价格“一带一路”沿线国家具有较大的竞争力；而独联体国家中的白俄罗斯，地属温带大陆性气候，不适宜稻米的耕种，稻米主要依赖进口且数量较少，稻米价格高出“一带一路”沿线国家均值的 1 709.97美元/吨；中国稻米生产由于生产规模细碎化，生产成本较高，在“一带一路”沿线国家中处于中等水平。

2. 小麦

“一带一路”沿线国家中，小麦生产者价格具有相对竞争优势的国家有白俄罗斯等独联体国家，哈萨克斯坦等中亚国家，捷克、立陶宛、拉脱维亚等中东欧16国，这三个区域中，独联体、中亚地域面积广阔，中东欧气候温和、土壤肥沃，且拥有充沛的地表水和地下水，农业生产资源丰富，小麦生产整体成本较低；而也门、巴勒斯坦等西亚国家，自然环境较为恶劣，且多年处于战乱中，小麦生产成本较高，价格在“一带一路”沿线国家中竞争力较差；中国近些年由于农业生产资源数量减少、质量下降，小麦生产成本较高，小麦价格与“一带一路”沿线国家的平均价格几乎持平。

3. 玉米

“一带一路”沿线国家中，拉脱维亚、爱沙尼亚、黑山等中东欧国家，摩尔多瓦、俄罗斯等独联体国家及乌克兰具有较好的价格优势，因为这些国家玉米供给较为充足，尤其是乌克兰，国内拥有黑土高产田，适宜农作物的生长，近些年随着单产提高以及种植面积扩大，2008—2013年产量从1 144.7万吨增至3 095万吨，年均增长22%，乌克兰超过印度和墨西哥成为世界第五大玉米生产国①。中国虽作为主要的玉米生产国之一，但也是国际主要的玉米进口国，由于国内玉米生产成本不断增加，加之临时收储政策的推动，玉米价格竞争优势较弱，与国际市场存在较大的价差。

4. 牛奶

“一带一路”沿线的中亚、中东欧、独联体以及南亚等地区国家均为主要的牛奶供应国。乌兹别克斯坦等中亚国家地广人稀、草场面积大、光热资源丰富，具有悠久的畜牧业发展传统，畜牧业肉、奶类产品供应充足，随着政府对畜牧业项目的支持，2014年乌兹别克斯坦国家的牛奶产量超过840万吨，相比上一年增长7%②，充足的牛奶供应量使得牛奶价格在“一带一路”沿线国家中居于首位。东南亚国家柬埔寨，牛奶价格低于“一带一路”沿线国家平均值的450.58美元/吨，这与政府加大对乳制品行业的扶持有较大关系。俄罗斯、乌克兰2015年原料奶产量占世界总产量的6.02%、2.28%③，南亚的印度原料奶产量占世界总产量的12.96%，因此以上区域的大部分国家牛奶价格均低于“一带一路”沿线国家牛奶价格的平均值。而西亚的伊拉克、卡塔尔、也门等国家，干旱的气候和战乱环境导致牛奶价格远远高于“一带一路”沿线国家牛奶价格的平均值。

5. 大豆

“一带一路”沿线国家中，独联体的摩尔多瓦、中亚的哈萨克斯坦和中东欧的黑山，三国的大豆生产者价格竞争力处于前三位，价格上的竞争优势主要来源于三个国家的大豆生产力，温和湿润的气候、广阔肥沃的耕地为大豆生产

① http：//www.hljagri.gov.cn/scxx/scfx/201612/t20161229_701708.htm。

② http：//www.yaou.cn/news/201504/02/15124.html。

③ http：//www.chyxx.com/industry/201511/361418.html。

提供了优越的条件，近些年中国也逐渐通过中哈合作种植大豆[①]、开辟哈萨克斯坦向中国出口大豆的通道[②]，保障国内大豆的需求。塔吉克斯坦地处中亚，但国土面积较小，经济发展处于中亚5国最低水平，国内主要农产品、农业机械设备等均依赖进口，国内生产大豆成本较高，大豆生产者价格高于“一带一路”沿线国家大豆平均价格的395.47美元/吨。

6. 牛肉

“一带一路”沿线国家中，牛肉价格最具竞争力的前两个国家为印度和斯里兰卡，两国均为亚洲的牛肉主产国，其中印度1993—2016年牛肉年平均产量为99.123 9万吨，占亚洲牛肉总产量的8.59%，国内充足的牛肉供给保证牛肉价格处于较低水平。乌克兰、中东欧的拉脱维亚、东亚的蒙古也是肉牛的主要产地，牛肉价格水平具有较大的竞争优势。而东南亚的新加坡、文莱的牛肉价格远远高于“一带一路”沿线国家的牛肉平均价格，两个国家均位于世界富裕国家之列，人民生活水平较高，国内牛肉产量较少，但品质较高，如文莱每年从澳大利亚进口活肉牛，在国内进行饲养、屠宰和销售，并建立了一个受到许多伊斯兰国家推崇的优质清真认证（Halal）品牌[③]。

7. 鸡肉

“一带一路”沿线国家中，东亚的蒙古国鸡肉价格比沿线国家均值低1 757.65美元/吨，价格竞争力水平排名第一，其次为中东欧的马其顿与捷克，这两个国家由于拥有大量的玉米供给，在家禽的饲养上能够提供充足、价格低廉的饲料，因此鸡肉的价格在“一带一路”沿线国家中具有较大的竞争优势；中亚的土库曼斯坦、塔吉克斯坦的鸡肉主要依赖于从欧盟和美国进口，2016年土库曼斯坦的家禽进口额为792万美元，占其国内动物产品进口的7.2%[④]，因此在鸡肉价格上不具有竞争力，高于“一带一路”沿线国家鸡肉平均价格的2 245.96美元/吨。

8. 猪肉

“一带一路”沿线国家中，南亚的印度、斯里兰卡猪肉价格与沿线国家均值的差额超过1 300美元/吨；其次是越南，猪肉生产者价格的竞争优势居于第三位，越南是世界上饲养业较为发达的国家之一，畜禽养殖数量巨大，近些年出口范围逐渐由中国扩展到韩国、日本、俄罗斯和东欧等。

9. 羊肉

“一带一路”沿线国家中，东亚的蒙古、中亚的土库曼斯坦及中东欧的斯

---

① http：//www.mofcom.gov.cn/aarticle/i/jyjl/m/200912/20091206707069.html。

② http：//www.cnjidan.com/news/875519/。

③ http：//beltandroad.zaobao.com/beltandroad/analysis/story20160502－612164。

④ https：//atlas.media.mit.edu/en/profile/country/tkm/。

洛伐克等国适宜畜发展牧业，羊肉供给量较充足，羊肉生产者价格在沿线国家中具有较大的竞争优势。中国、土耳其、伊朗、印度四国的羊肉生产量位于世界前十，但土耳其、伊朗国内对羊肉的需求量极大，使得两国的羊肉价格高于沿线国家羊肉价格均值。中国的羊肉进口量也较大，居于世界前5位，羊肉价格水平处于"一带一路"沿线国家的中等水平。巴勒斯坦、以色列、约旦三个西亚国家羊肉价格竞争力位于最后三位，地区冲突使得国内羊肉的供给量有限，需求量较大，供需矛盾导致羊肉价格常年居高不下。

第三节 农业市场竞争力

一、贸易竞争力指数 TC

贸易竞争力指数（Trade Competitive，简称 TC）是指通过一国某产品的进出口差额与其进出口总额的比值来测算该产品及其所在行业的竞争力。

$$TC_k = \frac{X_k - M_k}{X_k + M_k}$$

X_k 为 k 产品的出口额，M_k 为 k 产品的进口额。

当$TC_k > 0$ 时，该国为 k 产品的净出口国，贸易优势较强。

当$TC_k < 0$ 时，该国为 k 产品的净进口国，贸易优势较差。

1. 水稻

水稻 TC 共收集 59 国数据，中国水稻 TC 贸易竞争力指数仅为 0.07，虽然出口大于进口，但优势微弱。绝大多数国家对于水稻贸易呈现出口小于进口的情况，TC 值为负。但其中，泰国、巴基斯坦、越南竞争优势明显，尤其泰国水稻贸易竞争力指数 TC 几乎等于最大值 1，巴基斯坦也达到 0.99，具有很强的水稻贸易竞争力。水稻贸易竞争力低的国家主要有：埃塞俄比亚、伊朗、亚美尼亚、阿尔巴尼亚、叙利亚、伊拉克、东帝汶、黑山，TC 值均小于等于 −0.99（表 4－2）。

表 4－2 水稻进出口分析

单位：万吨，百万美元

排名	国家	水稻进口量均值	水稻进口值均值	水稻出口量均值	水稻出口值均值	进口值/进口量	出口值/出口量	出口值−进口值	水稻TC
1	泰国	0.39	3.68	455.63	1559.85	9.33	3.42	1556.17	1.00
2	巴基斯坦	0.48	3.55	138.96	521.86	7.35	3.76	518.31	0.99
3	越南	28.01	59.65	183.56	608.68	2.13	3.32	549.03	0.82
4	尼泊尔	7.32	20.48	11.23	28.28	2.80	2.52	7.80	0.16

（续）

排名	国家	水稻进口量均值	水稻进口值均值	水稻出口量均值	水稻出口值均值	进口值/进口量	出口值/出口量	出口值—进口值	水稻TC
5	柬埔寨	6.95	19.61	10.50	27.18	2.82	2.59	7.57	0.16
6	哈萨克斯坦	1.02	5.58	2.72	7.54	5.46	2.77	1.96	0.15
7	中国	75.36	296.03	133.10	337.62	3.93	2.54	41.58	0.07
8	保加利亚	1.93	6.42	1.03	6.59	3.32	6.39	0.17	0.01
9	乌兹别克斯坦	3.20	7.53	1.31	6.60	2.35	5.03	−0.92	−0.07
10	立陶宛	1.03	4.98	0.24	1.31	4.81	5.46	−3.67	−0.58
11	俄罗斯	32.35	102.63	5.41	25.69	3.17	4.75	−76.94	−0.60
12	罗马尼亚	5.26	18.40	0.66	4.25	3.50	6.41	−14.14	−0.62
13	塔吉克斯坦	0.90	4.27	0.18	0.80	4.76	4.46	−3.47	−0.68
14	新加坡	27.84	100.85	3.98	17.51	3.62	4.40	−83.33	−0.70
15	爱沙尼亚	0.35	2.26	0.06	0.37	6.43	6.06	−1.89	−0.72
16	斯洛文尼亚	0.91	6.45	0.20	0.90	7.09	4.41	−5.56	−0.76
17	摩洛哥	0.62	3.62	0.18	0.49	5.83	2.69	−3.13	−0.76
18	拉脱维亚	0.51	3.30	0.05	0.33	6.48	6.49	−2.97	−0.82
19	斯洛伐克	3.09	16.79	0.29	1.65	5.43	5.74	−15.14	−0.82
20	巴拿马	1.19	5.91	0.17	0.58	4.99	3.39	−5.33	−0.82
21	波兰	8.02	80.16	2.90	7.54	10.00	2.60	−72.62	−0.83
22	巴林	3.30	19.60	0.40	1.83	5.95	4.52	−17.78	−0.83
23	乌克兰	6.61	21.02	0.38	1.73	3.18	4.53	−19.29	−0.85
24	土耳其	14.41	59.19	0.83	4.65	4.11	5.57	−54.54	−0.85
25	斯里兰卡	22.46	45.05	0.51	3.37	2.01	6.54	−41.68	−0.86
26	匈牙利	2.92	11.55	0.16	0.74	3.95	4.67	−10.81	−0.88
27	吉尔吉斯斯坦	1.29	5.03	0.05	0.31	3.91	6.29	−4.72	−0.88
28	马达加斯加	11.67	35.08	0.94	2.09	3.01	2.23	−32.99	−0.89
29	科威特	9.42	71.61	0.52	3.55	7.60	6.77	−68.07	−0.91
30	也门	14.96	68.46	0.51	3.32	4.57	6.53	−65.13	−0.91
31	阿曼	8.04	49.94	0.49	2.28	6.22	4.66	−47.67	−0.91
32	黎巴嫩	3.54	15.95	0.14	0.70	4.51	4.90	−15.24	−0.92
33	白俄罗斯	2.49	11.45	0.06	0.44	4.60	6.97	−11.01	−0.93
34	南非	36.72	134.33	1.00	5.07	3.66	5.07	−129.27	−0.93
35	印度尼西亚	99.46	297.88	3.66	10.95	2.99	2.99	−286.93	−0.93

（续）

排名	国家	水稻进口量均值	水稻进口值均值	水稻出口量均值	水稻出口值均值	进口值/进口量	出口值/出口量	出口值—进口值	水稻TC
36	格鲁吉亚	0.58	2.68	0.01	0.10	4.64	6.69	−2.58	−0.93
37	文莱	2.18	12.71	0.09	0.45	5.82	4.89	−12.26	−0.93
38	约旦	7.28	37.88	0.23	1.17	5.20	5.08	−36.70	−0.94
39	韩国	23.88	100.24	0.88	2.86	4.20	3.26	−97.37	−0.94
40	不丹	1.53	3.92	0.02	0.10	2.56	4.43	−3.82	−0.95
41	塞尔维亚	1.32	9.43	0.04	0.23	7.15	5.82	−9.20	−0.95
42	波黑	0.48	3.23	0.01	0.08	6.77	6.68	−3.15	−0.95
43	孟加拉国	45.40	98.09	0.35	1.81	2.16	5.13	−96.27	−0.96
44	克罗地亚	0.92	6.50	0.03	0.12	7.11	4.75	−6.38	−0.96
45	卡塔尔	3.73	25.75	0.08	0.44	6.90	5.75	−25.31	−0.97
46	阿塞拜疆	2.07	6.77	0.01	0.08	3.27	6.13	−6.69	−0.98
47	马来西亚	47.04	167.04	0.42	1.88	3.55	4.49	−165.16	−0.98
48	新西兰	1.71	11.86	0.01	0.13	6.94	9.25	−11.73	−0.98
49	沙特阿拉伯	51.64	343.15	0.62	3.58	6.64	5.76	−339.57	−0.98
50	以色列	6.32	29.26	0.04	0.27	4.63	6.47	−28.99	−0.98
51	蒙古	1.11	3.95	0.01	0.03	3.57	5.01	−3.92	−0.98
52	黑山	0.13	1.36	0.00	0.01	10.86	10.41	−1.35	−0.99
53	东帝汶	2.72	7.45	0.00	0.04	2.74	53.88	−7.40	−0.99
54	伊拉克	48.72	205.47	0.24	0.91	4.22	3.87	−204.56	−0.99
55	叙利亚	12.51	56.60	0.03	0.20	4.52	6.53	−56.40	−0.99
56	阿尔巴尼亚	1.47	7.20	0.01	0.02	4.89	2.91	−7.18	−0.99
57	亚美尼亚	1.33	5.79	0.00	0.02	4.35	8.45	−5.77	−0.99
58	伊朗	57.64	309.95	0.13	0.46	5.38	3.63	−309.49	−1.00
59	埃塞俄比亚	3.00	16.18	0.00	0.01	5.40	6.80	−16.17	−1.00

注：本表数据根据 FAO 数据整理，进出口数据不完整的国家未纳入分析。

主要原因是在中国的粮食安全战略中，水稻作为主粮满足基本自给，但由于中国人口众多、土地资源有限，所以也没有太多的水稻出口。而作为水稻贸易竞争力优势国的泰国、巴基斯坦、越南，都位于热带、亚热带地区，且水系发达、水资源丰富，利于水稻生长。而水稻贸易竞争力低的国家，其水热条件都比较缺乏、自然条件相对不利于水稻生长，还有的国家受到战争和政局动荡的影响，这些都使水稻生产量低、水稻贸易基本依赖于进口。

2. 小麦

小麦TC共收集55国数据，中国的小麦进口依赖度较高，贸易竞争力指数TC为-0.96，接近最小值-1。原因是中国虽然是小麦产量最大国家，但由于人口众多和饮食消费偏好使小麦的需求也大，对小麦的消费量也是最大，因而进口远大于出口。塞尔维亚、哈萨克斯坦、乌克兰、立陶宛具有较强的小麦贸易竞争力。其中，塞尔维亚竞争优势明显。小麦贸易竞争力低的国家有：亚美尼亚、韩国、孟加拉国、塔吉克斯坦、科威特、泰国、摩洛哥、卡塔尔等（表4-3）。

表4-3 小麦进出口分析

单位：万吨，百万美元

排名	国家	小麦进口量均值	小麦进口值均值	小麦出口量均值	小麦出口值均值	进口值/进口量	出口值/出口量	出口值一进口值	小麦TC
1	塞尔维亚	0.12	0.51	35.96	87.17	4.22	2.42	86.66	0.99
2	哈萨克斯坦	13.49	27.89	377.83	589.02	2.07	1.56	561.13	0.91
3	立陶宛	6.52	11.88	56.62	136.94	1.82	2.42	125.06	0.84
4	乌克兰	36.46	54.34	380.28	613.14	1.49	1.61	558.79	0.84
5	克罗地亚	2.01	3.86	15.25	29.91	1.91	1.96	26.06	0.77
6	保加利亚	13.48	18.84	61.33	111.35	1.40	1.82	92.51	0.71
7	俄罗斯	215.49	295.20	705.84	1 289.10	1.37	1.83	993.90	0.63
8	拉脱维亚	9.36	21.08	35.09	90.16	2.25	2.57	69.08	0.62
9	斯洛伐克	5.54	13.11	18.90	55.21	2.37	2.92	42.10	0.62
10	爱沙尼亚	3.38	4.63	5.11	12.86	1.37	2.52	8.23	0.47
11	罗马尼亚	37.51	66.01	74.59	142.80	1.76	1.91	76.79	0.37
12	沙特阿拉伯	26.15	75.11	35.78	42.22	2.87	1.18	−32.89	−0.28
13	叙利亚	36.16	62.68	18.99	31.01	1.73	1.63	−31.67	−0.34
14	尼泊尔	1.11	2.10	0.31	0.86	1.88	2.80	−1.24	−0.42
15	蒙古	5.43	11.02	2.24	4.29	2.03	1.91	−6.73	−0.44
16	波兰	138.84	174.38	27.68	59.12	1.26	2.14	−115.27	−0.49
17	土耳其	112.06	249.14	59.57	69.70	2.22	1.17	−179.44	−0.56
18	斯洛文尼亚	12.71	23.45	2.40	5.33	1.84	2.22	−18.12	−0.63
19	南非	51.33	95.56	11.39	19.32	1.86	1.70	−76.23	−0.66
20	巴基斯坦	112.55	188.12	16.41	35.75	1.67	2.18	−152.36	−0.68
21	乌兹别克斯坦	88.97	132.33	6.20	13.23	1.49	2.13	−119.10	−0.82
22	阿曼	13.56	33.06	1.22	3.22	2.44	2.65	−29.83	−0.82
23	新加坡	18.21	31.34	1.32	2.02	1.72	1.53	−29.32	−0.88

（续）

排名	国家	小麦进口量均值	小麦进口值均值	小麦出口量均值	小麦出口值均值	进口值/进口量	出口值/出口量	出口值－进口值	小麦TC
24	伊朗	210.44	375.34	6.84	15.96	1.78	2.33	－359.38	－0.92
25	约旦	39.62	78.62	0.29	2.94	1.98	10.00	－75.68	－0.93
26	波黑	25.11	51.21	0.69	1.67	2.04	2.43	－49.54	－0.94
27	文莱	0.01	0.04	0.00	0.00	4.29	3.33	－0.04	－0.95
28	阿尔巴尼亚	14.46	26.05	0.40	0.60	1.80	1.51	－25.45	－0.96
29	中国	672.02	1 108.32	16.61	24.37	1.65	1.47	－1 083.95	－0.96
30	柬埔寨	1.70	3.67	0.07	0.08	2.16	1.14	－3.59	－0.96
31	巴林	3.34	7.51	0.07	0.13	2.25	2.00	－7.38	－0.97
32	黎巴嫩	34.41	56.01	0.38	0.94	1.63	2.44	－55.08	－0.97
33	吉尔吉斯斯坦	27.87	46.37	0.30	0.73	1.66	2.45	－45.65	－0.97
34	斯里兰卡	55.40	107.42	0.41	1.36	1.94	3.29	－106.06	－0.98
35	越南	52.36	129.92	0.05	1.54	2.48	30.89	－128.37	－0.98
36	伊拉克	152.46	334.53	3.15	3.91	2.19	1.24	－330.62	－0.98
37	埃塞俄比亚	92.29	253.87	0.55	2.74	2.75	4.99	－251.13	－0.98
38	新西兰	17.49	38.08	0.45	0.38	2.18	0.83	－37.70	－0.98
39	黑山	2.58	7.10	0.04	0.07	2.75	1.56	－7.04	－0.98
40	不丹	1.04	1.59	0.02	0.01	1.52	0.82	－1.57	－0.98
41	印度尼西亚	265.02	590.54	1.43	3.87	2.23	2.70	－586.68	－0.99
42	马来西亚	81.91	151.75	0.36	0.93	1.85	2.57	－150.82	－0.99
43	白俄罗斯	51.36	74.36	0.20	0.34	1.45	1.67	－74.01	－0.99
44	阿塞拜疆	80.86	152.60	0.28	0.62	1.89	2.25	－151.98	－0.99
45	马达加斯加	3.10	6.71	0.00	0.03	2.17	20.00	－6.69	－0.99
46	也门	95.65	204.67	0.58	0.76	2.14	1.31	－203.92	－0.99
47	以色列	81.33	148.69	0.15	0.39	1.83	2.71	－148.30	－0.99
48	卡塔尔	4.01	10.73	0.01	0.02	2.68	3.12	－10.70	－1.00
49	摩洛哥	180.17	354.83	0.43	0.78	1.97	1.80	－354.05	－1.00
50	泰国	47.02	114.97	0.04	0.17	2.45	3.80	－114.81	－1.00
51	科威特	16.59	34.20	0.01	0.03	2.06	3.26	－34.17	－1.00
52	塔吉克斯坦	40.44	53.97	0.04	0.04	1.33	1.04	－53.93	－1.00
53	孟加拉国	153.28	246.74	0.07	0.12	1.61	1.75	－246.62	－1.00
54	韩国	268.07	489.41	0.01	0.05	1.83	3.55	－489.36	－1.00
55	亚美尼亚	33.47	64.14	0.00	0.00	1.92	3.29	－64.14	－1.00

注：本表数据根据FAO数据整理，进出口数据不完整的国家未纳入分析。

中国小麦贸易竞争力指数低，主要是因为人均资源紧张等问题。在小麦贸易中，中国长期以进口为主，除了2006—2008年中国小麦处于贸易顺差状态，其余时间都处于贸易逆差状态。但近年来，中国的小麦进口量逐年降低，小麦的生产和进出口贸易量更趋于合理。对于小麦贸易竞争力优势国，塞尔维亚、哈萨克斯坦、乌克兰、立陶宛，这些国家气候和地形条件适合小麦生长，具有明显的竞争优势。对于小麦贸易竞争力低的国家，一方面是气候、土地等自然条件对小麦生产的影响，另一方面是对粮食贸易的战略选择不同。

3. 玉米

在玉米进出口贸易方面共收集55国数据，中国虽然进出口量都很大，但总进口值高于出口值，处于竞争劣势，TC值为－0.34。玉米贸易方面较有优势的国家有塞尔维亚、老挝、泰国、匈牙利、乌克兰。玉米贸易竞争力低的国家有韩国、巴拿马、孟加拉国、伊朗、叙利亚、沙特阿拉伯、科威特、马来西亚等（表4－4）。

表4－4　玉米进出口分析

单位：万吨，百万美元

排名	国家	玉米进口量均值	玉米进口值均值	玉米出口量均值	玉米出口值均值	进口值/进口量	出口值/出口量	出口值—进口值	玉米TC
1	塞尔维亚	0.34	9.46	127.23	281.90	27.70	2.22	272.43	0.94
2	老挝	0.09	0.37	6.01	7.53	3.93	1.25	7.16	0.91
3	泰国	8.15	12.42	114.45	139.13	1.52	1.22	126.71	0.84
4	匈牙利	6.33	20.06	101.62	211.35	3.17	2.08	191.28	0.83
5	乌克兰	10.80	65.12	314.05	651.50	6.03	2.07	586.37	0.82
6	南非	33.34	44.20	160.69	220.50	1.33	1.37	176.30	0.67
7	柬埔寨	0.14	1.75	5.04	4.16	12.15	0.83	2.41	0.41
8	克罗地亚	3.63	11.22	10.72	23.42	3.09	2.18	12.20	0.35
9	斯洛伐克	5.82	33.22	20.34	58.43	5.70	2.87	25.21	0.28
10	罗马尼亚	38.71	72.04	58.65	113.37	1.86	1.93	41.33	0.22
11	新西兰	0.54	1.55	1.17	2.39	2.90	2.04	0.84	0.21
12	巴基斯坦	1.41	9.44	3.96	10.26	6.69	2.59	0.82	0.04
13	保加利亚	18.86	34.49	20.20	35.41	1.83	1.75	0.93	0.01
14	吉尔吉斯斯坦	0.42	0.52	0.09	0.40	1.24	4.18	－0.13	－0.14
15	格鲁吉亚	1.28	4.15	1.02	2.65	3.24	2.59	－1.51	－0.22
16	俄罗斯	75.58	149.78	34.41	73.80	1.98	2.14	－75.98	－0.34
17	中国	399.33	654.54	279.36	319.08	1.64	1.14	－335.45	－0.34

（续）

排名	国家	玉米进口量均值	玉米进口值均值	玉米出口量均值	玉米出口值均值	进口值/进口量	出口值/出口量	出口值一进口值	玉米TC
18	波兰	54.06	81.53	15.13	36.78	1.51	2.43	−44.75	−0.38
19	马达加斯加	0.39	1.62	0.48	0.66	4.14	1.38	−0.95	−0.42
20	哈萨克斯坦	2.94	4.54	1.04	1.65	1.54	1.59	−2.88	−0.47
21	新加坡	20.09	24.53	6.78	8.77	1.22	1.29	−15.76	−0.47
22	阿尔巴尼亚	2.48	4.38	0.97	1.42	1.77	1.47	−2.96	−0.51
23	斯洛文尼亚	20.29	38.31	4.39	11.36	1.89	2.59	−26.96	−0.54
24	埃塞俄比亚	2.73	8.89	1.00	2.63	3.26	2.62	−6.26	−0.54
25	立陶宛	5.43	11.57	0.84	2.41	2.13	2.89	−9.16	−0.65
26	波黑	11.99	23.79	2.17	4.91	1.98	2.27	−18.88	−0.66
27	土耳其	50.61	98.18	3.49	13.61	1.94	3.90	−84.57	−0.76
28	越南	28.79	66.61	3.99	5.56	2.31	1.39	−61.05	−0.85
29	印度尼西亚	57.45	118.30	7.72	8.81	2.06	1.14	−109.50	−0.86
30	拉脱维亚	1.37	3.67	0.08	0.25	2.68	2.96	−3.42	−0.87
31	爱沙尼亚	1.76	2.83	0.11	0.18	1.61	1.60	−2.65	−0.88
32	尼泊尔	3.79	7.51	0.35	0.41	1.98	1.19	−7.10	−0.90
33	也门	11.59	25.31	0.53	1.32	2.18	2.51	−23.99	−0.90
34	阿富汗	0.31	0.78	0.01	0.03	2.55	5.85	−0.75	−0.92
35	伊拉克	10.95	16.32	0.56	0.71	1.49	1.28	−15.61	−0.92
36	黎巴嫩	18.41	30.71	0.84	1.22	1.67	1.45	−29.49	−0.92
37	约旦	24.82	48.28	0.54	1.33	1.95	2.47	−46.95	−0.95
38	阿曼	4.18	9.91	0.10	0.25	2.37	2.42	−9.66	−0.95
39	黑山	1.31	3.21	0.03	0.08	2.46	2.23	−3.13	−0.95
40	以色列	51.41	86.23	0.46	1.89	1.68	4.10	−84.34	−0.96
41	不丹	0.37	0.58	0.01	0.01	1.55	1.12	−0.57	−0.96
42	白俄罗斯	16.63	36.89	0.14	0.54	2.22	3.84	−36.35	−0.97
43	卡塔尔	1.12	2.53	0.01	0.04	2.27	4.47	−2.49	−0.97
44	斯里兰卡	4.13	6.78	0.05	0.07	1.64	1.29	−6.71	−0.98
45	文莱	0.45	0.92	0.00	0.01	2.03	2.16	−0.91	−0.98
46	摩洛哥	51.54	102.65	1.08	0.93	1.99	0.86	−101.72	−0.98
47	巴林	0.01	1.80	0.00	0.01		4.00	−1.79	−0.98
48	马来西亚	139.82	234.10	0.50	1.02	1.67	2.04	−233.08	−0.99

（续）

排名	国家	玉米进口量均值	玉米进口值均值	玉米出口量均值	玉米出口值均值	进口值/进口量	出口值/出口量	出口值－进口值	玉米TC
49	科威特	6.41	11.26	0.02	0.03	1.76	1.45	−11.23	−1.00
50	沙特阿拉伯	68.43	139.80	0.05	0.19	2.04	3.74	−139.62	−1.00
51	叙利亚	40.47	72.67	0.06	0.09	1.80	1.46	−72.57	−1.00
52	伊朗	117.45	238.73	0.06	0.23	2.03	3.70	−238.51	−1.00
53	孟加拉国	13.60	29.57	0.00	0.01	2.17	3.33	−29.56	−1.00
54	巴拿马	12.20	23.03	0.00	0.01	1.89	7.14	−23.02	−1.00
55	韩国	450.86	742.03	0.00	0.06	1.65	13.50	−741.97	−1.00

注：本表数据根据FAO数据整理，进出口数据不完整的国家未纳入分析。

中国的玉米贸易竞争力低，虽然中国的玉米产量和库存都不少，但玉米的价格并不具有比较优势，还在从国际市场进口价格较低的玉米。近年来，中国已经逐步调整玉米的补贴政策，使玉米生产面积有一定量的减少，且玉米价格逐渐降低，向国际市场靠拢，但仍有一定差距，进口量仍大于出口量。玉米贸易优势国塞尔维亚、老挝、泰国、匈牙利、乌克兰具有良好的资源条件，而塞尔维亚数据从2006年开始，较其他国家数据区间新，显得更有竞争力。玉米贸易竞争力低的国家中，韩国的逆差最大，其次是中国、伊朗、马来西亚，进口依赖度高。

4. 豆类（干豆）

干豆贸易共收集50国数据，中国具有较强竞争力，TC指数为0.77。其中，吉尔吉斯斯坦豆类贸易实力强大，为最大值1。在干豆贸易中，埃塞俄比亚、泰国、马达加斯加竞争力也较强。干豆贸易竞争力弱的国家有亚美尼亚、格鲁吉亚等（表4－5）。

表4－5　干豆进出口分析

单位：万吨，百万美元

排名	国家	干豆进口量均值	干豆进口值均值	干豆出口量均值	干豆出口值均值	进口值/进口量	出口值/出口量	出口值－进口值	干豆TC
1	吉尔吉斯斯坦	0.01	0.03	3.22	19.18	4.12	5.95	19.14	1.00
2	埃塞俄比亚	0.22	1.29	5.36	30.09	5.97	5.61	28.80	0.92
3	泰国	0.33	2.36	9.20	36.14	7.11	3.93	33.78	0.88
4	马达加斯加	0.05	0.31	0.92	3.78	6.62	4.10	3.47	0.85
5	柬埔寨	0.02	0.08	0.35	0.64	3.62	1.83	0.55	0.77

（续）

排名	国家	干豆进口量均值	干豆进口值均值	干豆出口量均值	干豆出口值均值	进口值/进口量	出口值/出口量	出口值—进口值	干豆TC
6	中国	6.98	28.08	38.53	212.26	4.02	5.51	184.18	0.77
7	乌克兰	0.02	0.24	0.12	0.63	12.58	5.30	0.38	0.44
8	波兰	0.33	3.30	0.40	3.39	10.08	8.42	0.09	0.01
9	叙利亚	0.22	2.27	0.14	1.87	10.16	13.07	−0.40	−0.10
10	保加利亚	0.83	3.98	0.78	3.14	4.81	4.04	−0.84	−0.12
11	拉脱维亚	0.04	0.07	0.01	0.06	1.74	4.10	−0.02	−0.12
12	匈牙利	0.48	4.07	0.54	2.90	8.54	5.38	−1.16	−0.17
13	土耳其	2.09	16.85	1.57	10.22	8.05	6.50	−6.63	−0.24
14	新加坡	1.87	7.97	1.16	4.44	4.27	3.81	−3.53	−0.28
15	立陶宛	0.07	0.55	0.04	0.29	8.09	7.34	−0.27	−0.32
16	斯洛伐克	0.35	2.68	0.13	1.31	7.56	10.19	−1.37	−0.34
17	伊朗	1.14	7.32	0.82	3.43	6.41	4.17	−3.89	−0.36
18	尼泊尔	0.17	0.72	0.09	0.27	4.34	2.98	−0.45	−0.46
19	阿尔巴尼亚	0.23	1.51	0.06	0.54	6.56	9.41	−0.97	−0.47
20	摩洛哥	0.24	1.97	0.09	0.62	8.29	6.91	−1.35	−0.52
21	印度尼西亚	3.79	17.28	0.90	5.02	4.56	5.60	−12.26	−0.55
22	新西兰	0.36	2.87	0.04	0.75	8.06	16.86	−2.12	−0.59
23	罗马尼亚	1.30	5.26	0.31	1.31	4.04	4.15	−3.95	−0.60
24	巴基斯坦	4.53	19.59	1.21	4.81	4.33	3.99	−14.79	−0.61
25	南非	3.47	16.98	0.64	3.04	4.90	4.73	−13.94	−0.70
26	卡塔尔	0.06	0.38	0.01	0.06	6.93	11.62	−0.32	−0.73
27	哈萨克斯坦	0.10	0.93	0.04	0.13	9.08	2.97	−0.80	−0.75
28	斯洛文尼亚	0.25	2.75	0.03	0.33	10.89	11.80	−2.42	−0.79
29	巴拿马	0.22	1.65	0.03	0.18	7.45	5.41	−1.47	−0.80
30	阿塞拜疆	0.07	0.28	0.01	0.03	3.92	3.61	−0.25	−0.81
31	黎巴嫩	0.41	3.62	0.05	0.38	8.88	7.33	−3.24	−0.81
32	不丹	0.02	0.11	0.00	0.01	6.50	4.61	−0.10	−0.82
33	约旦	0.21	1.69	0.02	0.14	8.07	6.54	−1.54	−0.84

（续）

排名	国家	干豆进口量均值	干豆进口值均值	干豆出口量均值	干豆出口值均值	进口值/进口量	出口值/出口量	出口值－进口值	干豆TC
34	沙特阿拉伯	0.34	2.37	0.03	0.18	6.87	5.91	−2.19	−0.86
35	阿曼	0.02	0.38	0.00	0.03	17.60	9.46	−0.35	−0.87
36	黑山	0.08	0.38	0.00	0.02	4.87	8.81	−0.36	−0.91
37	巴林	0.07	0.52	0.00	0.02	7.49	6.28	−0.50	−0.92
38	波黑	0.59	3.92	0.01	0.15	6.61	10.77	−3.77	−0.93
39	马来西亚	3.00	13.08	0.10	0.48	4.36	4.70	−12.60	−0.93
40	孟加拉国	0.31	1.12	0.00	0.04	3.62	10.50	−1.08	−0.93
41	斯里兰卡	1.18	4.39	0.01	0.14	3.73	13.28	−4.25	−0.94
42	科威特	0.13	1.04	0.00	0.02	8.10	10.77	−1.02	−0.96
43	白俄罗斯	0.04	0.42	0.00	0.01	9.64	7.76	−0.41	−0.96
44	俄罗斯	1.65	10.11	0.00	0.20	6.12		−9.90	−0.96
45	以色列	0.70	4.44	0.01	0.09	6.31	8.71	−4.35	−0.96
46	塞尔维亚	1.20	9.66	0.02	0.16	8.06	8.13	−9.50	−0.97
47	韩国	2.41	11.35	0.05	0.18	4.71	3.39	−11.17	−0.97
48	也门	2.78	14.93	0.04	0.16	5.37	4.48	−14.77	−0.98
49	格鲁吉亚	0.36	2.38	0.00	0.01	6.58	8.22	−2.37	−0.99
50	亚美尼亚	0.03	0.24	0.00	0.00	7.91	10.00	−0.24	−0.99

注：本表数据根据FAO数据整理，进出口数据不完整的国家未纳入分析。

中国的干豆贸易顺差最大，贸易竞争力指数为0.77，也比较高，由于干豆对田间照料等小农化生产的要求较高，符合中国农业生产的特色，故中国能具有相对较强的贸易竞争力。干豆贸易竞争力优势国吉尔吉斯斯坦、埃塞俄比亚、泰国、马达加斯加在总量上并不突出，主要是进出口比较中以出口为主，更具有优势。而干豆贸易竞争力弱的国家也是由于交易量低，进口显得更多，处于竞争劣势。

5. 马铃薯

马铃薯贸易方面共收集60国数据，中国具有一定的竞争力，马铃薯贸易竞争力指数为0.62。而新西兰、埃塞俄比亚、南非的马铃薯贸易竞争力较强，但总体上各国的贸易竞争力优势并不明显。马铃薯贸易竞争力弱的国家有土库曼斯坦、斯里兰卡、伊拉克等（表4-6）。

表 4-6 马铃薯进出口分析

单位：万吨，百万美元

排名	国家	进口量均值	进口值均值	出口量均值	出口值均值	进口值/进口量	出口值/出口量	出口值—进口值	马铃薯TC
1	新西兰	0.00	0.01	1.91	4.63	6.41	2.42	4.62	1.00
2	埃塞俄比亚	0.00	0.04	1.50	3.97	7.79	2.64	3.93	0.98
3	南非	0.21	0.34	2.10	5.56	1.59	2.65	5.22	0.88
4	不丹	0.14	0.23	1.23	1.81	1.63	1.47	1.58	0.77
5	吉尔吉斯斯坦	0.18	0.37	1.82	2.70	2.10	1.48	2.33	0.76
6	巴基斯坦	0.81	2.38	6.31	12.24	2.92	1.94	9.86	0.67
7	中国	2.52	5.85	11.58	25.18	2.32	2.17	19.32	0.62
8	伊朗	1.44	2.79	5.45	11.55	1.94	2.12	8.76	0.61
9	白俄罗斯	0.95	2.59	6.86	10.20	2.72	1.49	7.61	0.59
10	以色列	1.56	8.12	7.61	24.98	5.19	3.28	16.85	0.51
11	土耳其	0.85	5.19	7.87	11.61	6.09	1.48	6.42	0.38
12	波兰	3.96	12.00	27.80	21.65	3.03	0.78	9.65	0.29
13	阿塞拜疆	5.26	5.78	3.31	9.87	1.10	2.98	4.09	0.26
14	叙利亚	1.67	5.80	2.62	9.79	3.47	3.74	3.99	0.26
15	摩洛哥	3.48	11.77	5.95	15.29	3.38	2.57	3.52	0.13
16	印度尼西亚	0.59	3.45	2.41	4.18	5.89	1.73	0.73	0.10
17	孟加拉国	0.31	1.58	0.66	1.60	5.10	2.41	0.02	0.01
18	马达加斯加	0.01	0.02	0.01	0.01	1.51	1.55	0.00	−0.11
19	立陶宛	1.04	3.98	0.82	2.79	3.84	3.41	−1.19	−0.18
20	黎巴嫩	5.19	17.98	7.91	11.07	3.46	1.40	−6.90	−0.24
21	柬埔寨	0.01	0.02	0.00	0.01	2.50	3.85	−0.01	−0.27
22	沙特阿拉伯	5.05	13.19	2.39	5.96	2.61	2.49	−7.23	−0.38
23	匈牙利	3.67	6.32	3.01	2.72	1.72	0.90	−3.61	−0.40
24	爱沙尼亚	0.37	0.92	0.16	0.39	2.50	2.48	−0.53	−0.41
25	塞尔维亚	1.10	5.39	1.36	2.16	4.91	1.58	−3.23	−0.43
26	新加坡	3.38	8.71	1.41	3.33	2.58	2.36	−5.38	−0.45
27	拉脱维亚	0.62	1.84	0.22	0.66	2.96	3.02	−1.18	−0.47
28	约旦	2.42	7.61	0.68	2.49	3.14	3.65	−5.12	−0.51
29	斯洛文尼亚	1.98	9.68	0.91	2.83	4.90	3.11	−6.85	−0.55
30	保加利亚	3.06	5.79	1.47	1.52	1.89	1.03	−4.27	−0.58

（续）

排名	国家	进口量均值	进口值均值	出口量均值	出口值均值	进口值/进口量	出口值/出口量	出口值－进口值	马铃薯TC
31	乌克兰	1.19	3.94	0.55	1.02	3.31	1.87	−2.91	−0.59
32	蒙古	2.06	1.99	0.13	0.51	0.96	4.05	−1.48	−0.59
33	阿富汗	4.25	11.19	1.05	2.85	2.63	2.71	−8.33	−0.59
34	波黑	1.39	4.56	0.47	1.15	3.29	2.46	−3.41	−0.60
35	亚美尼亚	0.37	2.31	0.13	0.52	6.24	3.92	−1.79	−0.63
36	罗马尼亚	4.39	7.71	1.68	1.65	1.75	0.99	−6.06	−0.65
37	也门	0.33	0.99	0.06	0.18	2.98	3.20	−0.81	−0.69
38	捷克	4.12	13.42	0.59	2.08	3.26	3.55	−11.34	−0.73
39	格鲁吉亚	2.12	3.56	0.19	0.50	1.68	2.59	−3.06	−0.75
40	阿尔巴尼亚	1.12	3.11	0.13	0.26	2.76	2.06	−2.85	−0.85
41	克罗地亚	2.26	9.50	0.27	0.70	4.20	2.60	−8.80	−0.86
42	俄罗斯	34.25	119.01	5.55	8.69	3.47	1.57	−110.33	−0.86
43	哈萨克斯坦	4.18	9.08	1.05	0.50	2.17	0.48	−8.58	−0.89
44	文莱	0.13	0.64	0.01	0.03	4.92	4.69	−0.61	−0.91
45	巴拿马	0.13	0.51	0.00	0.02	3.85	9.60	−0.49	−0.91
46	尼泊尔	3.61	3.92	0.13	0.14	1.08	1.07	−3.78	−0.93
47	巴林	0.78	1.92	0.06	0.07	2.45	1.11	−1.85	−0.93
48	泰国	0.78	3.77	0.03	0.11	4.81	3.78	−3.66	−0.94
49	阿曼	1.20	5.76	0.03	0.15	4.82	4.57	−5.61	−0.95
50	韩国	0.74	3.89	0.02	0.08	5.26	5.29	−3.80	−0.96
51	塔吉克斯坦	2.67	5.84	0.06	0.11	2.19	1.91	−5.74	−0.96
52	马来西亚	6.78	17.22	0.09	0.29	2.54	3.26	−16.93	−0.97
53	越南	3.19	8.73	0.05	0.11	2.73	2.05	−8.62	−0.98
54	乌兹别克斯坦	6.91	21.38	0.14	0.25	3.09	1.74	−21.13	−0.98
55	黑山	0.83	2.16	0.01	0.02	2.61	2.56	−2.14	−0.98
56	科威特	2.61	7.11	0.03	0.06	2.72	1.94	−7.05	−0.98
57	卡塔尔	0.78	2.39	0.01	0.02	3.09	2.26	−2.38	−0.98
58	伊拉克	5.07	10.15	0.04	0.08	2.00	1.69	−10.08	−0.99
59	斯里兰卡	4.32	8.65	0.00	0.03	2.00	10.40	−8.63	−0.99
60	土库曼斯坦	2.45	5.55	0.00	0.00	2.27	1.11	−5.55	−1.00

注：本表数据根据 FAO 数据整理，进出口数据不完整的国家未纳入分析。

中国将马铃薯纳入主粮使得马铃薯的生产得到一定的发展，生产总量处于中等偏上水平，贸易竞争力也是属于中等稍好状态。俄罗斯马铃薯交易量最大，具有最大的马铃薯逆差值，且 TC 指数为－0.86，竞争力弱，对马铃薯进口的依赖程度高。新西兰、埃塞俄比亚、南非虽为马铃薯贸易优势国，但总量并不大。马铃薯贸易竞争力弱的国家总的交易量低，主要为进口。

6. 大豆

大豆 TC 共收集 54 国数据（表 4－7），中国的大豆贸易竞争力很弱，TC 值为－0.94，且沿线绝大多数国家大豆进口额都大于出口额。其中，乌克兰、柬埔寨、不丹、约旦和印度的贸易竞争力都很强，乌克兰的贸易竞争力指数 TC 值达到 0.98，接近最大值 1，具有很强的大豆出口贸易竞争力。大豆贸易竞争力弱的国家有以色列、乌兹别克斯坦、沙特阿拉伯、韩国、叙利亚、埃及、尼泊尔、印度尼西亚、菲律宾、摩洛哥等。

表 4－7　大豆进出口分析

单位：万吨，百万美元

排名	国家	进口量均值	进口值均值	出口量均值	出口值均值	进口值/进口量	出口值/出口量	出口值－进口值	大豆TC
1	乌克兰	0.19	1.06	25.61	107.80	5.47	4.21	106.74	0.98
2	柬埔寨	0.03	0.09	0.89	2.38	3.56	2.69	2.29	0.92
3	不丹	0.00	0.00	0.03	0.08	3.61	2.97	0.08	0.89
4	约旦	0.00	0.03	0.10	0.33	7.74	3.15	0.30	0.82
5	印度	0.33	1.13	2.15	9.12	3.39	4.25	7.99	0.78
6	埃塞俄比亚	0.20	1.09	0.57	3.33	5.50	5.79	2.23	0.51
7	摩尔多瓦	0.65	2.11	1.48	5.65	3.24	3.82	3.54	0.46
8	斯洛文尼亚	4.49	22.61	6.37	32.12	5.04	5.04	9.51	0.17
9	匈牙利	1.31	3.75	1.29	5.08	2.86	3.94	1.33	0.15
10	爱沙尼亚	0.11	0.57	0.06	0.76	5.42	12.82	0.19	0.14
11	格鲁吉亚	0.02	0.08	0.03	0.10	3.92	3.09	0.02	0.10
12	南非	2.69	5.99	1.46	6.54	2.23	4.46	0.54	0.04
13	斯洛伐克	0.77	4.76	0.57	4.92	6.17	8.64	0.16	0.02
14	哈萨克斯坦	0.49	1.82	0.47	1.86	3.69	3.95	0.04	0.01
15	塞尔维亚	2.07	10.92	1.74	9.04	5.28	5.20	－1.88	－0.09
16	拉脱维亚	0.88	3.51	0.49	2.48	3.99	5.11	－1.03	－0.17
17	阿尔巴尼亚	0.01	0.02	0.00	0.01	3.70	7.65	－0.01	－0.22
18	克罗地亚	4.32	13.37	1.71	7.64	3.10	4.47	－5.73	－0.27

（续）

排名	国家	进口量均值	进口值均值	出口量均值	出口值均值	进口值/进口量	出口值/出口量	出口值一进口值	大豆TC
19	保加利亚	1.27	3.38	0.37	1.05	2.65	2.83	−2.33	−0.52
20	斯里兰卡	0.17	0.55	0.01	0.15	3.25	10.06	−0.41	−0.58
21	新加坡	3.27	10.50	0.89	2.58	3.21	2.90	−7.92	−0.61
22	罗马尼亚	13.23	38.27	2.57	8.61	2.89	3.36	−29.66	−0.63
23	马达加斯加	0.02	0.13	0.00	0.02	7.26	28.28	−0.11	−0.70
24	文莱	0.04	0.18	0.01	0.01	4.79	1.92	−0.17	−0.85
25	捷克	2.21	8.79	0.10	0.68	3.97	6.59	−8.12	−0.86
26	立陶宛	0.18	0.68	0.01	0.05	3.75	8.50	−0.63	−0.86
27	白俄罗斯	0.18	0.86	0.00	0.05	4.78	10.24	−0.81	−0.89
28	俄罗斯	29.34	143.77	3.16	7.84	4.90	2.48	−135.93	−0.90
29	马来西亚	30.68	102.42	1.03	3.78	3.34	3.66	−98.64	−0.93
30	马其顿	0.05	0.21	0.00	0.01	3.80	4.09	−0.20	−0.93
31	中国	1 074.90	4 618.34	48.41	134.50	4.30	2.78	−4 483.84	−0.94
32	新西兰	0.04	0.28	0.00	0.01	7.13	8.43	−0.27	−0.95
33	吉尔吉斯斯坦	0.33	0.97	0.01	0.02	2.89	2.56	−0.95	−0.96
34	波兰	5.70	13.97	0.05	0.26	2.45	5.60	−13.71	−0.96
35	卡塔尔	0.13	0.48	0.00	0.01	3.58	4.30	−0.47	−0.97
36	阿曼	0.48	1.60	0.00	0.03	3.33	5.35	−1.57	−0.97
37	巴基斯坦	3.35	7.65	0.01	0.09	2.28	11.71	−7.56	−0.98
38	阿联酋	18.97	65.89	0.16	0.69	3.47	4.35	−65.20	−0.98
39	科威特	0.51	1.57	0.00	0.01	3.11	15.85	−1.56	−0.99
40	波黑	2.00	9.15	0.01	0.06	4.58	4.57	−9.09	−0.99
41	土耳其	43.43	171.02	0.16	1.02	3.94	6.21	−170.00	−0.99
42	泰国	73.07	279.63	0.33	1.02	3.83	3.11	−278.61	−0.99
43	伊朗	40.84	152.93	0.11	0.53	3.74	4.88	−152.40	−0.99
44	黎巴嫩	2.30	5.60	0.01	0.02	2.44	1.24	−5.58	−0.99
45	摩洛哥	11.47	37.76	0.01	0.06	3.29	10.50	−37.70	−1.00
46	菲律宾	6.67	20.20	0.01	0.03	3.03	6.38	−20.17	−1.00
47	印度尼西亚	71.49	265.91	0.26	0.38	3.72	1.44	−265.53	−1.00
48	尼泊尔	1.29	6.83	0.00	0.01	5.29	3.44	−6.82	−1.00
49	埃及	39.77	175.47	0.03	0.18	4.41	6.96	−175.28	−1.00

（续）

排名	国家	进口量均值	进口值均值	出口量均值	出口值均值	进口值/进口量	出口值/出口量	出口值－进口值	大豆TC
50	叙利亚	17.99	61.84	0.02	0.06	3.44	3.03	－61.79	－1.00
51	韩国	75.86	247.70	0.03	0.19	3.27	5.49	－247.51	－1.00
52	沙特阿拉伯	11.13	60.31	0.00	0.02	5.42	6.50	－60.29	－1.00
53	乌兹别克斯坦	3.77	11.10	0.00	0.00	2.95	7.80	－11.10	－1.00
54	以色列	41.72	117.60	0.01	0.02	2.82	3.24	－117.58	－1.00

注：本表数据根据FAO数据整理，进出口数据不完整的国家未纳入分析。

中国大豆主要依靠进口，主要是由于大豆对生产技术和对土地资源的要求，同样面积生产其他粮食作物比生产大豆的产量高，而对作为饲料的豆粕的需求基于肉类需求增加而日益增长，因而中国粮食进口中占很大比重的就是大豆，从贸易竞争力指数为－0.94也可以看出，中国的大豆贸易竞争力很低，这与中国的实际国情和战略选择有关。大豆贸易竞争力强的国家，一方面气候和生产条件有一定优势，另一方面人均耕地也较为宽裕。

7. 肉类

肉类TC共收集49国数据，中国肉类贸易以进口为主，TC值为－0.83，竞争力低。肉类进出口贸易方面具有较强竞争力的国家有：新西兰、印度、也门、斯洛文尼亚、克罗地亚。但由于交易量太少，如世界人口第二大国印度，虽然TC指数较高，仅能说明进出口的相对关系，而市场的占有率较低。肉类贸易竞争力弱的国家有：斯里兰卡、以色列、埃及等（表4－8）。

表4－8 肉类进出口分析

单位：万吨，百万美元

排名	国家	进口量均值	进口值均值	出口量均值	出口值均值	进口值/进口量	出口值/出口量	出口值－进口值	肉类TC
1	新西兰	0.01	0.09	7.61	25.46	7.84	3.35	25.37	0.99
2	印度	0.00	0.00	0.15	0.16	0.54	1.09	0.16	0.99
3	也门	0.00	0.00	0.07	0.02	0.08	0.26	0.02	0.99
4	斯洛文尼亚	0.03	0.01	0.51	0.19	0.25	0.38	0.19	0.92
5	克罗地亚	0.06	0.02	1.00	0.21	0.30	0.20	0.19	0.83
6	科威特	0.01	0.00	0.12	0.04	0.42	0.31	0.03	0.78
7	黑山	0.00	0.00	0.00	0.00	0.25	3.97	0.00	0.77
8	波黑	0.01	0.00	0.07	0.03	0.42	0.43	0.02	0.74

（续）

排名	国家	进口量均值	进口值均值	出口量均值	出口值均值	进口值/进口量	出口值/出口量	出口值—进口值	肉类TC
9	巴拿马	0.01	0.10	0.10	0.49	8.46	4.87	0.39	0.65
10	阿曼	0.04	0.02	0.13	0.06	0.45	0.49	0.05	0.54
11	埃塞俄比亚	0.00	0.01	0.01	0.03	13.57	2.31	0.02	0.52
12	罗马尼亚	0.53	0.12	0.96	0.29	0.22	0.30	0.18	0.43
13	斯洛伐克	0.50	0.17	0.58	0.31	0.35	0.54	0.14	0.28
14	白俄罗斯	0.27	0.11	0.32	0.15	0.39	0.48	0.05	0.18
15	哈萨克斯坦	0.06	0.03	0.11	0.03	0.45	0.26	0.00	0.05
16	摩洛哥	0.01	0.02	0.01	0.02	3.74	2.11	0.00	0.02
17	巴林	0.05	0.00	0.04	0.00	0.07	0.07	0.00	−0.19
18	捷克	1.67	0.52	0.86	0.29	0.31	0.34	−0.22	−0.28
19	塞尔维亚	0.17	0.10	0.10	0.05	0.59	0.50	−0.05	−0.32
20	波兰	9.48	2.92	4.33	1.27	0.31	0.29	−1.65	−0.39
21	新加坡	0.65	0.14	0.24	0.06	0.21	0.25	−0.08	−0.40
22	爱沙尼亚	0.12	0.03	0.06	0.01	0.28	0.23	−0.02	−0.46
23	尼泊尔	0.04	0.01	0.01	0.00	0.31	0.41	−0.01	−0.61
24	拉脱维亚	0.27	0.11	0.06	0.02	0.39	0.42	−0.08	−0.63
25	立陶宛	0.37	0.16	0.07	0.03	0.43	0.48	−0.12	−0.64
26	匈牙利	2.11	0.85	0.63	0.18	0.40	0.29	−0.67	−0.65
27	伊朗	0.49	0.18	0.07	0.02	0.37	0.31	−0.16	−0.77
28	马达加斯加	0.05	0.23	0.02	0.03	4.72	1.40	−0.21	−0.79
29	中国	8.21	3.05	1.06	0.29	0.37	0.27	−2.76	−0.83
30	韩国	0.20	0.80	0.02	0.07	3.95	3.44	−0.73	−0.84
31	南非	2.82	9.75	0.30	0.84	3.46	2.77	−8.91	−0.84
32	菲律宾	3.68	1.31	0.11	0.10	0.36	0.91	−1.21	−0.86
33	文莱	0.01	0.00	0.00	0.00	0.51	0.53	0.00	−0.86
34	约旦	0.44	0.15	0.03	0.01	0.33	0.40	−0.14	−0.86
35	巴基斯坦	0.16	0.11	0.02	0.01	0.71	0.34	−0.10	−0.87
36	泰国	5.95	2.63	0.17	0.12	0.44	0.74	−2.51	−0.91
37	越南	7.53	3.11	0.17	0.12	0.41	0.74	−2.98	−0.92
38	格鲁吉亚	0.04	0.03	0.01	0.00	0.68	0.20	−0.03	−0.93
39	沙特阿拉伯	0.16	0.07	0.00	0.00	0.44	0.80	−0.07	−0.95

（续）

排名	国家	进口量均值	进口值均值	出口量均值	出口值均值	进口值/进口量	出口值/出口量	出口值－进口值	肉类TC
40	马来西亚	1.79	0.60	0.03	0.01	0.34	0.37	−0.59	−0.96
41	俄罗斯	4.41	2.10	0.08	0.04	0.47	0.47	−2.06	−0.97
42	亚美尼亚	0.14	0.06	0.00	0.00	0.41	0.40	−0.06	−0.97
43	土库曼斯坦	0.42	0.21	0.02	0.00	0.50	0.15	−0.21	−0.97
44	印度尼西亚	5.73	2.38	0.15	0.03	0.42	0.18	−2.36	−0.98
45	土耳其	0.66	0.36	0.00	0.00	0.54	0.98	−0.35	−0.98
46	叙利亚	1.40	0.67	0.03	0.01	0.48	0.19	−0.66	−0.98
47	埃及	3.04	1.15	0.01	0.00	0.38	0.40	−1.15	−0.99
48	以色列	1.18	0.59	0.00	0.00	0.50	0.51	−0.59	−0.99
49	斯里兰卡	0.41	0.23	0.00	0.00	0.56	0.25	−0.23	−0.99

注：本表数据根据FAO数据整理，进出口数据不完整的国家未纳入分析。

肉类由于其生产和消费特性，一般以当地就近消费为主，远距离的国际贸易量较少，贸易依存度相对较低。中国对肉类的消费也以国内市场为主，进出口量相对较低，但肉类的进口量大于出口量，肉类贸易竞争力弱。肉类贸易竞争力强的国家印度、新西兰、也门、斯洛文尼亚、克罗地亚中：新西兰具有最大的贸易顺差，属于肉类贸易强国；其他国家的肉类贸易量都比较小。肉类贸易竞争力弱的国家埃及、斯里兰卡、以色列的肉类交易量都很小；相对而言，南非的肉类贸易逆差最大，且肉类TC值为−0.84，对肉类贸易进口的依赖较高。

8. 鸡蛋

鸡蛋TC共收集60国数据，中国TC值为−0.21，进口为主。鸡蛋进出口贸易方面具有较强竞争力的国家有：马来西亚、印度、马其顿、白俄罗斯、南非、泰国、土耳其等。鸡蛋贸易竞争力弱的国家有：伊拉克、不丹等（表4-9）。

表4-9 鸡蛋进出口分析

单位：万吨，百万美元

排名	国家	进口量均值	进口值均值	出口量均值	出口值均值	进口值/进口量	出口值/出口量	出口值－进口值	鸡蛋TC
1	马来西亚	0.05	0.42	3.20	29.20	8.90	9.11	28.78	0.97
2	印度	0.01	0.25	1.28	12.26	17.46	9.54	12.00	0.96
3	马其顿	0.00	0.07	0.16	1.73	15.97	10.90	1.66	0.92

（续）

排名	国家	进口量均值	进口值均值	出口量均值	出口值均值	进口值/进口量	出口值/出口量	出口值一进口值	鸡蛋TC
4	白俄罗斯	0.03	1.19	2.76	25.72	38.66	9.32	24.53	0.91
5	南非	0.02	0.18	0.36	3.56	9.81	9.92	3.38	0.91
6	泰国	0.00	0.46	0.55	5.08	115.93	9.21	4.62	0.83
7	土耳其	0.10	5.42	3.85	51.55	54.98	13.39	46.13	0.81
8	叙利亚	0.14	1.45	0.57	12.04	10.13	21.24	10.59	0.79
9	埃塞俄比亚	0.00	0.02	0.02	0.16	40.63	6.97	0.14	0.76
10	越南	0.05	0.49	0.19	3.08	10.50	15.92	2.59	0.72
11	立陶宛	0.13	2.36	0.66	8.51	18.12	12.86	6.15	0.57
12	约旦	0.12	1.61	0.23	5.78	13.68	24.89	4.16	0.56
13	斯里兰卡	0.02	0.14	0.03	0.47	9.45	14.40	0.33	0.53
14	新西兰	0.00	0.48	0.06	1.49	202.56	23.07	1.01	0.52
15	巴拿马	0.01	0.40	0.05	1.16	29.04	23.74	0.76	0.49
16	匈牙利	0.35	7.10	1.32	18.52	20.45	14.03	11.43	0.45
17	斯洛文尼亚	0.08	1.68	0.17	4.07	19.81	23.43	2.39	0.42
18	波兰	1.26	16.78	3.65	37.47	13.27	10.27	20.68	0.38
19	沙特阿拉伯	0.49	8.36	1.29	17.28	17.05	13.36	8.92	0.35
20	塞尔维亚	0.04	0.57	0.04	1.18	15.80	26.37	0.60	0.34
21	阿尔巴尼亚	0.18	0.82	0.16	1.62	4.61	10.17	0.80	0.33
22	黎巴嫩	0.11	1.97	0.60	3.89	18.06	6.52	1.92	0.33
23	摩洛哥	0.02	0.50	0.06	0.87	22.35	15.44	0.36	0.26
24	拉脱维亚	0.24	4.12	0.54	6.81	17.26	12.52	2.69	0.25
25	摩尔多瓦	0.02	0.80	0.16	1.22	32.60	7.52	0.42	0.21
26	乌克兰	0.24	10.22	1.12	15.30	41.75	13.63	5.08	0.20
27	印度尼西亚	0.02	0.66	0.04	0.99	28.46	27.49	0.33	0.20
28	巴基斯坦	0.02	0.53	0.06	0.79	25.63	13.66	0.26	0.20
29	斯洛伐克	0.46	7.11	0.50	9.94	15.58	19.88	2.83	0.17
30	以色列	0.14	2.45	0.40	3.41	17.22	8.56	0.96	0.16
31	罗马尼亚	0.50	6.45	0.85	6.32	12.81	7.42	−0.13	−0.01
32	捷克	1.12	15.59	0.80	14.60	13.93	18.15	−0.99	−0.03
33	中国	7.33	73.25	5.54	47.60	10.00	8.60	−25.65	−0.21
34	波黑	0.27	3.31	0.13	2.03	12.13	15.27	−1.28	−0.24

（续）

排名	国家	进口量均值	进口值均值	出口量均值	出口值均值	进口值/进口量	出口值/出口量	出口值—进口值	鸡蛋TC
35	伊朗	0.68	11.54	0.84	6.68	17.03	7.99	−4.86	−0.27
36	阿曼	0.67	7.99	0.16	1.93	11.89	12.01	−6.06	−0.61
37	克罗地亚	0.15	4.53	0.07	1.09	31.24	15.06	−3.45	−0.61
38	俄罗斯	1.20	42.18	0.86	8.62	35.23	10.00	−33.56	−0.66
39	亚美尼亚	0.28	2.15	0.06	0.43	7.67	7.00	−1.72	−0.66
40	爱沙尼亚	0.26	3.62	0.06	0.70	14.03	10.87	−2.92	−0.67
41	菲律宾	0.01	0.57	0.00	0.09	47.91	22.57	−0.48	−0.72
42	埃及	0.18	3.93	0.02	0.61	22.21	31.47	−3.32	−0.73
43	韩国	0.05	0.81	0.01	0.09	17.86	16.78	−0.73	−0.81
44	格鲁吉亚	0.51	3.13	0.03	0.30	6.11	11.87	−2.83	−0.83
45	马达加斯加	0.00	0.08	0.00	0.00	37.36	7.68	−0.07	−0.89
46	哈萨克斯坦	0.61	6.52	0.04	0.37	10.66	10.34	−6.15	−0.89
47	也门	0.27	5.37	0.01	0.28	19.98	23.56	−5.09	−0.90
48	尼泊尔	0.05	0.31	0.00	0.01	6.30	13.87	−0.29	−0.91
49	阿塞拜疆	0.53	6.21	0.05	0.29	11.82	5.84	−5.92	−0.91
50	科威特	0.92	10.24	0.05	0.47	11.14	10.20	−9.78	−0.91
51	吉尔吉斯斯坦	0.17	1.03	0.00	0.04	5.93	21.65	−0.99	−0.92
52	文莱	0.08	1.40	0.00	0.03	17.67	9.71	−1.37	−0.95
53	缅甸	0.02	0.61	0.00	0.01	24.52	16.15	−0.60	−0.96
54	新加坡	2.56	29.77	0.08	0.68	11.63	8.93	−29.09	−0.96
55	卡塔尔	0.38	4.88	0.01	0.07	12.84	12.59	−4.81	−0.97
56	巴林	0.19	2.52	0.00	0.02	13.00	10.37	−2.50	−0.98
57	黑山	0.12	1.37	0.00	0.01	11.56	11.39	−1.36	−0.98
58	孟加拉国	0.11	1.45	0.00	0.01	12.93	37.78	−1.43	−0.98
59	不丹	0.06	0.41	0.00	0.00	7.31	7.50	−0.41	−0.99
60	伊拉克	3.73	55.37	0.01	0.08	14.83	14.04	−55.29	−1.00

注：本表数据根据 FAO 数据整理，进出口数据不完整的国家未纳入分析。

中国在鸡蛋贸易方面以进口为主，但相对竞争力 TC 值为−0.21，虽然鸡蛋贸易竞争力弱，但对进口的依存度不高。鸡蛋贸易竞争力强的国家马来西亚、印度、马其顿、白俄罗斯、南非、泰国、土耳其中，土耳其的顺差最大，其次是马来西亚、白俄罗斯，鸡蛋贸易绝对量和相对量都具有较强的竞争力。

对于鸡蛋贸易竞争力弱的国家，伊拉克具有最大的鸡蛋贸易逆差且竞争力指数最小，其次，俄罗斯、新加坡的鸡蛋贸易逆差分别处于第二位和第三位。

9. 奶

奶 TC 共收集 45 国数据，中国 TC 值为－0.68，进口为主。奶进出口贸易方面具有较强竞争力的国家为新西兰、匈牙利。奶贸易竞争力弱的国家有：菲律宾、孟加拉国、摩洛哥、塞尔维亚、吉尔吉斯斯坦、阿尔巴尼亚等（表 4-10）。

表 4-10　奶进出口分析

单位：万吨，百万美元

排名	国家	进口量均值	进口值均值	出口量均值	出口值均值	进口值/进口量	出口值/出口量	出口值－进口值	奶 TC
1	新西兰	0.27	4.39	3.02	144.80	16.07	47.91	140.41	0.94
2	匈牙利	0.03	0.44	0.63	5.38	12.59	8.58	4.94	0.85
3	白俄罗斯	0.01	0.20	0.10	1.65	13.74	16.98	1.45	0.79
4	哈萨克斯坦	0.01	0.16	0.10	0.87	11.63	8.91	0.71	0.69
5	乌克兰	0.02	0.60	0.20	2.27	30.50	11.50	1.66	0.58
6	拉脱维亚	0.01	0.18	0.12	0.67	24.52	5.74	0.48	0.57
7	立陶宛	0.06	0.59	0.19	1.83	9.73	9.56	1.24	0.51
8	黎巴嫩	0.00	0.14	0.04	0.36	39.28	8.72	0.22	0.43
9	斯里兰卡	0.00	0.02	0.00	0.04	13.07	8.37	0.02	0.41
10	沙特阿拉伯	0.28	5.32	0.82	12.65	19.34	15.44	7.33	0.41
11	印度	0.01	0.29	0.03	0.49	29.63	19.40	0.20	0.25
12	波兰	0.53	5.75	0.59	8.61	10.85	14.54	2.85	0.20
13	马来西亚	0.09	1.73	0.06	2.54	19.45	43.02	0.81	0.19
14	约旦	0.03	0.65	0.07	0.84	19.28	11.44	0.19	0.13
15	以色列	0.02	0.42	0.02	0.50	23.44	33.24	0.09	0.09
16	捷克	0.08	1.15	0.11	1.38	14.57	12.46	0.24	0.09
17	爱沙尼亚	0.02	0.22	0.01	0.23	12.20	18.18	0.01	0.01
18	泰国	0.13	1.35	0.15	1.32	10.15	9.04	−0.04	−0.01
19	巴基斯坦	0.02	0.42	0.02	0.31	18.65	15.64	−0.11	−0.15
20	也门	0.13	1.99	0.15	1.41	15.50	9.44	−0.57	−0.17
21	伊朗	0.03	1.28	0.07	0.88	38.50	12.56	−0.40	−0.18
22	波黑	0.20	1.41	0.04	0.92	7.17	22.86	−0.49	−0.21
23	叙利亚	0.03	0.90	0.07	0.57	30.92	8.34	−0.33	−0.22

（续）

排名	国家	进口量均值	进口值均值	出口量均值	出口值均值	进口值/进口量	出口值/出口量	出口值－进口值	奶 TC
24	斯洛文尼亚	0.01	0.29	0.01	0.16	19.20	24.39	－0.13	－0.28
25	克罗地亚	0.04	0.48	0.02	0.27	11.93	11.64	－0.22	－0.29
26	新加坡	0.18	5.33	0.09	2.69	29.25	29.04	－2.64	－0.33
27	土耳其	0.01	0.50	0.01	0.22	34.11	16.97	－0.27	－0.38
28	尼泊尔	0.00	0.05	0.00	0.02	17.18	21.00	－0.03	－0.39
29	科威特	0.04	1.88	0.07	0.58	48.16	8.22	－1.30	－0.53
30	罗马尼亚	0.11	1.11	0.03	0.32	9.72	12.57	－0.79	－0.55
31	斯洛伐克	0.08	2.02	0.32	0.49	25.08	1.53	－1.53	－0.61
32	南非	0.04	1.42	0.02	0.31	39.55	19.98	－1.12	－0.65
33	中国	0.12	4.31	0.07	0.81	37.43	11.02	－3.50	－0.68
34	俄罗斯	0.13	2.67	0.03	0.30	21.11	11.77	－2.37	－0.80
35	巴勒斯坦	0.09	2.80	0.00	0.23	31.46	65.46	－2.57	－0.85
36	韩国	1.76	46.36	0.11	3.54	26.30	33.54	－42.81	－0.86
37	印度尼西亚	0.10	2.08	0.01	0.10	20.54	8.39	－1.98	－0.91
38	埃及	0.36	11.55	0.03	0.34	31.86	12.61	－11.21	－0.94
39	阿尔巴尼亚	0.01	0.25	0.00	0.01	18.27	16.67	－0.24	－0.96
40	阿塞拜疆	0.01	0.15	0.00	0.00	13.80	15.00	－0.15	－0.96
41	孟加拉国	0.01	0.11	0.00	0.00	22.48	20.00	－0.11	－0.97
42	吉尔吉斯斯坦	0.05	0.61	0.00	0.01	12.14	10.18	－0.60	－0.97
43	塞尔维亚	0.05	1.72	0.00	0.02	32.92	19.57	－1.70	－0.97
44	菲律宾	0.09	1.51	0.00	0.01	17.47	30.00	－1.50	－0.98
45	摩洛哥	0.90	29.49	0.01	0.26	32.92	32.68	－29.24	－0.98

注：本表数据根据 FAO 数据整理，进出口数据不完整的国家未纳入分析。

中国在奶贸易中主要以进口为主，由于中国人口众多而土地有限，使得国内对奶的需求量大，贸易竞争力指数为－0.68，中国奶贸易竞争力弱。奶贸易竞争力强的国家中新西兰的奶贸易顺差最大，且相对指数 TC 值也最大，具有显著的奶贸易竞争优势。新西兰作为农业、畜牧业发达的国家，奶制品出口居世界第一位。对于奶贸易竞争力弱的国家，除 TC 指数小的国家以外，还有奶贸易逆差较大的国家，如韩国、摩洛哥、埃及。

10. 酒

葡萄酒贸易共收集 59 国数据，中国葡萄酒 TC 值为－0.81，进口为主，竞争力弱。葡萄酒进出口贸易方面具有较强竞争力的国家有：马其顿、摩尔多瓦、南非、格鲁吉亚、匈牙利。葡萄酒贸易竞争力弱的国家有卡塔尔、韩国、俄罗斯、巴基斯坦、尼泊尔、菲律宾、阿曼、马尔代夫等（表 4－11）。

表 4－11　葡萄酒进出口分析

单位：万吨，百万美元

排名	国家	进口量均值	进口值均值	出口量均值	出口值均值	进口值/进口量	出口值/出口量	出口值－进口值	葡萄酒TC
1	马其顿	0.08	0.58	7.24	39.27	7.27	5.43	38.69	0.97
2	摩尔多瓦	0.91	4.32	14.06	130.24	4.76	9.26	125.93	0.94
3	南非	0.32	6.99	10.87	177.19	21.71	16.30	170.21	0.92
4	格鲁吉亚	0.14	2.76	1.97	35.68	19.13	18.15	32.92	0.86
5	匈牙利	2.20	9.36	11.77	82.21	4.26	6.98	72.85	0.80
6	乌兹别克斯坦	0.01	0.31	0.40	2.27	26.45	5.65	1.96	0.76
7	阿塞拜疆	0.03	0.64	0.77	4.20	18.25	5.42	3.56	0.74
8	埃及	0.00	0.05	0.10	0.32	10.18	3.06	0.27	0.73
9	黑山	0.21	4.36	0.68	22.33	20.30	32.70	17.97	0.67
10	印度尼西亚	0.04	0.71	0.02	2.98	16.42	143.75	2.28	0.62
11	新西兰	1.54	37.80	2.71	138.61	24.57	51.18	100.81	0.57
12	罗马尼亚	1.27	10.38	4.84	36.48	8.16	7.54	26.10	0.56
13	塔吉克斯坦	0.01	0.45	0.15	1.54	32.70	9.99	1.09	0.55
14	土库曼斯坦	0.06	0.69	0.24	2.33	11.91	9.63	1.64	0.54
15	土耳其	0.04	1.34	0.42	3.47	31.57	8.25	2.13	0.44
16	亚美尼亚	0.03	0.65	0.09	1.34	21.69	15.55	0.69	0.35
17	摩洛哥	0.25	4.10	3.97	8.22	16.39	2.07	4.13	0.33
18	阿尔巴尼亚	0.14	2.58	0.88	4.34	18.05	4.90	1.75	0.25
19	以色列	0.15	4.99	0.28	7.10	34.20	24.90	2.11	0.17
20	黎巴嫩	0.05	2.69	0.07	3.82	49.25	56.87	1.13	0.17
21	斯洛文尼亚	1.29	8.54	0.88	9.94	6.63	11.25	1.40	0.08
22	克罗地亚	1.08	11.77	0.97	12.43	10.85	12.77	0.66	0.03
23	乌克兰	3.02	40.76	4.37	41.03	13.50	9.39	0.27	0.00
24	拉脱维亚	2.17	51.23	1.60	47.13	23.65	29.43	−4.10	−0.04
25	巴勒斯坦	0.01	0.17	0.00	0.13	26.20	30.87	−0.03	−0.11
26	新加坡	0.70	93.63	0.29	63.57	133.35	220.33	−30.06	−0.19
27	立陶宛	3.15	55.14	1.76	37.03	17.52	21.06	−18.11	−0.20

（续）

排名	国家	进口量均值	进口值均值	出口量均值	出口值均值	进口值/进口量	出口值/出口量	出口值－进口值	葡萄酒TC
28	泰国	0.32	8.94	0.18	5.42	27.69	30.70	−3.52	−0.24
29	塞尔维亚	2.51	33.91	1.26	14.55	13.49	11.54	−19.36	−0.40
30	马来西亚	0.22	12.82	0.06	4.52	59.62	79.43	−8.30	−0.48
31	斯洛伐克	2.50	35.02	1.14	11.62	13.99	10.20	−23.40	−0.50
32	印度	0.06	3.20	0.04	0.98	51.91	27.51	−2.22	−0.53
33	爱沙尼亚	1.09	31.22	0.18	7.52	28.58	40.68	−23.70	−0.61
34	波黑	0.71	11.63	0.26	2.32	16.39	8.90	−9.31	−0.67
35	约旦	0.01	0.46	0.00	0.09	39.88	22.76	−0.37	−0.67
36	叙利亚	0.01	0.30	0.00	0.05	26.79	19.55	−0.25	−0.70
37	吉尔吉斯斯坦	0.16	2.25	0.02	0.34	13.98	14.91	−1.91	−0.74
38	捷克	10.14	97.33	0.76	12.79	9.60	16.80	−84.54	−0.77
39	中国	6.15	307.87	0.46	32.74	50.02	70.49	−275.12	−0.81
40	巴林	0.08	2.65	0.01	0.28	32.50	48.73	−2.38	−0.81
41	马达加斯加	0.40	1.25	0.00	0.12	3.09	135.69	−1.13	−0.82
42	伊朗	0.00	0.13	0.00	0.01	31.73	7.64	−0.12	−0.83
43	也门	0.00	0.04	0.00	0.00	14.64	9.58	−0.04	−0.84
44	白俄罗斯	3.17	32.92	0.14	2.69	10.40	19.55	−30.23	−0.85
45	不丹	0.01	0.18	0.00	0.01	17.00	10.23	−0.17	−0.88
46	波兰	5.53	61.73	0.31	3.46	11.16	11.22	−58.27	−0.89
47	斯里兰卡	0.02	0.78	0.00	0.04	45.83	34.60	−0.74	−0.91
48	柬埔寨	0.06	1.63	0.01	0.07	29.21	9.96	−1.56	−0.91
49	埃塞俄比亚	0.04	0.92	0.00	0.03	23.85	12.57	−0.89	−0.93
50	巴拿马	0.13	4.27	0.01	0.12	33.49	16.79	−4.15	−0.94
51	哈萨克斯坦	1.02	19.00	0.09	0.49	18.65	5.50	−18.52	−0.95
52	马尔代夫	0.06	3.08	0.00	0.08	52.91	62.50	−3.01	−0.95
53	阿曼	0.02	0.52	0.00	0.01	27.29	3.64	−0.51	−0.97
54	菲律宾	0.27	5.32	0.00	0.08	19.60	29.32	−5.24	−0.97
55	尼泊尔	0.05	1.06	0.00	0.01	22.70	13.00	−1.05	−0.98
56	巴基斯坦	0.01	0.33	0.00	0.00	49.48	20.00	−0.33	−0.98
57	俄罗斯	40.19	483.92	0.33	3.83	12.04	11.52	−480.09	−0.98
58	韩国	0.70	29.13	0.00	0.15	41.86	29.65	−28.98	−0.99
59	卡塔尔	0.93	16.19	0.00	0.04	17.34	53.81	−16.15	−1.00

注：本表数据根据FAO数据整理，进出口数据不完整的国家未纳入分析。

中国酒文化发达，近年来对葡萄酒的需求增加，而葡萄酒的知名品牌主要来自于国外，因而葡萄酒的进口量大，中国葡萄酒竞争力指数为－0.81，对进口的依赖高，葡萄酒竞争力弱。葡萄酒竞争力强的国家中，葡萄酒贸易顺差最大的是南非，其次是摩尔多瓦，新西兰的葡萄酒贸易顺差排名第三位。葡萄酒贸易竞争力弱的国家中，葡萄酒贸易逆差最大的是俄罗斯，其次是中国，捷克的葡萄酒贸易逆差排名第三位。

大麦啤酒贸易共收集66国数据，中国大麦啤酒贸易TC值为－0.38，以进口为主，竞争力较弱。大麦啤酒进出口贸易方面具有较强竞争力的国家有：土耳其、菲律宾、泰国、捷克、塞尔维亚。大麦啤酒贸易竞争力弱的国家有：蒙古、伊拉克、文莱、马尔代夫等（表4－12）。

表4－12　大麦啤酒进出口分析

单位：万吨，百万美元

排名	国家	进口量均值	进口值均值	出口量均值	出口值均值	进口值/进口量	出口值/出口量	出口值－进口值	大麦啤酒TC
1	土耳其	0.12	1.20	3.84	20.93	9.82	5.44	19.73	0.89
2	菲律宾	0.03	0.28	0.75	4.19	8.09	5.60	3.92	0.88
3	泰国	0.40	2.62	3.14	26.34	6.50	8.40	23.72	0.82
4	捷克	2.52	13.96	25.58	143.25	5.54	5.60	129.29	0.82
5	塞尔维亚	1.12	7.59	11.19	68.43	6.76	6.11	60.84	0.80
6	印度	0.09	0.73	0.54	4.10	7.74	7.61	3.38	0.70
7	约旦	0.06	0.23	0.22	1.13	4.11	5.24	0.90	0.66
8	埃及	0.02	0.17	0.17	0.77	7.24	4.61	0.60	0.63
9	印度尼西亚	0.14	0.65	0.34	2.31	4.61	6.74	1.66	0.56
10	乌克兰	2.39	14.95	16.66	51.98	6.24	3.12	37.03	0.55
11	尼泊尔	0.01	0.10	0.06	0.30	7.16	4.96	0.20	0.49
12	斯洛文尼亚	1.49	9.45	4.59	24.30	6.36	5.29	14.85	0.44
13	马来西亚	1.18	10.24	2.59	26.21	8.66	10.12	15.97	0.44
14	波兰	1.53	9.16	4.14	22.22	6.00	5.37	13.06	0.42
15	韩国	1.13	9.50	2.71	15.70	8.42	5.79	6.20	0.25
16	克罗地亚	3.04	17.41	3.91	22.19	5.72	5.68	4.78	0.12
17	马其顿	0.40	2.54	0.69	3.19	6.40	4.62	0.65	0.11
18	南非	1.49	12.47	2.45	14.86	8.37	6.06	2.39	0.09
19	新加坡	3.75	36.67	4.22	43.66	9.79	10.33	6.99	0.09

（续）

排名	国家	进口量均值	进口值均值	出口量均值	出口值均值	进口值/进口量	出口值/出口量	出口值－进口值	大麦啤酒TC
20	爱沙尼亚	1.68	12.06	2.14	11.88	7.17	5.55	－0.18	－0.01
21	黑山	1.21	7.85	1.07	5.83	6.48	5.42	－2.02	－0.15
22	新西兰	0.92	10.65	0.76	7.84	11.58	10.31	－2.81	－0.15
23	立陶宛	2.40	12.76	1.49	8.11	5.31	5.45	－4.65	－0.22
24	俄罗斯	20.66	107.65	13.81	64.37	5.21	4.66	－43.28	－0.25
25	越南	0.75	7.33	0.53	4.32	9.74	8.18	－3.00	－0.26
26	亚美尼亚	0.26	1.98	0.23	0.98	7.74	4.23	－1.00	－0.34
27	拉脱维亚	2.10	11.61	1.09	5.73	5.54	5.28	－5.88	－0.34
28	白俄罗斯	5.43	28.70	3.84	14.15	5.28	3.69	－14.55	－0.34
29	埃塞俄比亚	0.08	1.17	0.06	0.58	14.88	9.14	－0.59	－0.34
30	斯里兰卡	0.13	1.04	0.04	0.49	8.26	11.15	－0.55	－0.36
31	罗马尼亚	1.71	7.24	0.60	3.40	4.24	5.66	－3.84	－0.36
32	中国	15.21	123.12	9.45	55.96	8.09	5.92	－67.16	－0.38
33	不丹	0.41	2.11	0.12	0.91	5.17	7.66	－1.19	－0.40
34	斯洛伐克	6.34	26.48	2.31	10.58	4.17	4.58	－15.90	－0.43
35	老挝	0.12	0.80	0.04	0.31	6.45	7.68	－0.48	－0.44
36	黎巴嫩	0.60	3.91	0.13	1.33	6.53	10.58	－2.58	－0.49
37	叙利亚	0.14	1.08	0.04	0.32	7.82	8.37	－0.76	－0.54
38	匈牙利	8.09	20.40	1.52	5.96	2.52	3.91	－14.44	－0.55
39	马达加斯加	0.10	0.28	0.01	0.07	2.76	8.37	－0.21	－0.60
40	摩洛哥	0.19	1.18	0.02	0.25	6.17	10.62	－0.93	－0.65
41	格鲁吉亚	0.82	4.63	0.12	0.59	5.62	5.02	－4.04	－0.77
42	科威特	0.04	0.22	0.01	0.03	5.55	3.97	－0.19	－0.79
43	巴拿马	0.42	3.33	0.05	0.34	7.97	6.53	－2.99	－0.82
44	阿塞拜疆	0.25	1.31	0.02	0.10	5.17	5.61	－1.21	－0.86
45	以色列	1.13	8.57	0.07	0.62	7.57	9.26	－7.95	－0.86
46	哈萨克斯坦	5.55	31.60	0.41	1.89	5.69	4.58	－29.72	－0.89
47	孟加拉国	0.14	1.44	0.01	0.08	10.00	15.12	－1.36	－0.90
48	伊朗	0.22	1.24	0.00	0.05	5.57	14.46	－1.18	－0.92

（续）

排名	国家	进口量均值	进口值均值	出口量均值	出口值均值	进口值/进口量	出口值/出口量	出口值－进口值	大麦啤酒TC
49	巴基斯坦	0.07	0.36	0.01	0.01	5.26	1.51	−0.35	−0.92
50	缅甸	2.14	16.62	0.06	0.61	7.75	10.32	−16.02	−0.93
51	摩尔多瓦	1.64	7.91	0.02	0.18	4.82	7.81	−7.73	−0.96
52	巴林	1.11	9.06	0.03	0.20	8.14	7.29	−8.86	−0.96
53	波黑	8.64	50.64	0.27	1.11	5.86	4.14	−49.53	−0.96
54	也门	0.19	1.03	0.00	0.02	5.39	7.08	−1.01	−0.96
55	沙特阿拉伯	2.10	13.27	0.02	0.21	6.31	8.80	−13.06	−0.97
56	阿曼	0.76	4.75	0.01	0.07	6.27	12.04	−4.68	−0.97
57	阿尔巴尼亚	2.47	16.80	0.03	0.23	6.80	6.69	−16.57	−0.97
58	吉尔吉斯斯坦	1.63	8.83	0.01	0.12	5.42	9.64	−8.71	−0.97
59	卡塔尔	0.11	1.03	0.00	0.01	9.10	6.50	−1.02	−0.98
60	巴勒斯坦	0.03	0.16	0.00	0.00	4.76	2.14	−0.16	−0.98
61	乌兹别克斯坦	0.38	2.75	0.00	0.02	7.24	6.51	−2.72	−0.98
62	柬埔寨	1.61	14.61	0.02	0.12	9.07	5.69	−14.50	−0.98
63	马尔代夫	0.15	1.80	0.00	0.01	11.72	9.17	−1.79	−0.99
64	文莱	0.27	2.86	0.00	0.01	10.65	9.77	−2.85	−0.99
65	伊拉克	1.27	9.12	0.00	0.01	7.20	4.66	−9.11	−1.00
66	蒙古	1.38	8.00	0.00	0.01	5.81	5.10	−8.00	−1.00

注：本表数据根据FAO数据整理，进出口数据不完整的国家未纳入分析。

中国的国产啤酒有一定市场，还有一部分对大麦啤酒的进口，贸易竞争力指数为−0.38，进口多于出口。大麦啤酒贸易竞争力强的国家中，捷克的贸易顺差最大，其次是塞尔维亚。大麦啤酒贸易竞争力弱的国家中，中国贸易逆差最大，其次是俄罗斯，第三是波黑，这与人口、消费偏好都有一定关系。

11. 烟

烟进出口贸易对制成品香烟进行分析，共收集65国数据。中国香烟贸易总量第一，进出口量相当，进口略高于出口，TC值为−0.03。具有较强竞争力的国家有：印度尼西亚、波兰、保加利亚、巴基斯坦。香烟贸易竞争力弱的国家有：塔吉克斯坦、伊拉克、黎巴嫩、卡塔尔、伊朗、土库曼斯坦等（表4-13）。

表 4-13 香烟进出口分析

单位：万吨，百万美元

排名	国家	进口量均值	进口值均值	出口量均值	出口值均值	进口值/进口量	出口值/出口量	出口值－进口值	香烟TC
1	印度尼西亚	0.03	2.23	2.15	131.45	75.61	61.15	129.22	0.97
2	波兰	0.29	18.76	2.66	294.31	65.12	110.46	275.56	0.88
3	保加利亚	0.15	15.03	3.66	210.94	98.28	57.62	195.90	0.87
4	巴基斯坦	0.00	0.29	0.04	2.90	77.92	71.03	2.61	0.82
5	约旦	0.01	2.05	0.24	12.99	192.64	54.58	10.93	0.73
6	印度	0.02	3.29	0.21	17.91	216.06	85.27	14.62	0.69
7	马其顿	0.05	6.01	0.34	31.08	114.19	92.54	25.06	0.68
8	克罗地亚	0.16	14.58	0.55	68.03	89.15	124.51	53.45	0.65
9	立陶宛	0.25	28.82	0.79	106.25	115.05	133.84	77.43	0.57
10	南非	0.11	11.11	0.60	27.89	99.45	46.24	16.78	0.43
11	捷克	0.81	86.98	1.32	191.20	107.51	144.44	104.21	0.37
12	罗马尼亚	0.74	78.05	0.69	145.91	105.55	210.69	67.86	0.30
13	韩国	0.32	59.42	1.13	98.54	187.03	86.87	39.13	0.25
14	菲律宾	0.14	14.77	0.39	24.10	109.28	61.59	9.33	0.24
15	马来西亚	0.34	36.22	0.51	56.98	105.36	112.69	20.76	0.22
16	乌克兰	0.65	70.41	1.03	96.16	108.76	93.20	25.75	0.15
17	新加坡	1.49	278.51	1.71	322.65	186.43	188.79	44.14	0.07
18	匈牙利	0.13	14.16	0.15	15.48	106.66	99.89	1.32	0.04
19	也门	0.06	4.73	0.09	4.78	76.99	53.56	0.05	0.01
20	土耳其	0.42	58.47	0.78	58.25	138.91	74.25	−0.21	0.00
21	中国	3.25	680.33	3.68	637.28	209.20	173.21	−43.05	−0.03
22	阿曼	0.78	93.71	0.67	71.85	120.68	106.85	−21.86	−0.13
23	新西兰	0.03	6.41	0.04	4.85	183.40	136.74	−1.56	−0.14
24	马达加斯加	0.01	0.52	0.01	0.36	59.15	38.77	−0.15	−0.18
25	哈萨克斯坦	0.40	42.15	0.27	28.25	105.84	103.49	−13.90	−0.20
26	阿联酋	1.63	177.79	1.00	118.09	108.98	118.45	−59.70	−0.20
27	俄罗斯	1.90	227.51	1.14	146.93	119.81	128.63	−80.58	−0.22
28	孟加拉国	0.01	1.22	0.01	0.74	197.49	87.58	−0.48	−0.24
29	塞尔维亚	0.48	48.84	0.23	29.61	101.85	130.92	−19.22	−0.25
30	斯里兰卡	0.01	2.35	0.02	1.33	168.20	53.24	−1.02	−0.28

（续）

排名	国家	进口量均值	进口值均值	出口量均值	出口值均值	进口值/进口量	出口值/出口量	出口值一进口值	香烟TC
31	拉脱维亚	0.32	44.14	0.24	22.01	138.07	90.12	−22.13	−0.33
32	巴拿马	0.03	1.83	0.01	0.86	59.40	60.52	−0.97	−0.36
33	尼泊尔	0.00	0.42	0.00	0.13	90.17	54.61	−0.28	−0.51
34	白俄罗斯	0.51	53.71	0.11	16.96	104.54	154.53	−36.75	−0.52
35	摩尔多瓦	0.26	32.32	0.15	10.05	123.14	66.65	−22.26	−0.53
36	巴林	0.17	27.77	0.06	8.25	163.86	127.70	−19.52	−0.54
37	亚美尼亚	0.22	32.24	0.11	9.47	147.61	88.23	−22.78	−0.55
38	泰国	0.35	31.08	0.06	6.52	89.07	104.28	−24.56	−0.65
39	斯洛文尼亚	0.41	50.28	0.14	9.66	122.25	67.81	−40.62	−0.68
40	叙利亚	0.19	28.08	0.04	5.18	148.72	147.67	−22.91	−0.69
41	阿尔巴尼亚	0.27	36.20	0.12	6.03	135.09	50.25	−30.18	−0.71
42	斯洛伐克	0.65	81.09	0.18	13.33	124.30	73.95	−67.75	−0.72
43	爱沙尼亚	0.20	27.36	0.02	4.41	135.96	278.67	−22.95	−0.72
44	波黑	0.40	52.09	0.06	6.30	131.11	103.99	−45.79	−0.78
45	埃及	0.13	13.73	0.02	1.31	107.95	60.91	−12.42	−0.83
46	黑山	0.12	19.11	0.03	1.78	158.06	60.40	−17.33	−0.83
47	缅甸	0.27	36.94	0.02	2.57	139.14	137.51	−34.37	−0.87
48	科威特	0.33	48.99	0.06	3.32	148.37	59.38	−45.67	−0.87
49	埃塞俄比亚	0.02	3.12	0.00	0.21	187.86	105.29	−2.91	−0.88
50	柬埔寨	2.28	129.67	0.08	6.97	56.91	84.48	−122.70	−0.90
51	越南	1.23	260.13	0.18	13.27	211.77	72.42	−246.86	−0.90
52	吉尔吉斯斯坦	0.22	18.38	0.01	0.92	82.58	125.17	−17.45	−0.90
53	阿塞拜疆	0.64	99.89	0.10	4.78	155.65	49.61	−95.11	−0.91
54	摩洛哥	0.14	26.57	0.00	0.95	190.55	436.80	−25.62	−0.93
55	马尔代夫	0.03	7.00	0.00	0.15	268.13	300.00	−6.85	−0.96
56	格鲁吉亚	0.36	39.44	0.02	0.82	111.05	48.95	−38.62	−0.96
57	蒙古	0.12	18.69	0.00	0.29	158.92	138.51	−18.40	−0.97
58	以色列	0.24	51.88	0.01	0.78	218.78	86.39	−51.10	−0.97
59	沙特阿拉伯	1.47	247.14	0.02	2.64	167.70	112.62	−244.50	−0.98
60	土库曼斯坦	0.19	12.06	0.00	0.05	65.10	67.08	−12.01	−0.99
61	伊朗	1.24	121.66	0.01	0.39	98.06	51.22	−121.27	−0.99

（续）

排名	国家	进口量均值	进口值均值	出口量均值	出口值均值	进口值/进口量	出口值/出口量	出口值－进口值	香烟TC
62	卡塔尔	0.13	19.89	0.00	0.05	155.39	93.72	－19.84	－0.99
63	黎巴嫩	0.63	83.95	0.00	0.14	134.03	93.53	－83.81	－1.00
64	伊拉克	0.86	80.03	0.00	0.13	93.38	42.11	－79.90	－1.00
65	塔吉克斯坦	0.03	3.11	0.00	0.00	117.35	13.18	－3.11	－1.00

注：本表数据根据FAO数据整理，进出口数据不完整的国家未纳入分析。

作为世界香烟消费量最大的国家，中国的香烟进出口贸易较为平衡，进口和出口基本相等，进口稍高。在香烟贸易竞争力强的国家中，波兰的香烟贸易顺差最大，其次是保加利亚，第三是印度尼西亚。香烟贸易竞争力弱的国家中，香烟贸易逆差最大的国家是越南，其次是沙特阿拉伯，第三和第四分别是柬埔寨和伊朗。总的来说，香烟的消费与贸易主要受消费偏好的影响。

12. 茶

茶贸易共收集67国数据，中国茶贸易竞争力指数TC为0.74，具有较强的竞争力。茶进出口贸易具有强竞争力的国家有：斯里兰卡、印度尼西亚、孟加拉国、印度，TC指数均在0.9以上。茶贸易竞争力弱的国家有：乌兹别克斯坦、柬埔寨、蒙古、塔吉克斯坦、不丹、乌克兰、巴基斯坦、亚美尼亚等（表4－14）。

表4－14 茶进出口分析

单位：万吨，百万美元

排名	国家	进口量均值	进口值均值	出口量均值	出口值均值	进口值/进口量	出口值/出口量	出口值－进口值	茶TC
1	斯里兰卡	0.41	9.11	22.42	504.99	22.48	22.52	495.87	0.96
2	印度尼西亚	0.28	3.90	7.18	96.73	14.03	13.47	92.83	0.92
3	孟加拉国	0.07	1.31	1.96	28.70	18.45	14.67	27.39	0.91
4	印度	1.39	21.83	19.94	408.08	15.76	20.47	386.25	0.90
5	中国	2.43	52.11	17.01	345.86	21.43	20.34	293.76	0.74
6	埃塞俄比亚	0.02	0.20	0.06	0.89	12.25	14.32	0.70	0.64
7	马达加斯加	0.00	0.05	0.02	0.24	16.81	12.45	0.19	0.64
8	尼泊尔	0.05	0.96	0.23	4.11	18.11	17.49	3.15	0.62
9	格鲁吉亚	0.08	2.39	0.78	5.32	29.98	6.87	2.93	0.38
10	越南	0.33	20.19	3.44	43.95	61.87	12.77	23.75	0.37

（续）

排名	国家	进口量均值	进口值均值	出口量均值	出口值均值	进口值/进口量	出口值/出口量	出口值－进口值	茶 TC
11	匈牙利	0.14	4.21	0.08	7.07	30.06	89.66	2.86	0.25
12	土耳其	0.24	4.93	0.66	7.43	20.64	11.27	2.50	0.20
13	韩国	0.02	1.30	0.04	1.47	61.24	36.64	0.17	0.06
14	阿塞拜疆	0.63	13.00	0.39	13.74	20.59	34.97	0.73	0.03
15	巴拿马	0.02	0.74	0.01	0.77	44.65	113.36	0.03	0.02
16	新加坡	0.49	12.99	0.53	12.59	26.31	23.93	−0.40	−0.02
17	波兰	2.34	49.63	0.59	43.73	21.24	74.60	−5.89	−0.06
18	塞尔维亚	0.01	0.66	0.01	0.56	47.71	104.16	−0.10	−0.09
19	阿联酋	2.99	90.94	1.52	56.30	30.45	37.03	−34.64	−0.24
20	泰国	0.12	2.20	0.06	1.19	17.86	19.63	−1.01	−0.30
21	罗马尼亚	0.03	1.26	0.01	0.58	37.14	52.06	−0.68	−0.37
22	斯洛伐克	0.07	3.25	0.02	1.48	47.55	80.31	−1.78	−0.38
23	克罗地亚	0.01	0.84	0.00	0.35	66.55	110.80	−0.48	−0.41
24	斯洛文尼亚	0.01	1.13	0.00	0.38	75.31	99.03	−0.74	−0.49
25	立陶宛	0.12	8.37	0.03	2.84	72.41	89.32	−5.53	−0.49
26	缅甸	0.08	1.57	0.04	0.50	20.90	11.35	−1.07	−0.52
27	阿曼	0.28	8.75	0.11	2.77	31.78	25.54	−5.99	−0.52
28	保加利亚	0.04	0.94	0.01	0.25	25.19	27.40	−0.69	−0.58
29	拉脱维亚	0.11	7.64	0.02	1.84	69.74	75.09	−5.80	−0.61
30	捷克	0.25	13.15	0.03	3.12	53.10	97.03	−10.04	−0.62
31	黑山	0.00	0.36	0.00	0.08	111.46	24.06	−0.28	−0.63
32	南非	1.68	23.65	0.22	4.90	14.04	22.78	−18.75	−0.66
33	波黑	0.00	0.35	0.00	0.07	92.23	157.96	−0.29	−0.68
34	也门	0.82	13.68	0.06	2.58	16.74	40.99	−11.10	−0.68
35	吉尔吉斯斯坦	0.38	5.40	0.05	0.98	14.04	20.41	−4.42	−0.69
36	马来西亚	0.73	11.49	0.10	2.06	15.82	20.10	−9.42	−0.70
37	巴林	0.10	4.12	0.04	0.60	41.88	14.07	−3.51	−0.74
38	菲律宾	0.05	1.18	0.01	0.13	22.69	10.21	−1.06	−0.80
39	爱沙尼亚	0.06	4.64	0.01	0.46	78.98	40.45	−4.17	−0.82
40	以色列	0.21	5.54	0.01	0.54	25.86	72.47	−5.00	−0.82
41	黎巴嫩	0.23	6.64	0.01	0.62	28.83	55.35	−6.02	−0.83

（续）

排名	国家	进口量均值	进口值均值	出口量均值	出口值均值	进口值/进口量	出口值/出口量	出口值－进口值	茶TC
42	科威特	0.48	16.20	0.08	1.46	33.75	19.45	−14.74	−0.83
43	伊朗	2.45	70.31	0.74	6.28	28.66	8.54	−64.02	−0.84
44	俄罗斯	15.69	356.16	0.66	31.10	22.69	47.37	−325.05	−0.84
45	马其顿	0.07	1.30	0.00	0.11	19.83	32.14	−1.19	−0.84
46	埃及	4.73	94.56	0.13	7.45	19.99	56.73	−87.11	−0.85
47	阿尔巴尼亚	0.01	0.27	0.00	0.02	42.62	20.14	−0.25	−0.87
48	摩尔多瓦	0.06	2.89	0.00	0.18	51.06	55.06	−2.71	−0.88
49	卡塔尔	0.11	6.24	0.01	0.37	54.47	47.33	−5.87	−0.89
50	文莱	0.01	0.67	0.00	0.04	45.78	22.86	−0.63	−0.89
51	摩洛哥	2.84	58.49	0.02	3.37	20.62	207.91	−55.12	−0.89
52	约旦	0.40	12.11	0.02	0.55	30.18	23.76	−11.55	−0.91
53	巴勒斯坦	0.12	3.45	0.01	0.14	27.73	24.93	−3.32	−0.92
54	白俄罗斯	0.29	19.38	0.02	0.73	67.12	38.52	−18.65	−0.93
55	叙利亚	1.58	33.84	0.08	1.27	21.47	15.31	−32.57	−0.93
56	新西兰	0.54	11.91	0.01	0.42	22.18	56.52	−11.48	−0.93
57	沙特阿拉伯	1.48	68.61	0.05	2.27	46.43	44.43	−66.34	−0.94
58	哈萨克斯坦	2.06	53.86	0.04	1.40	26.21	35.33	−52.46	−0.95
59	土库曼斯坦	0.51	6.27	0.01	0.16	12.23	21.42	−6.10	−0.95
60	亚美尼亚	0.02	1.13	0.00	0.02	56.86	19.44	−1.11	−0.97
61	巴基斯坦	7.83	143.63	0.10	2.31	18.33	23.46	−141.31	−0.97
62	乌克兰	1.77	58.77	0.02	0.83	33.20	44.30	−57.94	−0.97
63	不丹	0.01	0.27	0.00	0.00	20.02	12.23	−0.27	−0.97
64	塔吉克斯坦	0.35	4.14	0.01	0.04	11.65	5.94	−4.09	−0.98
65	蒙古	0.37	3.29	0.00	0.01	9.00	8.40	−3.28	−0.99
66	柬埔寨	0.06	1.19	0.00	0.00	20.14	5.22	−1.19	−0.99
67	乌兹别克斯坦	1.82	23.75	0.00	0.03	13.02	23.29	−23.72	−1.00

注：本表数据根据FAO数据整理，进出口数据不完整的国家未纳入分析。

中国是茶的故乡，茶树的发源地，中国的茶文化和茶贸易从古代开始，源远流长，但中国茶贸易量并不是最多的。有研究指出中国茶叶国际贸易不足世界茶叶国际贸易总额的1%，而英国立顿占国际茶叶贸易总额的80%。虽然中国茶贸易的竞争力指数为0.74，但也不是最高的，中国茶贸易具有一定竞争力，但仍有提高的空间，尤其是怎样在国际化道路上形成核心竞争力和优势品牌。茶贸易竞争力强的国家中，贸易顺差最大的为斯里兰卡，同时贸易竞争力TC值也最大，具有显著的竞争优势。茶贸易顺差排在第二位的是印度，第三是中国。茶贸易竞争力弱的国家中，俄罗斯贸易逆差最大，巴基斯坦第二，第三是沙特阿拉伯。

13. 皮棉

皮棉贸易共收集62国的数据，中国为世界最大的皮棉进口国，TC指数为−0.85，皮棉进口依赖性较强。皮棉进出口贸易方面具有较强竞争力的国家有：叙利亚、乌兹别克斯坦、阿塞拜疆、吉尔吉斯斯坦、哈萨克斯坦。皮棉贸易竞争力弱的国家有：越南、孟加拉国、罗马尼亚、菲律宾、泰国、印度尼西亚、韩国等（表4-15）。

表4-15　皮棉进出口分析

单位：万吨，百万美元

排名	国家	进口量均值	进口值均值	出口量均值	出口值均值	进口值/进口量	出口值/出口量	出口值－进口值	皮棉TC
1	叙利亚	0.01	0.13	11.09	132.64	23.61	11.96	132.51	1.00
2	乌兹别克斯坦	0.08	1.16	71.96	930.93	14.80	12.94	929.77	1.00
3	阿塞拜疆	0.03	0.28	2.61	24.82	9.29	9.50	24.54	0.98
4	吉尔吉斯斯坦	0.15	1.77	2.68	26.71	11.53	9.96	24.94	0.88
5	哈萨克斯坦	0.91	9.29	8.06	91.15	10.16	11.31	81.86	0.81
6	以色列	0.45	6.54	2.93	48.56	14.43	16.58	42.02	0.76
7	也门	0.08	0.91	0.38	4.98	11.52	13.16	4.07	0.69
8	埃及	2.81	54.96	15.30	288.31	19.53	18.84	233.34	0.68
9	印度	9.46	129.59	29.55	461.47	13.70	15.62	331.88	0.56
10	巴勒斯坦	0.00	0.04	0.01	0.11	11.08	15.70	0.08	0.51
11	阿富汗	0.27	5.48	1.19	13.91	20.01	11.71	8.43	0.43
12	马达加斯加	0.10	1.37	0.16	1.93	13.62	12.34	0.55	0.17
13	摩尔多瓦	0.15	0.86	0.07	1.20	5.87	17.50	0.33	0.16
14	蒙古	0.01	0.05	0.00	0.06	6.68	13.06	0.01	0.12
15	巴基斯坦	10.05	161.52	18.68	193.95	16.07	10.38	32.44	0.09
16	伊朗	1.25	27.28	3.71	31.96	21.82	8.61	4.69	0.08
17	缅甸	0.16	2.31	0.31	2.24	14.37	7.14	−0.07	−0.02
18	埃塞俄比亚	0.15	2.82	0.20	2.66	18.42	12.98	−0.17	−0.03
19	阿曼	0.00	0.07	0.00	0.06	17.64	31.54	−0.01	−0.06

（续）

排名	国家	进口量均值	进口值均值	出口量均值	出口值均值	进口值/进口量	出口值/出口量	出口值—进口值	皮棉TC
20	阿联酋	0.44	7.33	0.42	6.03	16.71	14.49	−1.29	−0.10
21	新加坡	1.06	14.44	0.72	9.75	13.66	13.47	−4.69	−0.19
22	科威特	0.06	0.12	0.02	0.07	1.94	3.02	−0.05	−0.28
23	阿尔巴尼亚	0.18	2.77	0.10	1.22	15.13	11.63	−1.55	−0.39
24	立陶宛	0.79	10.05	0.29	4.03	12.73	13.74	−6.02	−0.43
25	土耳其	25.50	398.91	12.61	138.13	15.64	10.95	−260.78	−0.49
26	马来西亚	4.15	70.13	1.01	20.77	16.91	20.64	−49.36	−0.54
27	乌克兰	1.81	21.36	0.49	6.32	11.79	12.79	−15.03	−0.54
28	卡塔尔	0.01	0.15	0.00	0.04	10.88	185.00	−0.11	−0.60
29	格鲁吉亚	0.04	2.27	0.01	0.53	64.78	38.64	−1.74	−0.62
30	斯洛伐克	0.52	8.20	0.08	1.61	15.69	18.97	−6.60	−0.67
31	新西兰	0.00	0.09	0.00	0.02	19.15	40.00	−0.08	−0.70
32	柬埔寨	0.19	1.76	0.05	0.28	9.48	5.25	−1.49	−0.73
33	保加利亚	4.07	53.60	0.69	8.40	13.17	12.12	−45.19	−0.73
34	爱沙尼亚	1.51	20.44	0.28	3.08	13.53	11.12	−17.36	−0.74
35	俄罗斯	25.10	280.00	4.01	38.31	11.16	9.54	−241.70	−0.76
36	拉脱维亚	0.33	5.74	0.06	0.73	17.19	13.00	−5.01	−0.77
37	黎巴嫩	0.25	2.73	0.07	0.35	11.01	5.05	−2.38	−0.77
38	伊拉克	0.97	15.70	0.25	1.91	16.14	7.60	−13.79	−0.78
39	摩洛哥	2.27	35.97	0.29	4.16	15.85	14.59	−31.80	−0.79
40	南非	3.27	40.39	0.38	4.54	12.35	11.83	−35.84	−0.80
41	捷克	4.10	64.63	0.49	6.20	15.78	12.60	−58.43	−0.82
42	中国	115.77	1 837.50	11.31	148.09	15.87	13.10	−1 689.40	−0.85
43	匈牙利	5.03	56.13	0.38	3.87	11.17	10.23	−52.26	−0.87
44	约旦	0.10	1.54	0.00	0.10	15.32	20.38	−1.44	−0.88
45	沙特阿拉伯	0.14	1.02	0.00	0.05	7.21	12.96	−0.97	−0.91
46	克罗地亚	0.27	2.67	0.01	0.11	10.00	20.40	−2.56	−0.92
47	白俄罗斯	1.56	21.90	0.05	0.74	14.07	13.74	−21.15	−0.93
48	波黑	0.24	4.82	0.01	0.14	20.42	22.15	−4.68	−0.94
49	马其顿	0.27	4.46	0.00	0.11	16.31	23.25	−4.35	−0.95
50	尼泊尔	0.15	1.96	0.01	0.04	12.96	7.84	−1.92	−0.96

（续）

排名	国家	进口量均值	进口值均值	出口量均值	出口值均值	进口值/进口量	出口值/出口量	出口值—进口值	皮棉TC
51	巴林	0.48	6.34	0.01	0.13	13.33	9.85	−6.21	−0.96
52	斯洛文尼亚	0.73	12.04	0.02	0.24	16.59	15.83	−11.80	−0.96
53	塞尔维亚	0.14	2.69	0.00	0.04	19.81	12.57	−2.65	−0.97
54	波兰	10.35	112.98	0.09	1.21	10.92	13.53	−111.77	−0.98
55	斯里兰卡	0.65	9.42	0.01	0.09	14.48	15.22	−9.33	−0.98
56	韩国	25.67	395.62	0.18	2.96	15.41	16.31	−392.66	−0.99
57	印度尼西亚	27.56	443.54	0.14	2.47	16.09	17.46	−441.07	−0.99
58	泰国	20.57	318.99	0.13	1.71	15.51	13.04	−317.29	−0.99
59	菲律宾	3.52	43.48	0.02	0.22	12.34	10.47	−43.26	−0.99
60	罗马尼亚	5.98	81.61	0.02	0.29	13.65	18.16	−81.32	−0.99
61	孟加拉国	13.77	206.24	0.06	0.68	14.98	11.77	−205.56	−0.99
62	越南	8.53	146.17	0.04	0.47	17.13	12.55	−145.70	−0.99

注：本表数据根据FAO数据整理，进出口数据不完整的国家未纳入分析。

中国是世界上最大的棉花生产和消费国，也是重要的棉花贸易国，皮棉贸易逆差量大且皮棉贸易竞争力指数小，皮棉贸易竞争力很弱，需要在生产技术和政策引导方面加以提高。皮棉贸易竞争力强的国家中，乌兹别克斯坦在总量贸易顺差和相对量贸易竞争力TC值方面都排第一，具有皮棉贸易的绝对优势。皮棉贸易顺差第二名是印度，第三名是埃及。皮棉贸易逆差最大的是中国，逆差第二名的是印度尼西亚，第三名是韩国。这与人口及国家的产业政策有一定关系。

二、国际市场占有率

国际市场占有率，为各国农业出口总额/世界农产品出口总额。本部分共收集55个国家或地区数据，中国数据为原始数据即大陆、香港、澳门、台湾汇总数据。为与世界市场比较，增加美国数据。各国农产品TC合并计算见表4-16。其中，世界农产品贸易数据为已有数据求和，进口数据共包括167个国家或地区数据，出口数据共包括164个国家或地区数据。

从表中可以看出，中国农产品贸易竞争力指数TC值为−0.30，进口大于出口，竞争力弱。美国的农产品贸易顺差最大，且市场占有率最高，贸易竞争力TC值为0.18，具有较强的竞争优势。农产品贸易顺差居于第二位和第三位的分别是泰国和新西兰，TC值分别为0.67（排名第二）和0.75（排名第一)，具有很强的竞争力。农产品贸易逆差最大的是俄罗斯，其次是中国。

中国农产品国际市场占有率为3.42%，美国最高，为13.76%。农产品国际市场占有率较高的国家还有：泰国、新西兰、马来西亚、印度尼西亚、印度、波兰、乌克兰、土耳其(表4-16)。

表4-16 农产品进出口分析

排名	国家	进口量均值(量)	进口值均值(价)	出口量均值(量)	出口值均值(价)	农产品TC	国际市场占有率(%)
1	美国	384.08	315.22	462.17	456.88	0.18	13.76
2	中国	275.59	212.31	145.98	113.66	−0.30	3.42
3	泰国	42.43	15.38	78.97	78.43	0.67	2.36
4	新西兰	9.68	8.60	66.21	60.48	0.75	1.82
5	马来西亚	54.63	26.25	120.44	51.11	0.32	1.54
6	印度尼西亚	46.25	26.58	106.33	48.80	0.29	1.47
7	印度	48.93	33.64	89.42	42.08	0.11	1.27
8	波兰	33.69	52.83	45.04	37.04	−0.18	1.12
9	乌克兰	23.44	17.88	49.84	36.20	0.34	1.09
10	土耳其	38.51	23.46	48.84	35.37	0.20	1.07
11	南非	31.85	12.97	22.24	27.56	0.36	0.83
12	俄罗斯	162.79	143.29	42.12	26.08	−0.69	0.79
13	新加坡	25.41	33.57	16.37	25.02	−0.15	0.75
14	匈牙利	12.86	17.01	29.40	23.87	0.17	0.72
15	菲律宾	26.63	14.92	17.03	16.06	0.04	0.48
16	越南	21.26	11.86	37.33	14.64	0.11	0.44
17	立陶宛	10.34	10.09	13.38	12.51	0.11	0.38
18	哈萨克斯坦	11.97	10.26	9.43	11.26	0.05	0.34
19	白俄罗斯	13.91	13.10	11.99	10.91	−0.09	0.33
20	乌兹别克斯坦	3.42	6.75	16.87	10.47	0.22	0.32
21	罗马尼亚	16.17	15.51	8.74	10.66	−0.19	0.32
22	摩洛哥	18.50	11.64	5.85	10.13	−0.07	0.31
23	以色列	18.14	12.80	6.58	9.95	−0.13	0.30
24	伊朗	32.28	25.70	16.63	9.24	−0.47	0.28
25	保加利亚	7.43	9.36	16.92	9.46	0.01	0.28
26	巴基斯坦	23.08	15.17	17.31	8.11	−0.3	0.24

（续）

排名	国家	进口量均值（量）	进口值均值（价）	出口量均值（量）	出口值均值（价）	农产品 TC	国际市场占有率（%）
27	斯里兰卡	8.76	6.44	10.50	7.91	0.10	0.24
28	韩国	80.34	55.35	10.73	7.37	−0.76	0.22
29	阿联酋	44.99	20.02	18.51	7.06	−0.48	0.21
30	沙特阿拉伯	65.54	41.69	6.34	6.15	−0.74	0.19
31	埃及	38.80	25.95	16.15	5.84	−0.63	0.18
32	摩尔多瓦	2.27	2.49	5.80	4.44	0.28	0.13
33	拉脱维亚	6.93	8.08	4.90	4.30	−0.31	0.13
34	爱沙尼亚	6.37	6.89	3.93	4.20	−0.24	0.13
35	叙利亚	14.91	6.31	17.84	4.07	−0.22	0.12
36	约旦	11.75	6.62	3.28	3.34	−0.33	0.10
37	巴拿马	4.07	1.98	2.16	3.10	0.22	0.09
38	阿塞拜疆	5.63	4.07	3.15	2.36	−0.27	0.07
39	马达加斯加	1.94	0.90	1.22	2.14	0.41	0.06
40	土库曼斯坦	0.81	2.94	1.96	2.12	−0.16	0.06
41	黎巴嫩	9.42	9.29	1.82	1.75	−0.68	0.05
42	尼泊尔	5.90	1.49	0.81	1.29	−0.07	0.04
43	塔吉克斯坦	2.44	2.48	2.24	1.48	−0.25	0.04
44	吉尔吉斯斯坦	2.15	1.96	1.28	1.30	−0.20	0.04
45	格鲁吉亚	6.39	3.93	2.6	1.01	−0.59	0.03
46	巴勒斯坦	44.94	2.08	0.47	0.69	−0.50	0.02
47	科威特	12.13	8.41	0.23	0.64	−0.86	0.02
48	蒙古	1.77	0.66	0.43	0.55	−0.10	0.02
49	伊拉克	26.03	14.67	0.81	0.33	−0.96	0.01
50	亚美尼亚	3.25	2.78	0.34	0.18	−0.88	0.01
51	老挝	0.75	0.57	1.36	0.09	−0.73	0.00
52	文莱	1.79	1.26	0.02	0.02	−0.97	0.00
世界（167，164）		4 114.01	3 545.73	4 132.17	3 320.42	−0.03	

注：根据 FAO 数据整理。

三、显示性比较优势指数 RCA

显示性比较优势指数（Revealed Comparative Advantage，简称 RCA）是

指一国某种商品的出口值占该国所有商品出口总值的份额与世界该商品的出口值占世界所有商品出口总值的份额的比例。

$$RCA_{ij} = \frac{X_{ij} / X_{it}}{X_{wj} / X_{wt}}$$

其中，X_{ij} 表示 i 国 j 种产品的出口值；X_{it} 代表 i 国所有商品的出口总值；X_{wj} 代表世界 j 种产品的出口值；X_{wt} 代表世界所有商品的出口总值。

一般而言，如果 RCA>1，代表 i 国 j 种产品比起其已出口商品占有更大的市场份额，i 国在 j 种产品的生产上具有比较优势，反之则没有明显比较优势。

通常划分：

弱：RCA<0.8；

中等：0.8≤RCA<1.25；

次强：1.25≤RCA<2.5；

强：RCA≥2.5。

本书中农产品数据根据 FAO 数据整理，共收集 164 个国家或地区的数据；世界商品数据根据联合国统计署的贸易数据库 UNCOMTRADE 整理，共收集 163 个国家或地区的数据。其中均以收集区间计算均值，农产品汇总数据为 164 国均值和，世界商品汇总数据为 2013 年的 163 国数据和。中国数据为原始数据，含中国大陆、香港、澳门、台湾的汇总数据。

RCA 值大于 1 表示某国该种产品优于世界水平。中国的农产品显示性比较优势指数 RCA 仅为 0.78，在商品出口贸易中竞争力弱。根据 RCA 指标，农产品竞争力较强的国家有：摩尔多瓦、新西兰、马达加斯加、塔吉克斯坦、尼泊尔、土库曼斯坦、吉尔吉斯斯坦、斯里兰卡、乌克兰、巴勒斯坦、立陶宛、格鲁吉亚、摩洛哥等。其中，摩尔多瓦的 RCA 值最高，农产品在摩尔多瓦所有商品出口值中占的比例是世界水平的 22.74 倍。排在第二位的是新西兰，是世界水平的 18.15 倍。排在第三位的是马达加斯加（表 4-17）。

表 4-17 农产品 RCA 进出口分析

单位：亿美元

排名	国家	农产品出口值均值	商品出口值均值	农产品 RCA
1	摩尔多瓦	4.44	12.30	22.74
2	新西兰	60.48	210.07	18.15
3	马达加斯加	2.14	9.29	14.53
4	塔吉克斯坦	1.48	6.92	13.45
5	尼泊尔	1.29	7.20	11.29

（续）

排名	国家	农产品出口值均值	商品出口值均值	农产品 RCA
6	土库曼斯坦	2.12	12.59	10.61
7	吉尔吉斯斯坦	1.30	10.47	7.82
8	斯里兰卡	7.91	64.28	7.75
9	乌克兰	36.20	376.50	6.06
10	巴勒斯坦	0.69	7.22	6.05
11	立陶宛	12.51	142.00	5.55
12	格鲁吉亚	1.01	11.88	5.37
13	摩洛哥	10.13	125.77	5.08
14	黎巴嫩	1.75	23.36	4.72
15	泰国	78.43	1 070.58	4.62
16	约旦	3.34	47.78	4.41
17	拉脱维亚	4.30	61.45	4.41
18	保加利亚	9.46	153.26	3.89
19	印度尼西亚	48.80	893.20	3.44
20	土耳其	35.37	683.27	3.26
21	白俄罗斯	10.91	215.57	3.19
22	巴拿马	3.10	62.42	3.13
23	美国	456.88	9 529.28	3.02
24	爱沙尼亚	4.20	92.89	2.85
25	南非	27.56	622.16	2.79
26	马来西亚	51.11	1 241.17	2.60
27	埃及	5.84	141.94	2.59
28	巴基斯坦	8.11	198.43	2.58
29	匈牙利	23.87	586.62	2.56
30	罗马尼亚	10.66	276.58	2.43
31	菲律宾	16.06	430.14	2.35
32	印度	42.08	1 135.90	2.34
33	波兰	37.04	1 025.69	2.28
34	哈萨克斯坦	11.26	364.19	1.95
35	蒙古	0.55	17.85	1.93
36	以色列	9.95	442.84	1.42

（续）

排名	国家	农产品出口值均值	商品出口值均值	农产品 RCA
37	越南	14.64	663.38	1.39
38	阿塞拜疆	2.36	111.59	1.33
39	伊朗	9.24	456.76	1.27
40	亚美尼亚	0.18	9.37	1.22
41	中国	113.66	9 224.85	0.78
42	新加坡	25.02	2 072.10	0.76
43	俄罗斯	26.08	2 716.44	0.61
44	阿联酋	7.06	1 573.04	0.28
45	沙特阿拉伯	6.15	1611.18	0.24
46	老挝	0.09	24.44	0.23
47	韩国	7.37	2 621.96	0.18
48	科威特	0.64	567.45	0.07
49	伊拉克	0.33	710.72	0.03
50	文莱	0.02	54.79	0.02
	世界农产品（164）	3 320.42	世界商品（163）	209 298.47

注：本表农产品数据根据 FAO 数据整理，世界商品数据根据联合国统计署 UNCOMTRADE 数据整理。

第四节 农业要素竞争力

1. 农业水资源

“一带一路”沿线国家的资源分布不均。可再生内陆淡水资源是指某国国内的可再生资源（内陆河流及降雨产生的地表水）。“一带一路”沿线国家的人均可再生内陆淡水资源排名前五位的是不丹、新西兰、巴拿马、老挝、文莱。除不丹的人均可再生内陆淡水资源达 20.85 万立方米，其余国家资源小于 10 万立方米，只有 4 个国家的人均可再生内陆淡水资源高于 5 万立方米，全部国家均值为 1.2 万立方米。年度淡水抽取量指水源总抽取量，未计入水库的蒸发损失，农业淡水抽取量是用于灌溉和畜牧生产的总抽取量。“一带一路”沿线国家的年农业淡水抽取量占抽取总量百分比排名前五位的是阿富汗、马达加斯加、尼泊尔、土库曼斯坦、巴基斯坦，其中前十名的比例都高于 90%，“一带一路”沿线国家均值为 59.02%（表 4-18）。

表 4-18 "一带一路"沿线国家水资源情况

序号	人均可再生内陆淡水资源		年农业淡水抽取量占抽取总量	
	国家	体积（万立方米）	国家	百分比（%）
1	不丹	20.85	阿富汗	98.75
2	新西兰	9.66	马达加斯加	98.18
3	巴拿马	6.26	尼泊尔	97.92
4	老挝	5	土库曼斯坦	95.77
5	文莱	4.19	巴基斯坦	95.39
6	马来西亚	3.65	不丹	94.08
7	马达加斯加	3.29	柬埔寨	94.00
8	俄罗斯	2.97	吉尔吉斯斯坦	93.47
9	缅甸	2.81	越南	92.98
10	蒙古	1.93	伊朗伊斯兰共和国	92.33
	均值	1.2	均值	59.02

资料来源：世界银行，电子文件和网站，根据有数据的68个国家计算。

"一带一路"沿线国家的平均土壤侵蚀程度排名前五位的是阿尔巴尼亚、越南、南非、泰国、菲律宾，前五名侵蚀程度高于2，其余国家侵蚀程度都低于2，"一带一路"沿线国家平均土壤侵蚀程度为0.96（表4-19）。

表 4-19 "一带一路"沿线国家平均土壤侵蚀程度

序号	国家	程度（%）
1	阿尔巴尼亚	2.78
2	越南	2.47
3	南非	2.35
4	泰国	2.28
5	菲律宾	2.18
6	土耳其	1.86
7	柬埔寨	1.74
8	马来西亚	1.64
9	斯里兰卡	1.5
10	巴拿马	1.45
	均值	0.96

注：平均土壤侵蚀程度指平均被侵蚀土壤占土地总面积的比例。

资料来源：世界银行，电子文件和网站，根据有数据的45个国家计算。

2. 农业用地面积

取 1961—2015 年各国家农业用地面积均值，“一带一路”沿线国家平均农业用地面积高于世界平均水平。据 213 个国家的数据显示，总体国家平均值为 2 284.09 万公顷，“一带一路”沿线国家的均值为 3 049.32 万公顷，高于世界平均水平 33.5%。图 4 - 1 为“一带一路”沿线国家与世界部分国家农业用地面积对比图，可以看出，农业用地面积水平较高的国家澳大利亚、美国、巴西的农业用地面积分别为“一带一路”沿线国家均值的 16 倍、14 倍、8 倍。中国、巴西、阿根廷的农业用地面积整体呈上涨趋势，美国、澳大利亚呈下降趋势，“一带一路”沿线国家及其他国家的农业用地面积基本维持稳定。

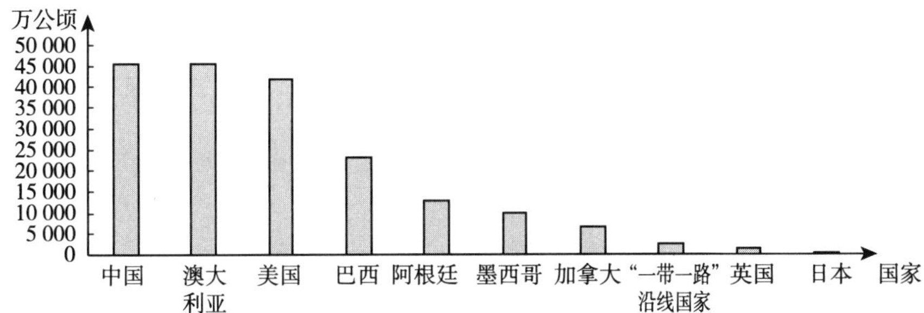

图 4 - 1　1961—2015 年“一带一路”沿线国家与世界部分国家农业用地面积

资料来源：联合国粮农组织，电子文件和网站。

3. 拖拉机使用数量

取 1961—2009 年各国家每 100 平方千米的拖拉机数量均值，“一带一路”沿线国家拖拉机使用情况低于世界平均水平。据 190 个国家的数据显示，总体国家平均值为 28.22 万台，“一带一路”沿线国家的均值为 8.61 万台，处于世界平均水平偏下。图 4 - 2 为“一带一路”沿线国家拖拉机总量图，可以看出，与拖拉机使用数量较大的国家美国、日本和加拿大等国相比，“一带一路”沿线国家的拖拉机平均使用数量较少。另外，中国、日本、墨西哥、巴西的拖拉机使用量整体呈上升趋势，美国呈下降趋势，“一带一路”沿线国家及其他国家的拖拉机使用量呈维持上升趋势。

4. 农药消耗量

取 1990—2015 年各国家农药消耗量均值，“一带一路”沿线国家平均农药消耗量高于世界平均水平。据 162 个国家的数据显示，总体国家平均值为 2.18 万吨，“一带一路”沿线国家的均值为 3.16 万吨，高于世界平均水平 44.95%。图 4 - 3 为“一带一路”沿线国家与主要经济体农药消耗量图，可以看出，“一带一路”沿线国家的农药消耗量处于中下等水平。“一带一路”沿线国家、中国、巴西、阿根廷的农药消耗量整体呈上涨趋势，日本、英国呈下降趋势。

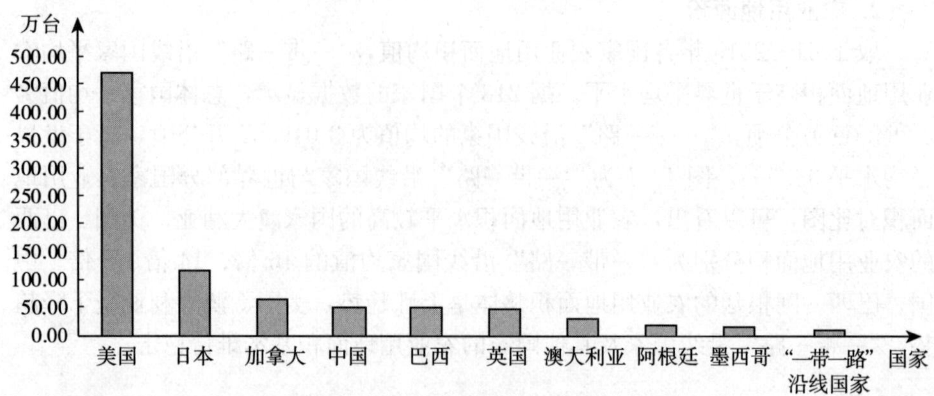

图 4-2 1961—2009 年“一带一路”沿线国家与世界部分国家拖拉机使用情况

资料来源：联合国粮农组织，电子文件和网站。

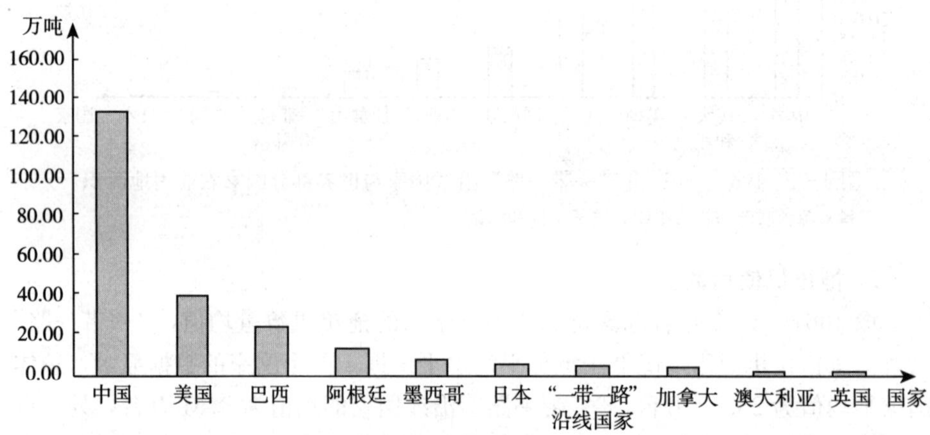

图 4-3 1990—2015 年“一带一路”沿线国家与世界部分国家农药消耗量

资料来源：联合国粮农组织，电子文件和网站。

第五节 农业环境竞争力

1. 政策环境

(1) 财政用于农业的支出

本部分分析基于联合国粮农组织的各国中央政府农业财政支出的数据，共有 20 个国家数据。可以看出，各国对于农业的财政支出普遍较低，其中 11 个国家支出在一亿美元以上，有两个国家超过十亿美元，波兰 2015 年支出 16.07 亿美元，俄罗斯 2016 年支出 31.65 亿美元。基于对 20 个国家数据的分析，可知“一带一路”沿线国家对于农业的财政补贴力度仍有很大的上升空间，在对“一带一路”倡议的推动下，中央政府支农支出的利用效率也会更高（表 4-20）。

表 4-20 财政用于农业的支出

单位：百万美元

国家	2012年	2013年	2014年	2015年	2016年
亚美尼亚	52.6	42.45	23.2	69.16	98.37
孟加拉国				175.49	173.37
克罗地亚	629.03	574.77	625.42	742.02	702.03
埃及	793.09	826.6	769.61	684.93	537.14
格鲁吉亚	128.85	105.81	123.27	88.59	97.26
以色列	283.37	291.59	454.46	330.08	262.05
约旦	56.69	62.26	75.18	73.21	
哈萨克斯坦	433.4	472.7	295.38	329.4	
马尔代夫				2.89	2.12
黑山	11.78	11.28	12.88	10.21	
尼泊尔	307.36	405.8	512.12	481.89	486.61
巴基斯坦	251.67				
巴拿马	94	105.14	152.09	193.87	176.96
波兰	2 676.46	2 345.74	1 959.08	1 606.84	
摩尔多瓦	102.93	107.39	102.96	116.93	63.5
俄罗斯			5 248.54	2 738.31	3 164.69
南非	995.98	927.91	913.97	741.36	
阿联酋	4.63	6.92	4.74	6.81	
越南	106.63	185.06	103.47		

资料来源：FAO。

（2）农业科技支出

“一带一路”沿线国家农业科技支出数据缺失严重，共搜集到 22 个国家数据，数据覆盖 2000—2012 年，以 2011 年购买力平价计算。表 4-21 列出 2008—2012 年五年数据。从表 4-21 中可以看出，各国的农业科技支出差距较大。

表 4-21 农业科技支出

单位：百万美元

国家	2008 年	2009 年	2010 年	2011 年	2012 年
孟加拉国	187	208.9	238.3	256.4	249.9
柬埔寨	17.6	19.3	22.4		
中国	5 475.7				
埃及		425.5	450.9	449.5	528.4
印度	3 102.5	3 375.4			
约旦	37	38.1	36.2	33.6	36.2
黎巴嫩		24.3	23.9	29.7	38.2
马来西亚	563.5	625.4	592.3		
墨西哥	655.2				
摩洛哥		142.9	141.9	134.1	147.3
尼泊尔	39.1	40.4	36.5	49.9	53.4
阿曼	64.6	94.4	86.6	92	110
巴基斯坦	359.7	313.4			
巴拿马	15.5				
南非	316.6	299.5	295.3	294.5	
斯里兰卡	63.6	61.8			
越南	123.8	134	136		
也门共和国		53.4	40.1	33.5	38.7

资料来源：FAO。

2. 生态环境

"一带一路"沿线国家的森林覆盖率均值为 25.77%，国家之间差别较大。排名前五位的国家是老挝、文莱、马来西亚、不丹、巴拿马，森林覆盖率大于 50%的国家只有 14 个，中国的森林覆盖率为 19.60%，低于"一带一路"沿线国家平均水平。"一带一路"沿线国家的平均土壤退化程度排名前五位的国家是中国、新加坡、阿尔巴尼亚、越南、泰国，其中中国的平均土壤退化程度达 7.87%，其余国家不超过 4%，"一带一路"沿线国家均值为 2.53。"一带一路"沿线国家表层土的平均碳含量排名前五位的是文莱、爱沙尼亚、印度尼西亚、白俄罗斯、俄罗斯，其中文莱的表层土的平均碳含量为 10.17%，其余国家均低于 10%，"一带一路"沿线国家均值为 1.58%。"一带一路"沿线国家遭遇干旱、洪水和极端气温人口占总人口的百分比排名前五位的国家是中国、柬埔寨、塔吉克斯坦、阿尔巴尼亚、孟加拉国，其中中国、柬埔寨、塔吉克斯坦、阿尔巴尼亚的遭遇干旱、洪水和极端气温人口占总人口的百分比为

7.95%、6.64%、5.38%、5.27%，其余国家均小于5%，“一带一路”沿线国家均值为1.06%（表4-22）。

表4-22　“一带一路”沿线国家生态环境情况

序号	森林覆盖率		平均土壤退化程度		表层土的平均碳含量		遭遇干旱、洪水和极端气温人口占总人口的百分比	
	国家	百分比（%）	国家	百分比（%）	国家	百分比（%）	国家	百分比（%）
1	老挝	75.11	中国	7.87	文莱	10.17	中国	7.95
2	文莱	74.69	新加坡	4	爱沙尼亚	7.07	柬埔寨	6.64
3	马来西亚	66.34	阿尔巴尼亚	3.65	印度尼西亚	5.21	塔吉克斯坦	5.38
4	不丹	66.04	越南	3.38	白俄罗斯	5.1	阿尔巴尼亚	5.27
5	巴拿马	64.92	泰国	3.16	俄罗斯	3.89	孟加拉国	4.58
6	韩国	64.81	文莱	3.13	波兰	3.48	印度	4.36
7	柬埔寨	63.25	菲律宾	3.07	拉脱维亚	3.4	泰国	3.75
8	斯洛文尼亚	61.06	马达加斯加	3.04	立陶宛	3	埃塞俄比亚	3.26
9	印度尼西亚	55.88	马来西亚	3.02	乌克兰	2.37	伊朗	3.06
10	东帝汶	55.55	巴林	3	摩尔多瓦	2.33	老挝	2.69
	均值	25.77	均值	2.53	均值	1.58	均值	1.06

注：平均土壤侵蚀程度指平均被侵蚀土壤占土地总面积的比例。

资料来源：世界银行，电子文件和网站，森林覆盖率根据有数据的70个国家计算；平均土壤退化程度根据有数据的45个国家计算；表层土平均含碳量根据有数据的67个国家计算；干旱洪水和极端气温占总人口的百分比根据有数据的64个国家计算。

第五章 “一带一路”沿线国家未来农业合作方向

基于前文对“一带一路”沿线国家农业生产竞争力等方面的测算，有利于厘清当前“一带一路”农业合作的环境与条件。本章将结合数据与案例分析，进一步绘制中国与“一带一路”沿线国家农业交流的合作网络，把握中国在合作网络中的贡献力和地位，挖掘中国与“一带一路”沿线各国农业合作的空间潜力。

第一节 中国与“一带一路”沿线国家的农业贸易状况

一、中国与“一带一路”沿线国家农业合作现状

1. 中国与“一带一路”沿线区域间贸易状况

（1）农产品出口贸易

2000—2016年，“一带一路”沿线9个区域或国家中，中国商品主要的出口贸易区域为东亚、东南亚和欧洲，其中东亚的年平均贸易额最大，达到289.86亿美元，而巴拿马、非洲撒哈拉国家、中东和北非地区在16年间的贸易增长速度较快，分别为19.05%、17.46%和17.01%（图5-1）。

通过分析2000—2016年中国对“一带一路”沿线9个区域或国家农产品出口贸易额占出口总贸易额的比重，可以看出，中国对中亚和北亚、欧洲和撒哈拉以南非洲地区农业贸易额的占比较大，其中出口中亚和北亚的农产品贡献了将近一半的贸易额，占比达到48.98%。9个区域或国家农产品贸易额占总贸易额的比重在近些年的增速均为负值，说明相对于其他贸易，农产品贸易规模在收缩(图5-2)。

在2000—2016年的16年间，“一带一路”沿线9个区域或国家中，中国对其出口农产品年均贸易额位于前三位的为东亚、欧洲和东南亚，年均贸易额分别达到81.54亿美元、57.19亿美元和48.67亿美元。进口中国农产品贸易

额年均增速较快的区域或国家为巴拿马、新西兰和中北亚地区，增速达到17.46%、14.61%和14.28%（图5-3）。

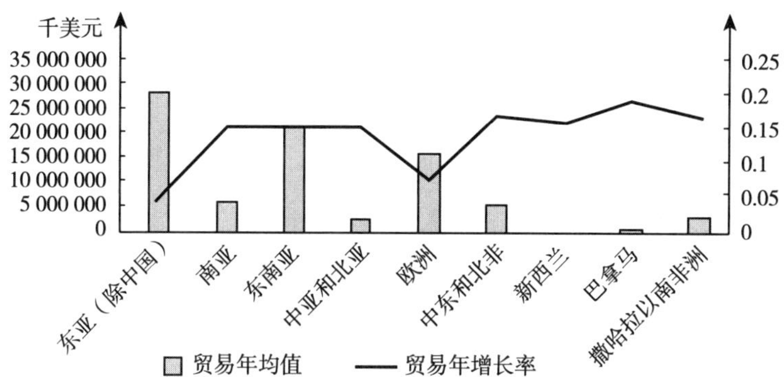

图5-1 2000—2016年中国出口9个区域或国家的年均贸易额和增长率

资料来源：根据英国皇家国际事务研究所（Chatham House）数据整理①。

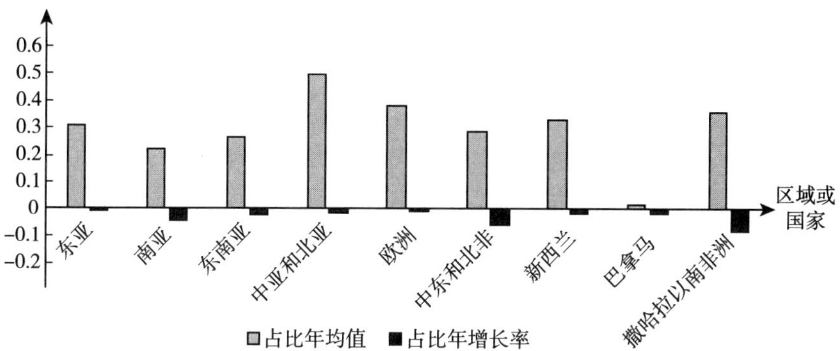

图5-2 2000—2016年中国出口9个区域或国家的农产品贸易年均占比和增长率

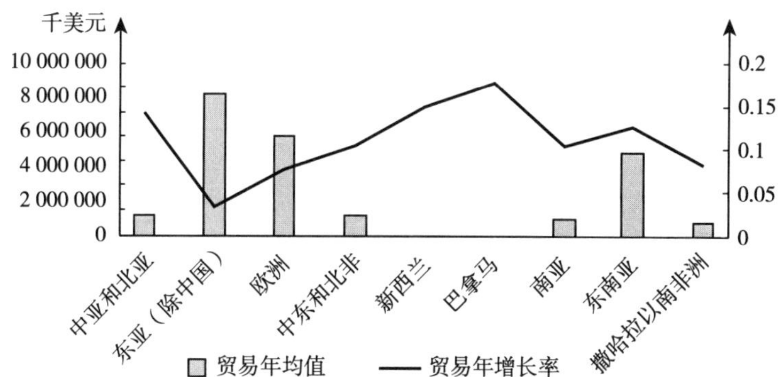

图5-3 2000—2016年中国出口9个区域或国家的农产品年均贸易额和增长率

① 如未做特殊说明，本章所有使用数据均根据英国皇家国际事务研究所（Chatham House）数据整理得来。

2016年中国出口东亚地区的渔业等水产品（35.77%）和活树及其他活植物（30.29%）占主导地位，其次为其他农产品（10.79%）和含油子仁及果实（8.59%）（图5-4）。

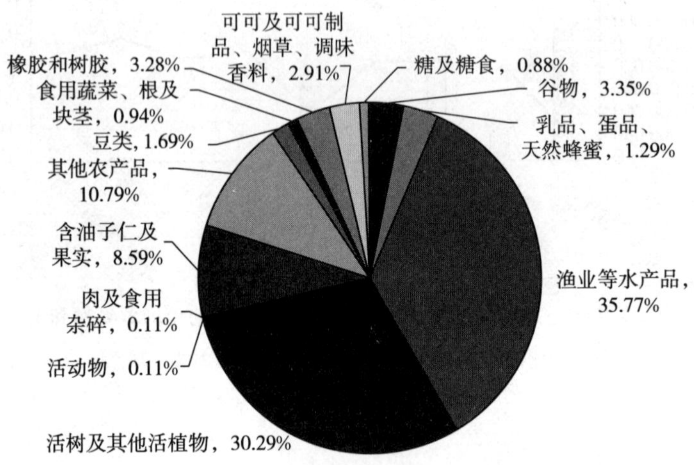

图5-4　2016年中国出口东亚的农产品贸易结构

2016年，中国出口欧洲地区的农产品中将近一半为鱼及其他水生资源（47.47%），其次为园艺产品（34.53%），由于欧洲畜牧业发展良好，且对畜禽产品质量要求较高，从中国进口的肉制品和活畜禽仍然较少，占比仅为0.59%和0.15%（图5-5）。

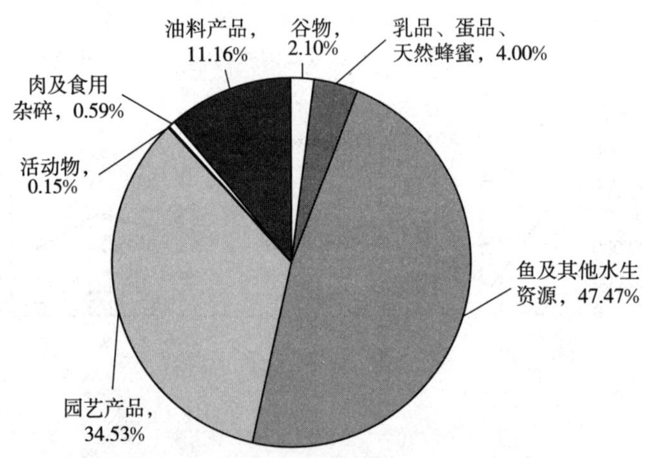

图5-5　2016年中国出口欧洲的农产品贸易结构

2016年，中国出口东南亚地区的农产品41.18%为其他小宗农产品，主要农产品中占比最大的为园艺产品（31.28%），其他主要农产品为咖啡、烟草、香料、橡胶和树胶等，由于两个区域气候条件类似，主要农产品的生产结构较为接近，因此中国各类别农产品的出口量相对较少。

（2）农产品进口贸易

在2000—2016年的16年间，“一带一路”沿线9个区域或国家中，与中国发生农产品进口贸易额较大的区域为中东、北非、非洲撒哈拉地区和东南亚，其中中国与中东、北非地区的贸易额最大，为624.85亿美元，巴拿马、新西兰和欧洲三个区域或国家对中国的出口额年均增速最快，分别为19.54%、17.42%和16.48%（图5-6）。

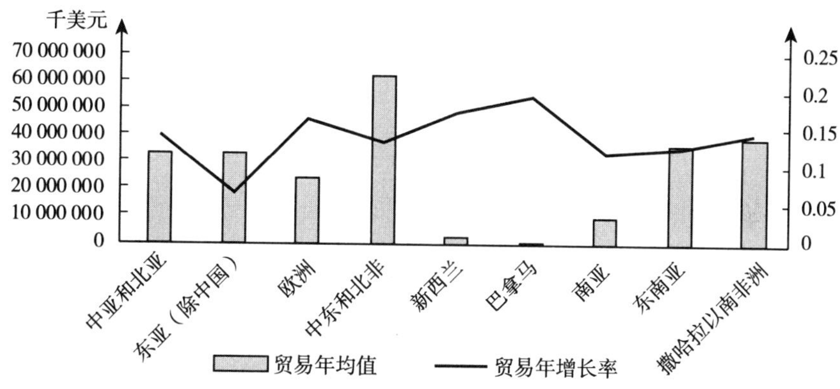

图5-6　2000—2016年中国进口9个区域或国家的年均贸易额和增长率

对比分析2000—2016年中国对“一带一路”沿线9个区域或国家农产品进口贸易额占进口总贸易额的比重，可以看出，中国对新西兰、巴拿马和东南亚农产品贸易额的占比较大，其中进口新西兰的农产品贡献了超过一半的贸易额，占比达到65.96%，表明中国进口新西兰的主要产品为农产品。9个区域或国家农产品贸易额占总贸易额的比重差异较大，其中占比增速为正的有东南亚、中北亚、撒哈拉以南非洲和新西兰，说明在中国与这几个区域的进口贸易中，农产品贸易的比重呈现不断上升态势（图5-7）。

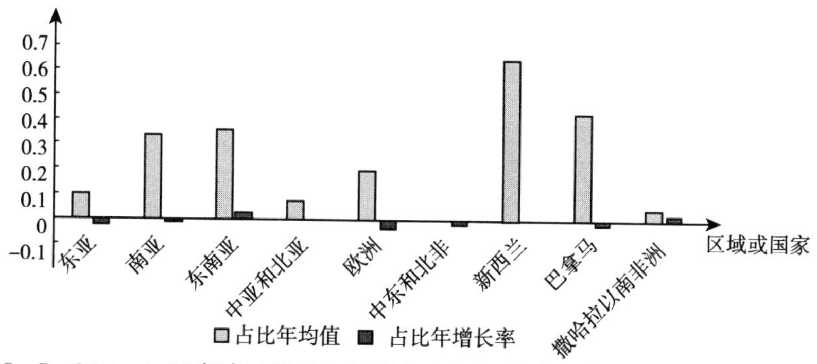

图5-7　2000—2016年中国进口9个区域或国家的农产品贸易额年均占比和增长率

在2000—2016年的16年间，"一带一路"沿线9个区域或国家中，中国进口农产品贸易额位于前三位的为东南亚、欧洲和东亚，贸易额分别达到143.48亿美元、46.8亿美元和32.96亿美元。出口中国农产品贸易额年均增速较快的区域或国家为新西兰、巴拿马和撒哈拉以南非洲地区，增速均超过17%（图5-8）。

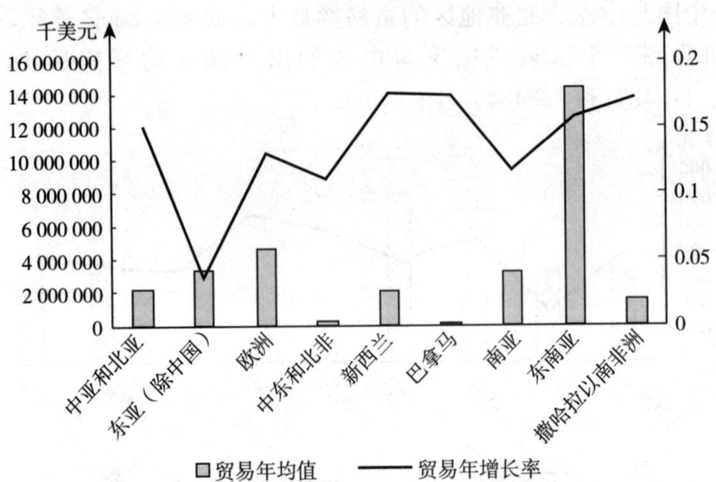

图5-8　2000—2016年中国进口9个区域或国家的农产品年均贸易额和增长率

2016年中国进口东南亚地区的各类农产品结构较为均衡，其中占比最大的为橡胶和树胶（28.96%），其次为含油子仁及果实（16.76%），其他农产品（13.52%），之后为园艺产品（11.64%），食用蔬菜、根及块茎（9.36%）和谷物（6.81%）等（图5-9）。

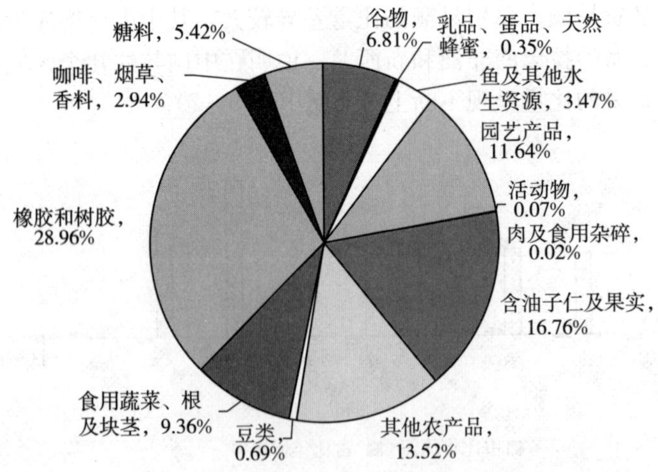

图5-9　2016年中国进口东南亚的农产品贸易结构

2016 年，中国进口欧洲地区的农产品中肉及食用杂碎类占比最大，为 35.51%，欧洲作为主要的畜禽产品产出地，中国从其进口的乳品、蛋品和天然蜂蜜等产品占比较大，为 10.58%（图 5-10）。

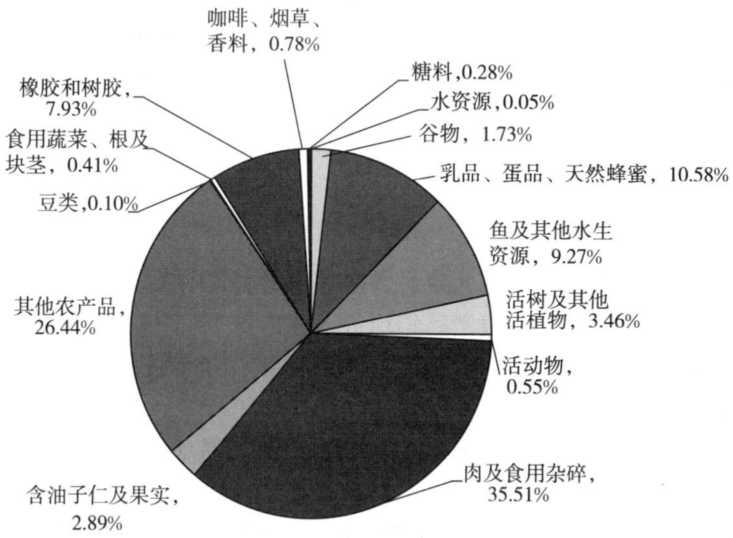

图 5-10 2016 年中国进口欧洲的农产品贸易结构

东亚各国作为主要的橡胶、渔业和糖料作物生产地区，2016 年中国从其进口农产品的 39.53%为橡胶和树胶，其次为鱼及其他水生资源，占比达 25.66%，园艺产品、糖及糖食分别为 7.49%和 2.95%。

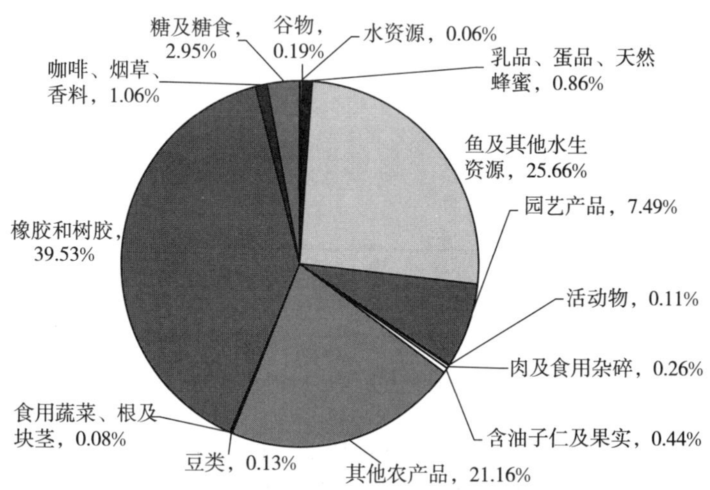

图 5-11 2016 年中国进口东亚的农产品贸易结构

2. 中国与"一带一路"沿线国家间贸易状况

（1）农产品出口贸易

在2000—2016年的16年间，"一带一路"沿线国家中，中国农产品出口年均贸易额位于前五位的国家有蒙古、俄罗斯、马来西亚、印度尼西亚、越南，其中出口蒙古的年均农产品贸易额达到27.01亿美元，是出口俄罗斯的3倍多，远远高于其他国家。出口贸易额年均增速前五位的国家有不丹（46.26%）、埃塞俄比亚（43.54%）、格鲁吉亚（39.30%）、马尔代夫（31.98%）和东帝汶（29.83%）。

（2）农产品进口贸易

2000—2016年，"一带一路"沿线国家中，中国农产品进口年均贸易额位于前五位的国家有泰国、马来西亚、印度尼西亚、越南和印度这几个东南亚和南亚国家，其中进口泰国的农产品年均贸易额达到48.13亿美元。进口贸易额年均增速前五位的国家有摩尔多瓦（103.63%）、东帝汶（87.24%）、文莱（57.78%）、乌克兰（57.25%）和马达加斯加（50.16%）。

3. 中国与"一带一路"沿线国家主要农产品贸易状况

（1）谷物

2000—2016年，中国谷物出口额位居前三的国家由2000年的蒙古、印度尼西亚和缅甸变化为2016年的越南、泰国和菲律宾几个东南亚国家，其中出口额退出前十的国家为俄罗斯，进入前十的国家有泰国、斯里兰卡和南非，十几年间出口国整体变化不大（图5-12、图5-13）。

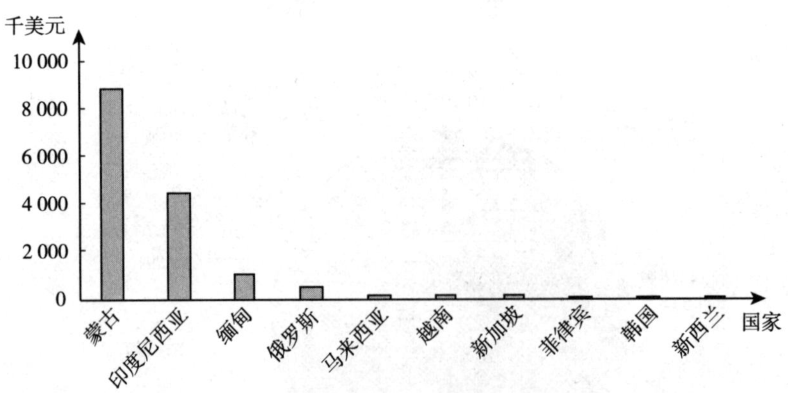

图5-12　2000年中国谷物出口额排名前十的国家

2000—2016年，中国谷物进口额位居前三的国家由2000年的韩国、尼泊尔和越南变化为2016年的哈萨克斯坦、俄罗斯和土耳其，其间进口额退出前十的国家为尼泊尔、越南和菲律宾，进入前十的国家有哈萨克斯坦和印度尼西亚，表明中国的谷物进口逐渐从东南亚转向中亚和中东欧地区（图 5-14、图 5-15）。

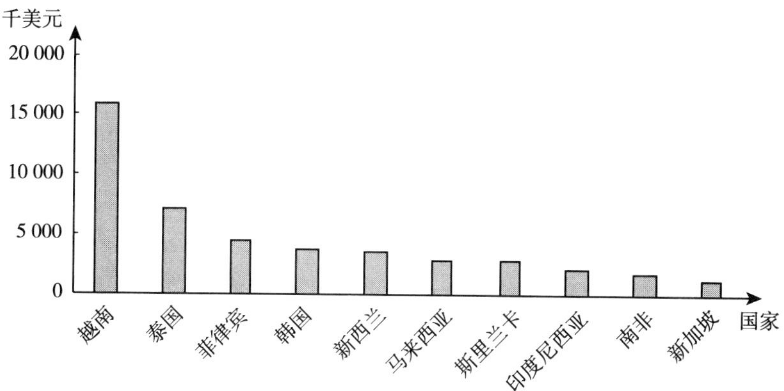

图 5-13 2016 年中国谷物出口额排名前十的国家

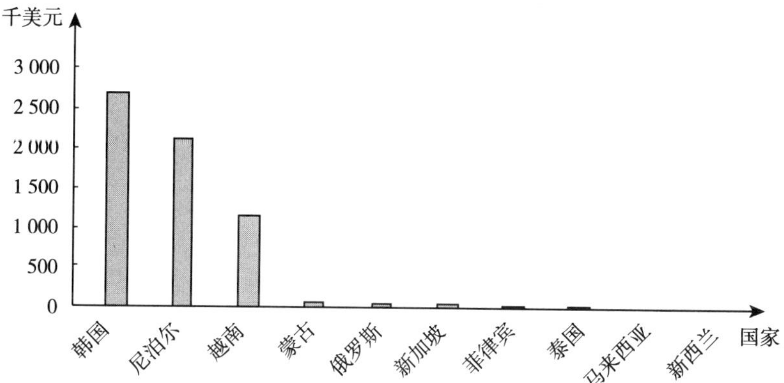

图 5-14 2000 年中国谷物进口额排名前十的国家

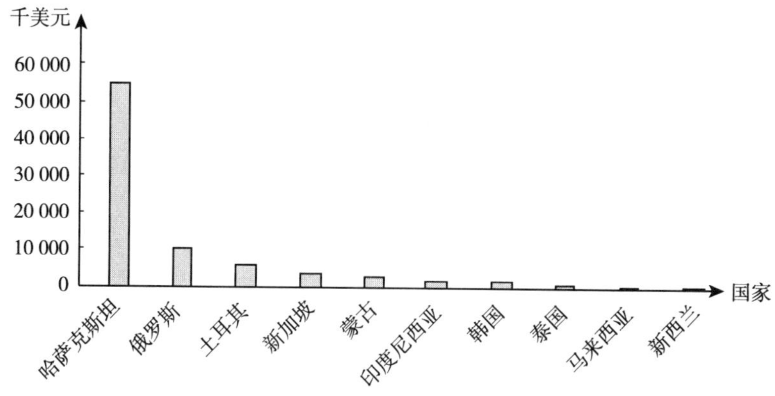

图 5-15 2016 年中国谷物进口额排名前十的国家

(2) 稻米

2000—2016 年，中国稻米出口额位居前三的国家由 2000 年的印度尼西亚、俄罗斯和伊拉克转变为 2016 年的韩国、巴基斯坦和菲律宾，其间出口额退出前十的国家为伊拉克、马来西亚、马达加斯加、罗马尼亚和土耳其，进入前十的国家有巴基斯坦、蒙古、巴林、埃及和孟加拉国，十几年间主要稻米出口国变化较大（图 5-16、图 5-17）。

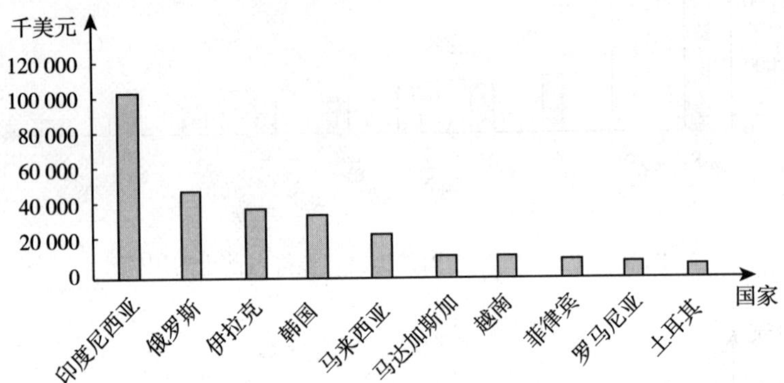

图 5-16　2000 年中国稻米出口额排名前十的国家

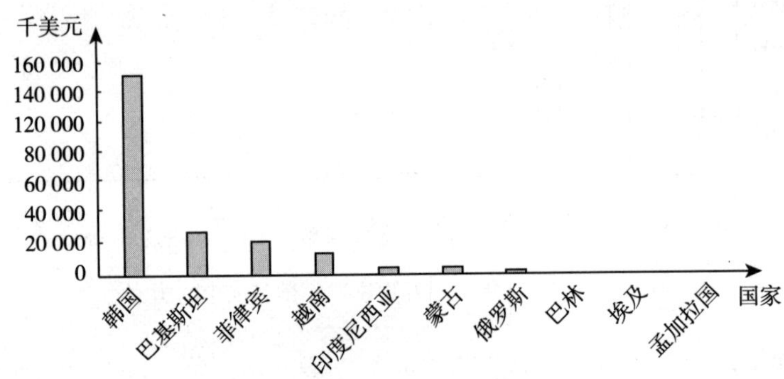

图 5-17　2016 年中国稻米出口额排名前十的国家

2000—2016 年，中国稻米进口额较多的国家由 2000 年的泰国变为 2016 年的越南、泰国、巴基斯坦和老挝，中国稻米的主要进口国仍集中于东南亚地区，其中进口额退出前十位的国家为马来西亚、斯里兰卡、尼泊尔和保加利亚，进入前十位的国家有老挝、缅甸和俄罗斯（图 5-18、图 5-19）。

(3) 玉米

2000—2016 年，中国玉米出口额位居前三的国家中，2000 年的韩国、马来西亚和印度尼西亚转变为 2016 年的印度尼西亚、马来西亚和越南。其间出口额退出前十位的国家为伊朗、印度和孟加拉国，进入前十位的国家有新加坡、缅甸和阿联酋（图 5－20、图 5－21）。

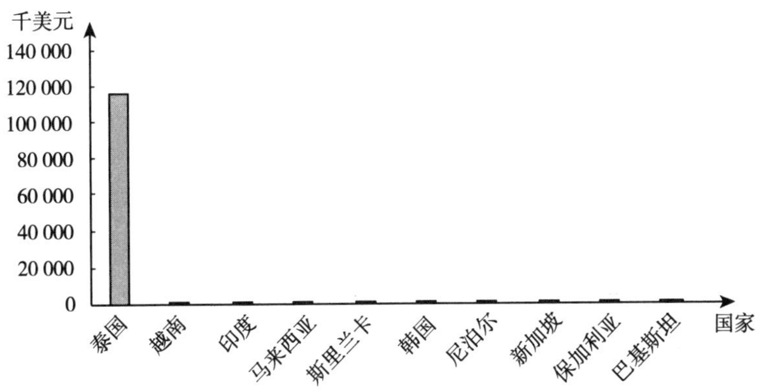

图 5－18 2000 年中国稻米进口额排名前十的国家

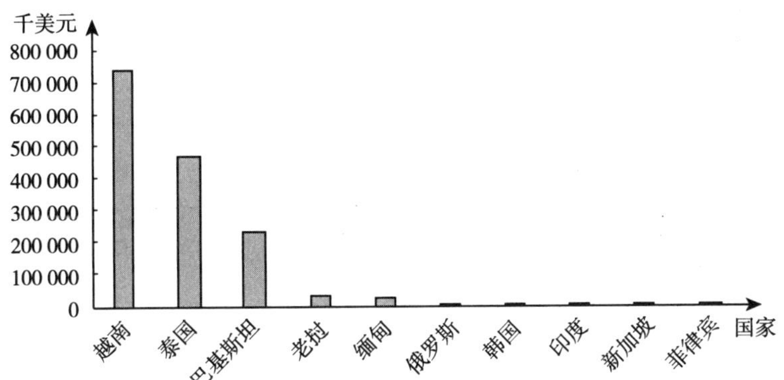

图 5－19 2016 年中国稻米进口额排名前十的国家

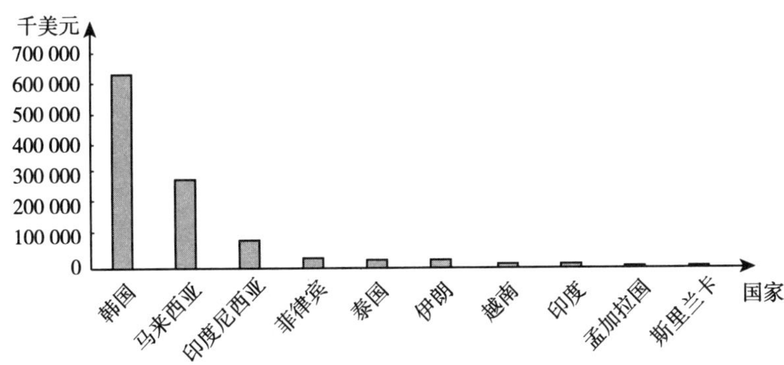

图 5－20 2000 年中国玉米出口额排名前十的国家

2000—2016 年，中国玉米进口额位居前三的国家由 2000 年的新加坡、印度尼西亚和韩国转变为 2016 年的乌克兰、缅甸和老挝，其间进口额退出前十的国家为新加坡、印度尼西亚、匈牙利、马来西亚、以色列和新西兰，进入前十的国家有乌克兰、缅甸、老挝、俄罗斯、土耳其和阿曼，体现了中国玉米的主要进口国突破了东亚和东南亚地区，逐渐多元化（图 5-22、图 5-23）。

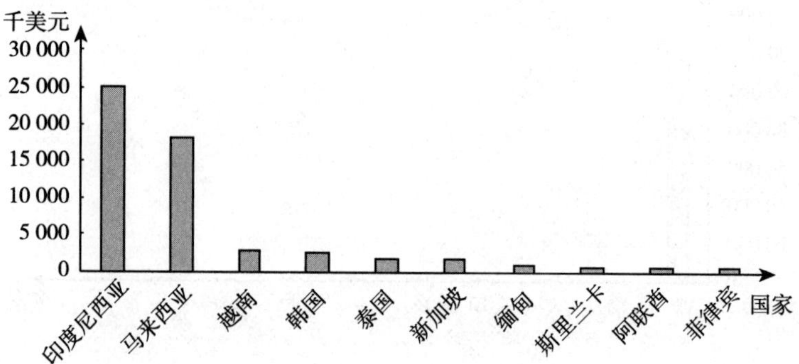

图 5-21　2016 年中国玉米出口额排名前十的国家

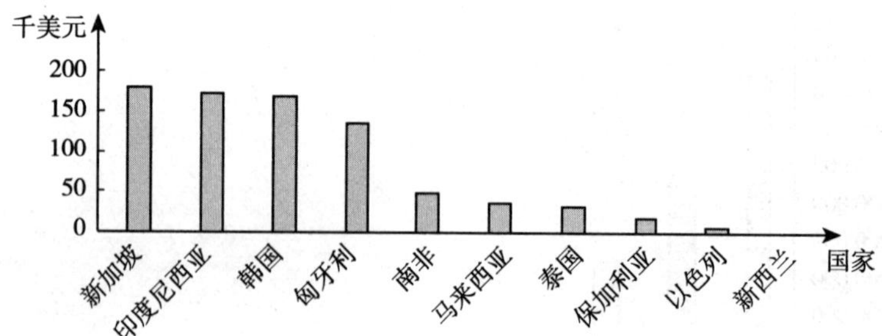

图 5-22　2000 年中国玉米进口额排名前十的国家

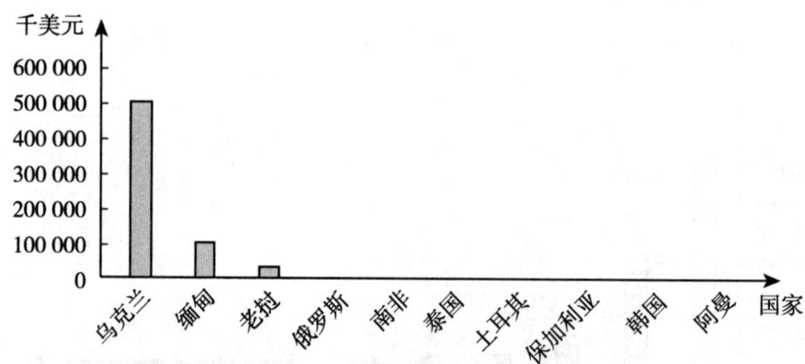

图 5-23　2016 年中国玉米进口额排名前十的国家

（4）大豆

2000—2016 年，中国大豆出口额位居前三的国家中，2000 年的马来西亚被 2016 年的印度尼西亚取代，其中出口额退出前十的国家为菲律宾、印度、斯里兰卡和卡塔尔，进入前十的国家有孟加拉国、以色列、蒙古和缅甸，十几年间主要出口国变化不大（图 5-24、图 5-25）。

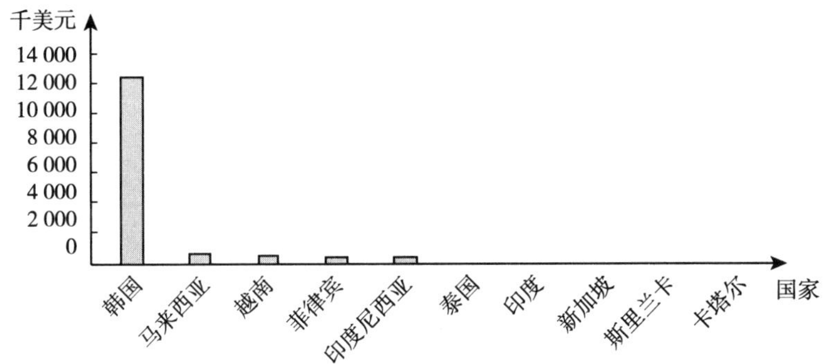

图 5-24 2000 年中国大豆出口额排名前十的国家

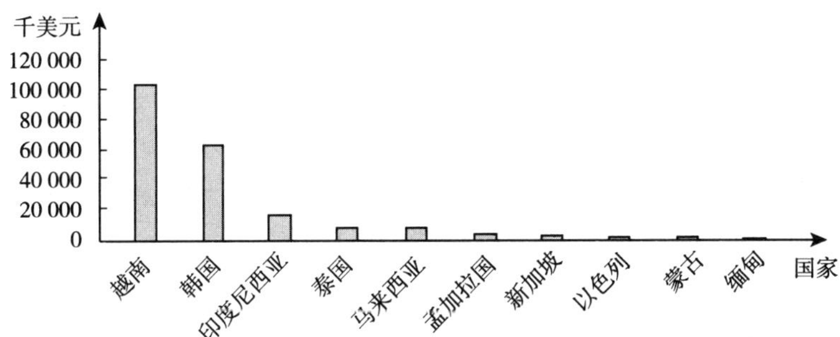

图 5-25 2016 年中国大豆出口额排名前十的国家

2000—2016 年，中国大豆进口额位居前三的国家中俄罗斯、印度未发生变化，另一个国家由 2000 年的马来西亚转变为 2016 年的乌克兰，其间进口额退出前十的国家为新加坡、捷克和南非，进入前十的国家有土耳其、越南和哈萨克斯坦，表明中国的大豆进口逐渐转向中东欧和中亚地区（图 5-26、图 5-27）。

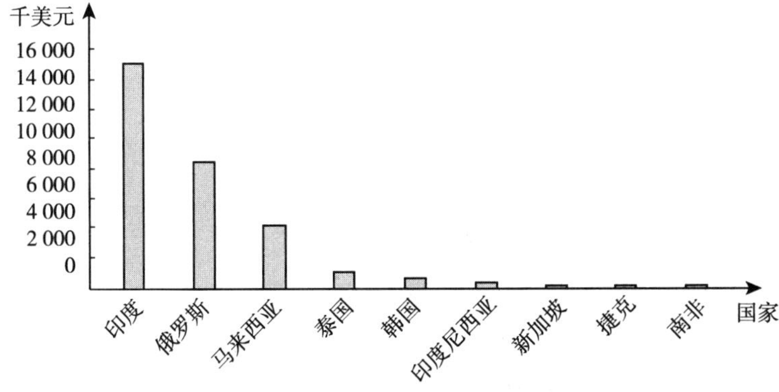

图 5-26 2000 年中国大豆进口额排名前十的国家

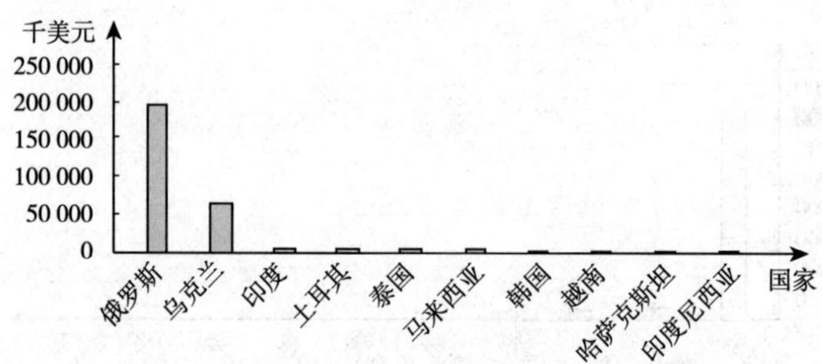

图 5-27　2016 年中国大豆进口额排名前十的国家

(5) 猪肉

2000—2016 年，在中国猪肉出口额位居前三的国家中，新加坡的地位较为稳定，由第一降为第二，而其他两个国家则由 2000 年的俄罗斯、保加利亚转变为 2016 年的吉尔吉斯斯坦和泰国，其间出口额退出前十的国家为俄罗斯、保加利亚、阿联酋、菲律宾、韩国、斯里兰卡和印度尼西亚，进入前十的国家有吉尔吉斯斯坦、蒙古、马来西亚、波兰、格鲁吉亚、缅甸和埃塞俄比亚，十几年间整体出口国变化较大（图 5-28、图 5-29）。

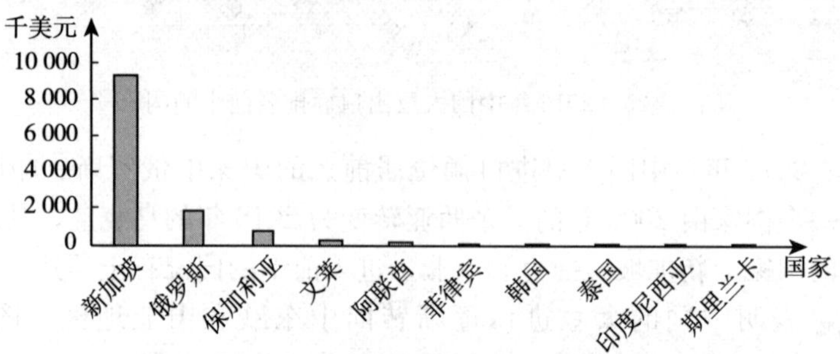

图 5-28　2000 年中国猪肉出口额排名前十的国家

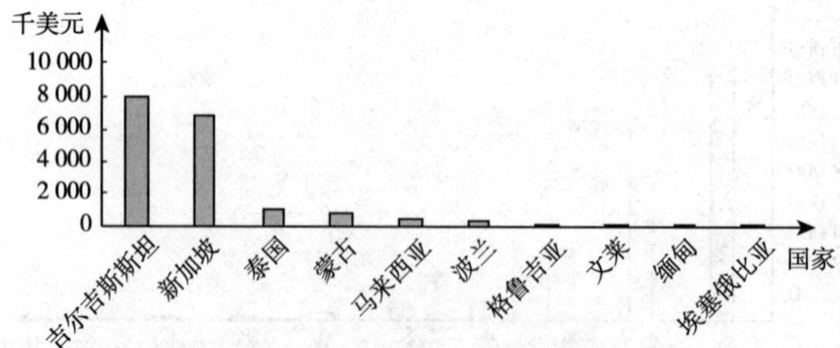

图 5-29　2016 年中国猪肉出口额排名前十的国家

2000—2016 年，中国猪肉进口国中，匈牙利、波兰始终位居前三，而 2000 年位居前三的越南则被 2016 年的罗马尼亚替代，但主要出口集中于匈牙利、罗马尼亚两国，中国对其余国家的出口额较少（图 5－30、图 5－31）。

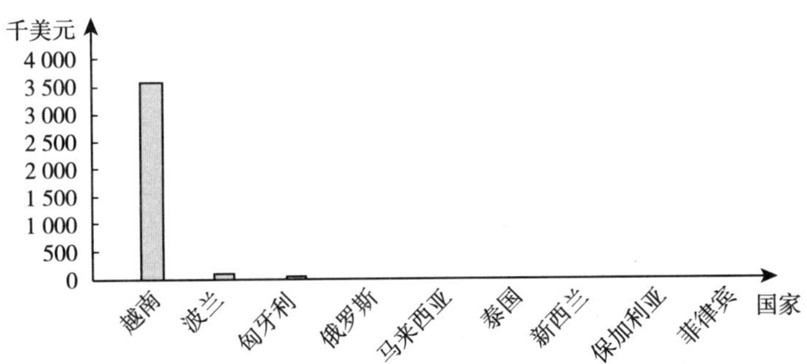

图 5－30　2000 年中国猪肉进口额排名前十的国家

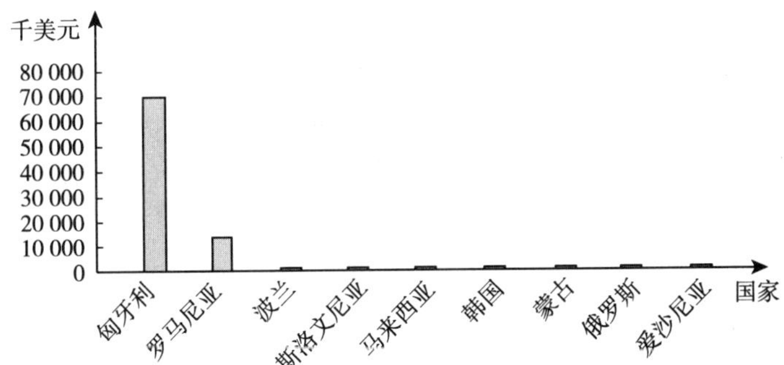

图 5－31　2016 年中国猪肉进口额排名前十的国家

（6）禽肉

2000—2016 年，中国禽肉出口额位居前三的国家由 2000 年的沙特阿拉伯、阿联酋和新加坡转变为 2016 年的马来西亚、吉尔吉斯斯坦和蒙古，其间出口额排名前十位的国家变动较大，2000 年的沙特阿拉伯、南非等 6 个国家被 2016 年的吉尔吉斯斯坦、蒙古等国所取代（图 5－32、图 5－33）。

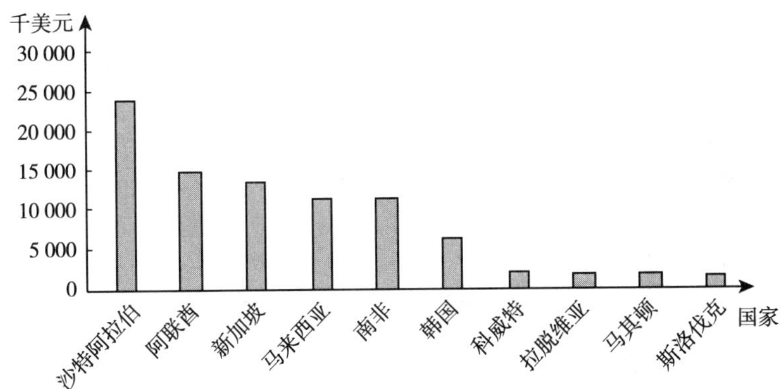

图 5－32　2000 年中国禽肉出口额排名前十的国家

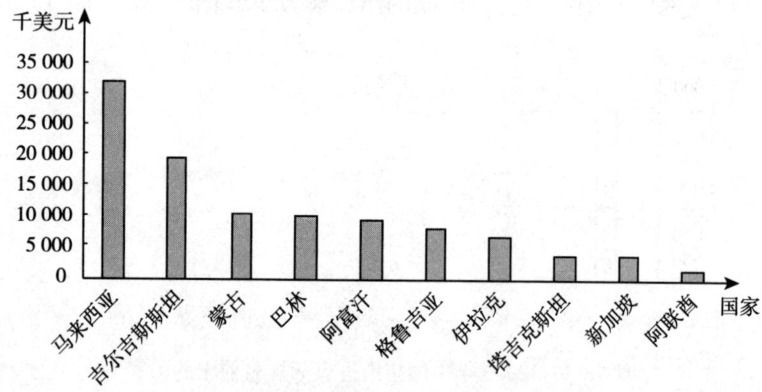

图 5-33　2016 年中国禽肉出口额排名前十的国家

2000—2016 年，中国禽肉进口额位居前三的国家由 2000 年的泰国、土耳其和伊朗变化为 2016 年的波兰、马来西亚和立陶宛，其间进口额退出前十的国家为伊朗、韩国、南非和新西兰，进入前十的国家有立陶宛、巴林、阿曼和俄罗斯，表明中国的禽肉进口逐渐集中于中东欧地区（图 5-34、图 5-35）。

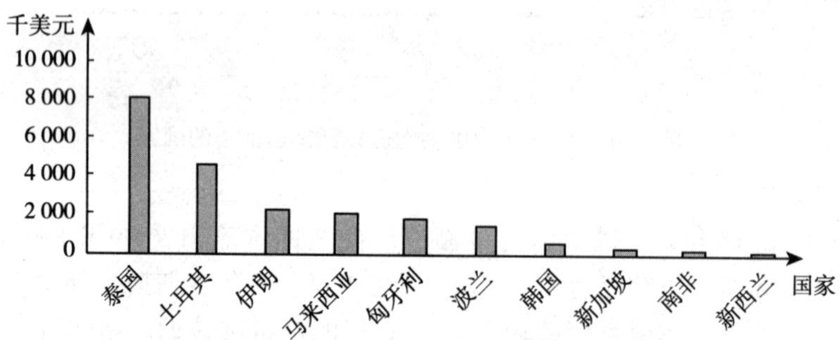

图 5-34　2000 年中国禽肉进口额排名前十的国家

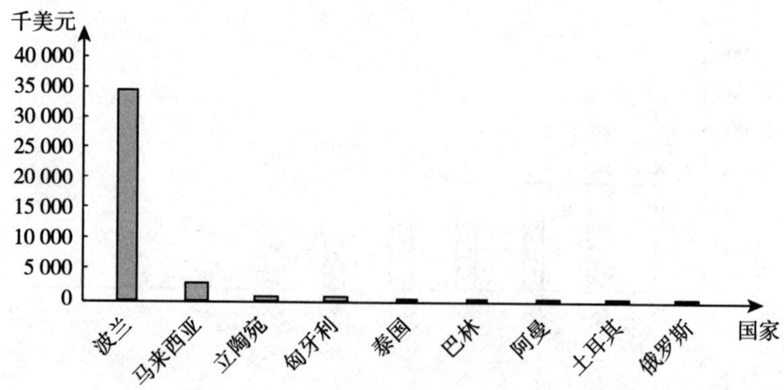

图 5-35　2016 年中国禽肉进口额排名前十的国家

(7) 牛肉

2000年中国牛肉出口较为分散，位居前三的国家有巴勒斯坦、以色列和俄罗斯，而2016年出口则集中于吉尔吉斯斯坦，出口到其他各国的量非常少，十几年间出口国变化较大（图5-36、图5-37)。

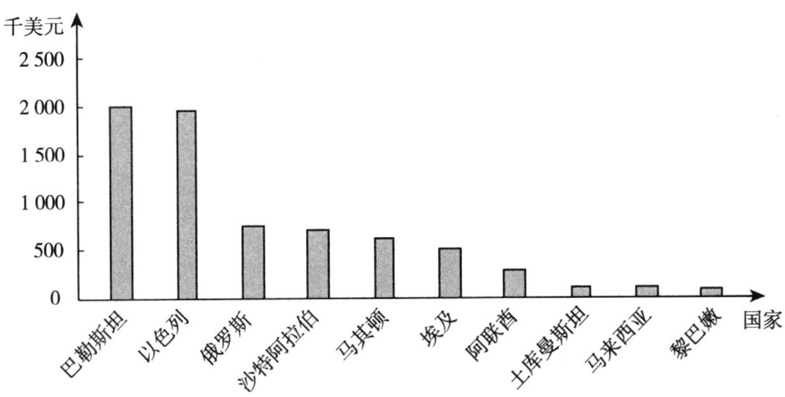

图5-36 2000年中国牛肉出口额排名前十的国家

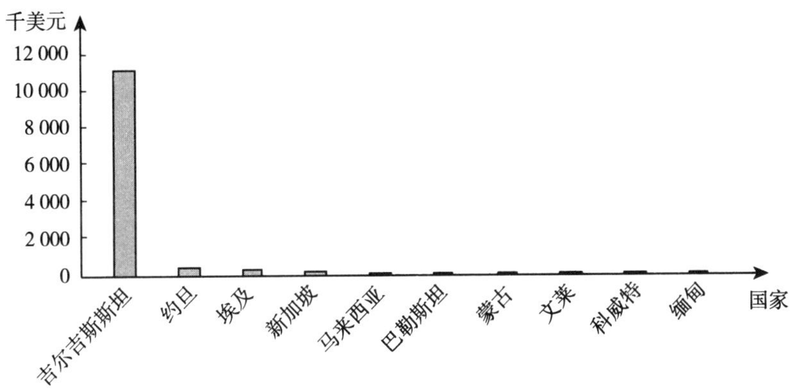

图5-37 2016年中国牛肉出口额排名前十的国家

2000—2016年，中国牛肉进口额排名新西兰稳居第一位，而前三名的另外两个国家则由2000年的印度、伊朗转变为2016年的韩国和匈牙利，除此之外，蒙古、巴拿马也是中国稳定的牛肉进口国，中国的牛肉进口逐渐转向匈牙利和罗马尼亚等中东欧国家（图5-38、图5-39)。

(8) 羊肉

2002—2016年，中国羊肉出口额居前的国家整体变化不大，其中约旦、阿联酋基本保持在前三位，2016年以色列排在了第一位，科威特和巴林等中东国家也是中国羊肉比较稳定的出口目标国（图5-40、图5-41)。

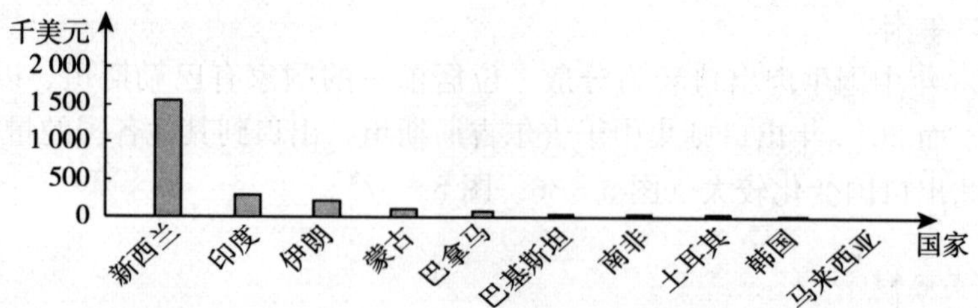

图 5-38　2000 年中国牛肉进口额排名前十的国家

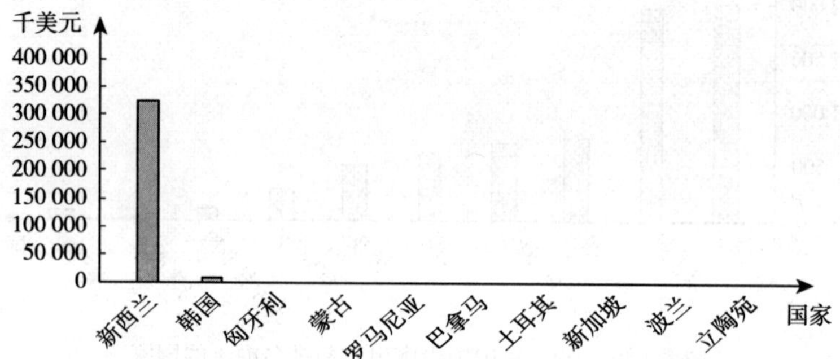

图 5-39　2016 年中国牛肉进口额排名前十的国家

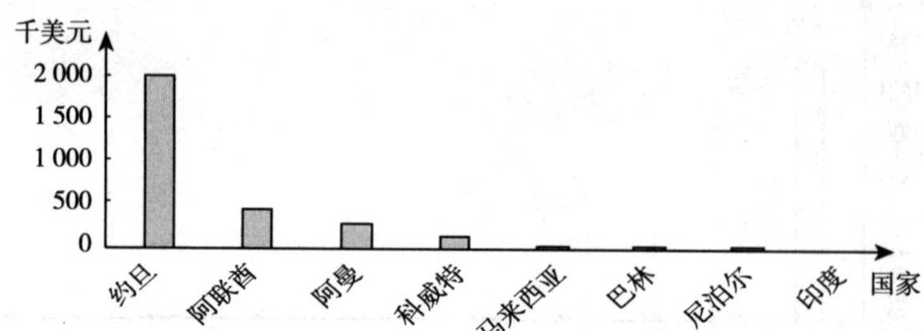

图 5-40　2002 年中国羊肉出口情况

注：仅 8 个国家有相关数据。

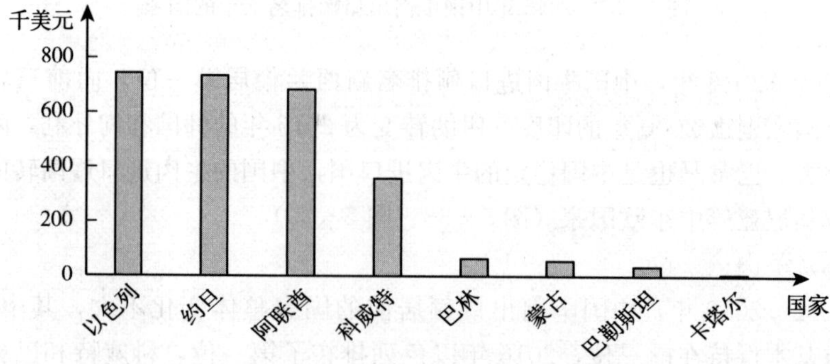

图 5-41　2016 年中国羊肉出口情况

2000—2016 年，中国羊肉进口的国家主要为新西兰和蒙古，10 年间中国的羊肉进口变化并不大（图 5-42、图 5-43）。

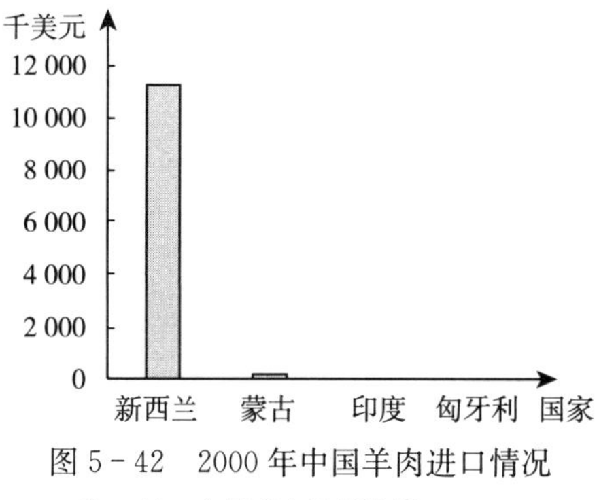

图 5-42 2000 年中国羊肉进口情况

注：仅 4 个国家有相关数据。

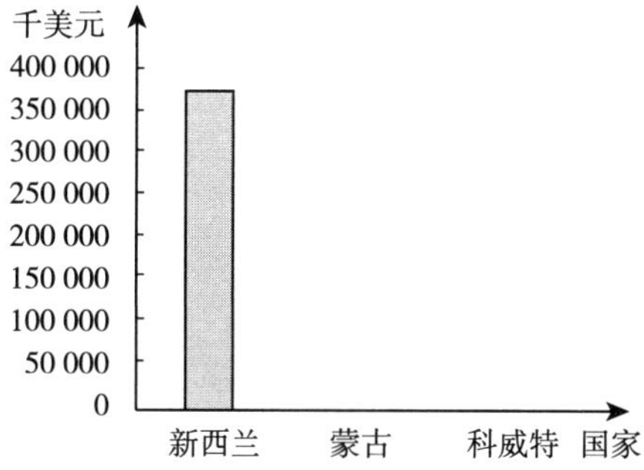

图 5-43 2016 年中国羊肉进口情况

注：仅 3 个国家有相关数据。

（9）乳制品

2000—2016 年，中国乳制品出口额位居前三的国家由 2000 年的伊拉克、缅甸和菲律宾转变为 2016 年的缅甸、阿曼和巴林，其中出口额退出前十的国家为伊拉克、蒙古、印度尼西亚和印度，进入前十的国家有阿曼、巴林、阿富汗和马达加斯加，十几年间整体出口国集中于中东和南亚国家（图 5-44、图 5-45）。

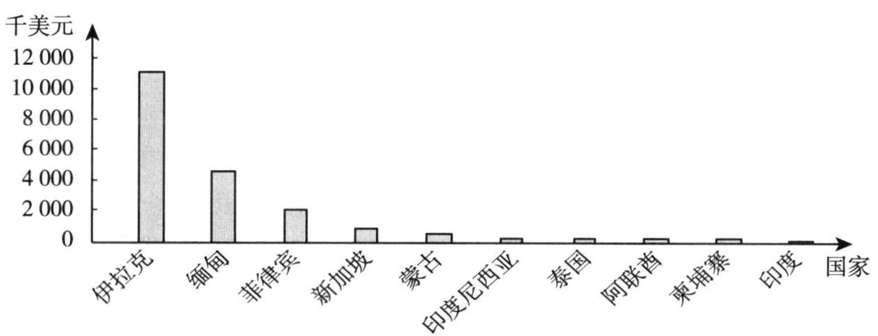

图 5-44 2000 年中国乳制品出口额排名前十的国家

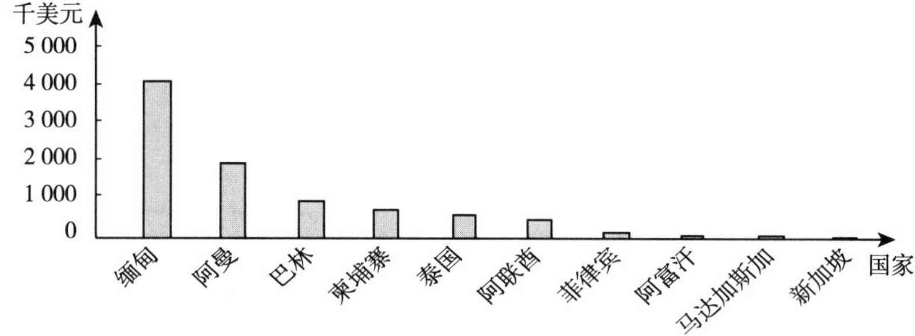

图 5-45 2016 年中国乳制品出口额排名前十的国家

2000—2016 年，中国乳制品最主要进口国为新西兰，且贸易额远远高于其他国家，十几年间，中国的乳制品进口逐渐转向中东欧国家，如波兰、捷克等（图 5-46、图 5-47）。

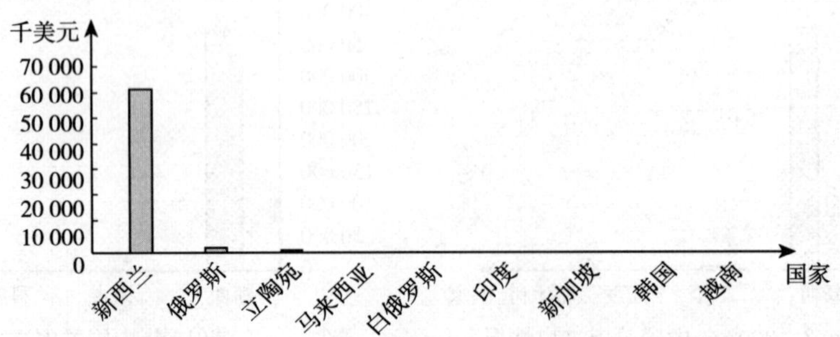

图 5-46　2000 年中国乳制品进口额排名前十的国家

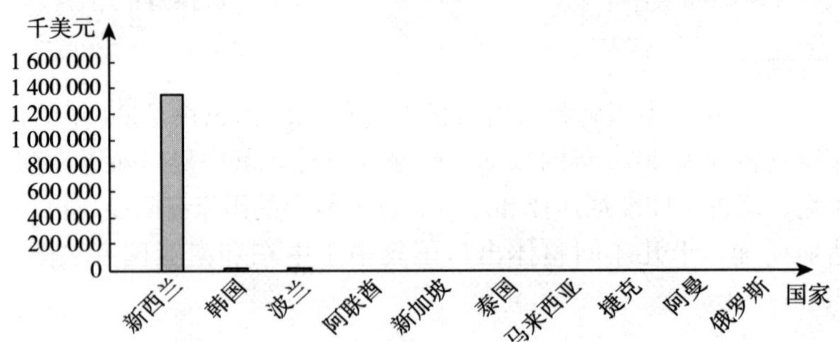

图 5-47　2016 年中国乳制品进口额排名前十的国家

（10）蛋类

2000—2016 年，中国蛋类出口额位居前三的国家中，新加坡、韩国稳定居于前两位，而另一个国家则由 2000 年的马来西亚变化为 2016 年的泰国，其间出口额退出前十的国家有菲律宾、印度尼西亚、越南、俄罗斯等，进入前十的国家有沙特阿拉伯、也门、新西兰和阿富汗等，十几年间整体出口国变化较大（图 5-48、图 5-49）。

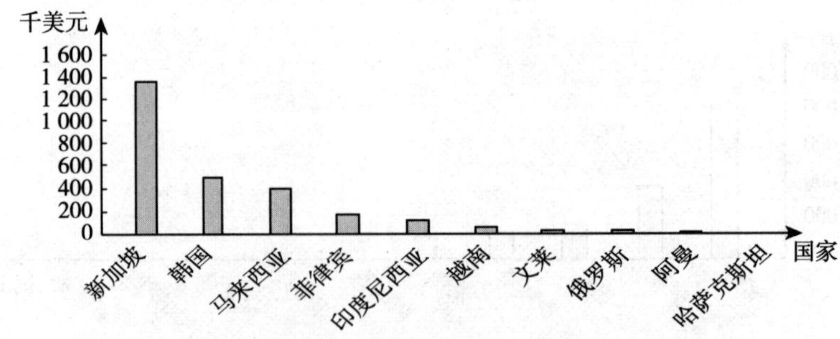

图 5-48　2000 年中国蛋类出口额排名前十的国家

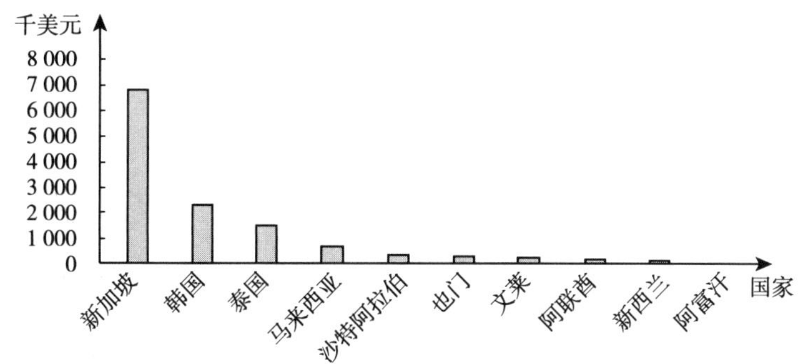

图 5-49　2016 年中国蛋类出口额排名前十的国家

2000—2016 年，中国蛋类进口额逐渐减少，且进口地区也逐渐集中化，2000 年越南是中国主要的蛋类进口国，而到 2016 年主要进口国则转变为泰国，且贸易额缩减了一半以上（图 5-50、图 5-51）。

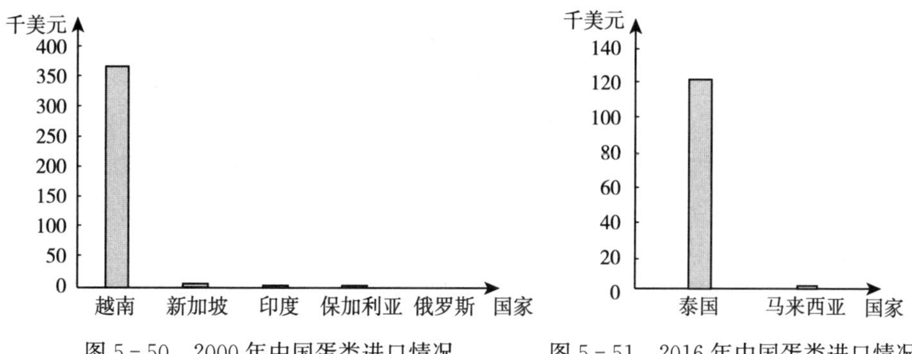

图 5-50　2000 年中国蛋类进口情况

注：仅 5 个国家有相关数据。

图 5-51　2016 年中国蛋类进口情况

注：仅两个国家有相关数据。

二、中国与“一带一路”沿线国家农业合作的典范

1. 中非农业合作：助力农业资源开发与基础设施建设

（1）中地海外农业发展有限公司

合作主体：由隆平高科、中国农业机械化科学研究院、国粮武汉科学研究设计院有限公司、华大农业等组成的中地海外农业发展有限公司，以尼日利亚为重点国家，辐射带动周围国家，如尼日尔、乍得等。

合作机制：双方根据发展需求和资源情况，整合国内外资金、技术、人才等优势资源，建设海外农业，发展综合服务体系，提供所在国农业的一揽子解决方案，包括咨询规划、投资运营、基础设施建设、贸易物流等领域。

在农业生产方面采用“公司＋农户”的订单生产方式，依托于种业的优势，成立种子生产合作社，带动当地农民增收，提高农作物产量。在尼日利亚建立“绿色农业阿布贾高科技产业园区”，园区包括种子种苗研发与栽培示范中心、农资农具销售服务中心，园艺设施农业、休闲观光农业、农产品流通加工、装备制造等园区，进行多元化产业培育，各关联产业“抱团出海”，共同利用基础设施、人力资源、商务平台、营销和物流网络、后勤保障等资源，以及副产品的相互利用形成绿色循环经济等，能够有效降低单个企业或者项目的成本并且能有效地规避风险。在商品的销售、市场方面，通过订单农业、产业园区等形式形成全产业链发展，提高农产品的附加值。

得益于非洲国家对于农业发展的迫切愿望和中国农业对于满足不同类型需要的改变，为中地海外农业发展有限公司的发展提供了良好契机，公司致力于利用非洲丰富的自然资源，和国内先进的技术、人才和机械等优势资源，结合所在国及周边国家和中国国内的市场需求，为农业发展明确方向。

合作领域：农田整治和水利灌溉工程的建设，极大地改善了当地耕种条件，并受尼日利亚政府的委托建造 40 座蒸煮米加工厂，进行稻米生产、加工、仓储、物流等为一体的现代化产业开发。在尼日利亚建立 WARA 农场，占地 2 025 公顷，公司拥有 99 年经营权，该农场位于尼罗河上，土地肥沃、水资源充足、阳光充沛，自然资源非常丰富，适宜农业开发。公司采用“公司＋农户”的方式，为周围农民提供种子、化肥等农业生产资料和农业技术，让其自行生产，在实现自身收益的同时，带动了当地居民就业和增收。同时受到乍得政府的邀请，为乍得政府做了中长期的农业发展规划，确定了中地海外集团在乍得可合作开发的农业领域，在科学规划的基础上，中地海外集团将利用乍得政府提供的土地资源，积极引进中国的先进农业技术，为改善乍得农业生产的现状发挥积极作用。

（2）华侨凤凰集团

合作主体：中国政府、乌干达政府、FAO、四川省政府、四川民营企业。

合作机制：2012 年 10 月，农业部尝试提出“一省包国”，实施农业“南南合作”项目新模式，四川省主动承担试点任务，负责组织实施乌干达农业“南南合作”一期项目，以四川省为主派出 31 名专家和技术人员赴乌干达，涉及企业经营、果蔬、水产、畜牧、谷类等专业领域。2015 年初，经中国政府、FAO 和乌干达政府三方共同协商，迅速启动了乌干达“南南合作”二期项目，并决定继续由四川省以“一省包国”的模式实施，项目由我国政府向 FAO 提供 170 万美元资金支持，乌干达政府提供 80 万美元配套资金。四川省精选 16 名专家和技术人员于 2015 年 12 月启程赴乌干达执行为期两年的项目任务，主要工作内容是在 6 个项目点进行谷物、果蔬生产和畜牧、水产养殖等方面的技术示范和推广工作。经四川省推荐，国家商务部确定由四川省民营企业华侨凤凰集团承建乌干达农业技术示范中心。这是国家首次将援外任务交给民营企业，该中心也是我国援非的首批农业技术示范中心中唯一的水产养殖示范中心。

合作领域：乌干达农业技术示范中心是一个辐射乌干达及东非地区，具备淡水鱼鱼种孵化繁育、成鱼养殖、饲料加工、实验研究、技术培训与示范等功能的渔业技术示范中心。该示范中心建成后，在形象、功能、质量等方面得到了两国政府及乌干达周边国家的高度赞赏。按照商务部的统一安排，中心从2011年5月开始进行了为期3年的技术服务合作，对乌干达渔业体系建设进行了全面规划和指导，培训了一大批渔业从业和管理技术人员。2014年6月后，华侨凤凰集团积极探索该示范中心公益性和经营性并举的可持续发展模式，目前示范中心运营正常，成为乌干达国家级鱼种培育、生产示范和教育培训的重要基地，使四川省企业认识到乌干达投资合作的广阔前景。科虹集团积极主动牵头，联合四川省仲衍种业等5家企业抱团赴乌干达筹备建设中乌现代农业示范园，前期计划投资2.2亿美元，占地超380公顷。2016年起，中乌现代农业示范园将陆续启动13个项目，包括粗粮加工、水稻种植、蛋鸡养殖、农机服务等，涉及加工、营销、服务等多个领域，建成后有望成为乌干达最大的农业产业项目。

(3) 中国与刚果（金）的农业合作——恩塞莱旱作物示范中心

合作主体：中国、刚果（金）。

合作机制：刚果（金）恩塞莱旱作物示范项目属于中国政府对非援助项目，旨在建立一整套适合当地环境条件的旱作物玉米高产栽培技术。

合作领域：中国对刚果（金）的农业援助始于20世纪的70年代，农业援助内容主要包括：建设农场、农业技术示范中心、农业技术试验站和推广站，兴建农田水利工程，提供农机具、农产品加工设备和相关农用物资，派遣农业技术人员和高级农业专家传授农业生产技术和提供农业发展咨询，为刚果（金）培训农业人才等。该项目的实施，有利于示范和推广先进的玉米种植技术，有利于扩大当地及非洲热带类似地区的粮食种植。

2. 中国与乌克兰合作：共建示范基地提升农业技术

合作主体：辽宁省农业科学院，乌克兰国家农业科学院。

合作机制：多年来，由于受到国内体制转型和国外政治势力的影响，乌克兰农业生产和农业科研受到一定程度的影响。但是，乌政府一贯重视本国农业的发展，力争通过国内政策扶持、农产品贸易、国际科技交流、国际科技合作和吸引外资等手段，摆脱目前的农业状况。

中乌两国政府间就“努力推动中乌农业合作园区建设”和“开展农业科研合作”签订了一系列合作协议和谅解备忘录，为两国农业科研领域的合作及农业科技示范园区建设提供了强有力的政策支持。

辽宁省农业科学院与乌克兰国家农业科学院通过建立科技合作机制，共同开展科技合作研究，并在乌克兰建立农业科技示范园区，推动“一路一带”经济区建设的快速发展。自2009年以来，辽宁省农业科学院分别与乌克兰国家农业科学院、遗传育种研究所、尤里耶夫作物所、谷类作物研究所、油料作物所等建立合作关系，签署了一系列科技合作协议。多年来，通过两院专家互访，加深了相互了解，增进了友谊，为两院开展科技合作研究奠定了基础。

合作领域：第一，交换玉米、向日葵、大豆、食用豆、特种农作物种质资源，在两国进行生态适应性鉴定及在育种上进行应用。第二，共同组配杂交组合，在中乌两国进行鉴定和推广。第三，建立联合实验室，在重大攻关项目上开展合作研究，共同申请政府间合作项目。第四，在中国和乌克兰分别建立示范园区，展示和推广各自的优良品种及共同组配的优良杂交组合及配套的高产栽培技术。第五，加强国际化复合型人才培养。项目需要有一支过硬的队伍，包括优秀的管理人才、专业人才和外语人才来共同完成示范园区的运行以及品种与技术的推广工作。第六，建立农业示范园区，展示合作成果、自主知识产权技术成果。双方每年按照计划安排，定期组织专家对示范园区品种、技术进行鉴评，筛选优良品种和先进的农业生产技术，为推广应用提供依据。第七，科研机构与企业联合形成战略联合体，充分发挥产学研合作优势，增强境外投资联盟的整体竞争能力，减少本国企业内部之间境外的恶性竞争，提高抵御外部风险能力。

3. 中国与中亚合作：加强农业资源开发与产业互补

合作主体：陕西杨凌示范区管委会，哈萨克斯坦政府。

合作机制：陕西省杨凌农业高新技术产业示范区与哈萨克斯坦国际一体化基金会共同开发建设现代化农业示范基地，将土壤改良、节水灌溉、高产栽培、优良品种繁育、小型农机具、农产品深加工等实用农业技术推广到中亚国家，通过人员培训交流、共建联合实验室等形式为中亚国家培养农业科技人才。

受制于区域之间的交通制约、经济基础、贸易保护等因素，中国西北地区与中亚保持了较长时间的农业贸易往来，但尚未形成大规模的合作关系。因此，以新疆为核心，联动甘肃、宁夏和陕西等内陆省区，推动面向中亚五国的“陆上丝绸之路”经济带沿边国家农业贸易合作既有显著的现实意义，又有深远的战略意义。

合作领域：长期以来，中亚国家在粮食和棉花等土地密集型产品上具有出口比较优势，而在以劳动和资本集约型为主的加工食品、糖、油料、水果和反季节蔬菜生产方面较为不足，在“一带一路”倡议提出的大背景之下，中国与中亚国家的农业合作进入了快车道，来自哈萨克斯坦的面粉、油脂、休闲食品等源源不断地销往中国，中国蔬菜品种在哈萨克斯坦市场上日渐丰富，使得哈萨克斯坦人逐步摆脱了“冬天只有土豆加白菜的时代”①。

中哈农业创新园示范园开展了小麦、玉米、油料、水果、蔬菜、苗木等农作物品种的综合育种，带来了新品种、新工艺以及现代化的农机设备，推动了中亚国家农业现代化进程。由于降水量较少、自身水利资源又有限，中亚五国对农业节水灌溉技术有很强的需求。中国在地膜覆盖技术和膜下滴灌技术方面具有丰富的经验和技术水平，尤其是新疆天业集团的节水灌溉产品，经过多年不断地创新和研发，技术性能已经达到国际一流水平，而价格仅为国外同类产品的1/8。目前该技术已经走进中亚哈萨克斯坦、塔吉克斯坦、乌兹别克斯坦三个国家，如在塔吉克斯坦已推广应用14 985亩，使作物单产由原来的每公顷1.1吨提高到3.5吨。

中亚五国均是以种植业和畜牧业为主的传统农业国家，具备较高的种植、养殖技术和丰富的种质资源储备，尤其是在棉花种植技术方面，中亚五国在棉花品种资源的收集和保存方面有一套较为完整的体系，在棉花生理生化、遗传育种、灌溉制度等方面有较深入的研究。而中国尤其是新疆在棉花优质品种的培育与推广、棉花的科学种植技术、棉花病虫害的生物与机械防治技术、轧花设备与技术、纺织工业技术等方面都有较明显的优势。

4. 中国与东盟农业合作：引进先进理念 提升农业产业层次

（1）中新吉林食品区

合作主体：中国吉林省政府、新加坡政府。

合作机制：吉林省政府与新加坡政府开展战略性合作项目，建设首个“农产品（食品）安全国际合作试验区”，旨在打造国际级食品安全中心和全球主副食品重要的供应基地。

合作领域：试验区产业定位是以安全农产品（食品）生产加工为主，重点发展包括保健食品、功能食品、特医食品、婴幼儿配方食品、食品添加剂、生物及中医药制剂、安全农产品食品精深加工研发等产业项目。

试验区充分借鉴新加坡在食品安全方面先进的管理经验与技术，建设了全产业链监管体系——“中新吉林食品区食品安全保障体系”，探索在食品区进行从“从田间到餐桌”的全产业链各环节综合监管的体制②。

（2）广西华亚金桥农业科技开发有限公司

合作主体：广西华亚金桥农业科技开发有限公司，老挝。

① http：//www.xinhuanet.com/world/2018-08/16/c_1123279699.htm。

② https：//www.yicai.com/news/5384115.html。

合作机制：2002年农业部确定广西农业职业技术学院成为全国农业科技教育“走出去”战略试点之一，通过在东盟国家推广农作物良种开展农业合作，先后在老挝建设中国-老挝合作农作物优良品种试验站、中国（广西）-老挝农作物优良品种试验站和中国（广西）-老挝农业科技示范基地。

合作领域：首先，示范推广农业新品种、新技术。其中探索出在老挝热带地区种植哈密瓜的技术和经验。利用钢架大棚、无土栽培、水肥一体化等技术，在老挝首次成功种植哈密瓜。并从2014年开始举办万象哈密瓜节，获得了老挝领导人的充分肯定和万象市民的广泛赞誉。而水稻的试验多以中国杂交水稻为主，老挝品种为辅，整个生长过程不喷施农药，所施肥料全部为农家肥。玉米、糯米等粮食作物也是全程不喷洒农药、不施农家肥，在产量上都有10%以上的提升。根据老挝的气候条件，选择火龙果为主要发展方向之一，采用水肥一体化的灌溉系统，引进3个火龙果品种共10 200株，已种植火龙果约3公顷。

其次，举办农业技术培训培训老挝学员，老挝华亚金桥农业科技有限公司依托中华人民共和国农业部和广西农业职业技术学院挂牌成立“中国-东盟农业培训中心”，邀请老挝学员来广西培训，并在中老农作物优良品种试验站举办培训，培训学员100多人次，内容多为生产、经营方面。

5. 中国与中东欧农业合作：打造农业多边区域合作平台

合作主体：中国政府、保加利亚政府、科研机构、企业等。

合作机制：保加利亚“16＋1”农业合作示范区的定位与发展目标为“一堡四区”，即中国农业企业与中东欧16国及欧盟农业合作的“桥头堡”；中国先进农业品种、技术、装备和管理等在“一带一路”沿线的“展示区”；国内先进农业产能在欧洲合作的“承接区”；推动中保、中欧、中外农产品贸易和电商物流的“先行区”；农垦体制改革境外先行先试的“试验区”。未来，示范区将以传统种植和贸易为基础，促创新、调结构，大力增加“名、优、特”经济作物种植构成，发展“种、养、加”全产业链农业。

合作领域：保加利亚“16＋1”农业合作示范区以天津农垦保加利亚公司作为初期依托，引进、试种并推广优良品种，种植特色经济作物，建设温室大棚，展示先进农机具，同时采取措施促进双边农产品贸易与投资，推动农产品跨境电子商务交易平台的筹建工作。当前已有中国农业科学院、中国国家杂交水稻研究中心、保加利亚科学院、普罗夫迪夫农业大学，以及华大基因农业集团、天津天世农有限公司、上海光明集团等20多家中保科研机构和企业参与其中。

第二节 中国与“一带一路”沿线国家的农业贸易发展前景

一、加快构筑“一带一路”沿线国家农业自由贸易平台

截至2018年6月，中国已与13个“一带一路”沿线国家签署或升级了5个自贸协定[①]，在国内基本形成了以“1+3+7”自贸区为骨架、东中西协调、陆海统筹的全方位和高水平区域开放新格局。在“一带一路”倡议下，农业国际合作成为沿线国家共建“利益共同体”和“命运共同体”的最佳结合点之一。以农业合作为契机，基于新亚欧大陆桥、中蒙俄、中国-中亚-西亚、中国-中南半岛、中巴、孟中印缅等六大经济走廊，打造农业贸易投资合作平台。

1. 加强国家间农业合作的战略对话

针对农业政策、农业资源、农业技术、农产品市场、农业项目评估和投资等问题展开广泛分析，及时沟通各国农产品检验检疫要求、食品安全标准等，做到在农业发展的宏观和微观层面达成合作共识，为“一带一路”沿线国家农业合作创造便利条件。

2. 构建区域农业“大市场”体系

根据全球农业发展格局的变化态势，基于各国的农业资源与开发能力现状，协调各国的农业政策法规、贸易和投资要求，深挖沿线国家农业发展的共同利益点，切实提高沿线国家粮食综合生产能力和粮食自给能力，推动完善全球农业治理体系。

3. 建立农业合作的利益协调机制

面对纷繁复杂的国际和国内环境，沿线国家在农业合作中仍存在诸多合作风险和利益冲突。因此，需要加强农业合作的战略互信，厘清农业合作的政策法规、贸易制度安排以及贸易争端解决机制等，建立稳固的战略伙伴关系。

二、探索建立多层次的农业合作机制

“一带一路”沿线国家农业合作机制的建立，应基于互利共赢的原则，建立沿线国家政府、科研机构、企业“三位一体”的政策对话平台，政府部门充分发挥引导和服务作用，为企业和科研机构等主体的自主投资与合作保驾护航。

1. 政府引导和服务

农业对外投资与合作风险大、成本高，为有效促进“一带一路”沿线国家

① http://www.xinhuanet.com/world/2018-08/28/c_129941310.htm。

农业大市场的构建，政府部门需要制定与农业合作机制相配套的支持政策和服务体系，综合考虑国际国内两个市场、两种资源的互补性，为国内企业“走出去”提供政策、资金支持和信息指导，同时，放宽国外投资与合作门槛，营造相对公平的农业贸易环境。

2. 企业发挥自主

中国企业要充分利用“一带一路”倡议的契机，融入国际农业产业链体系。充分了解“一带一路”沿线国家的农业法规政策和贸易规则，注重自身核心竞争力的建设，提升自主研发和创新能力，加强产品品牌建设，树立知识产权保护意识，提高在国际农业专业化分工中的话语权，积极参与国际农业贸易规则的协商与制定。

3. 科研机构助力

农业科研机构的交流与合作，对于促进产学研的深度融合，提升沿线国家农业技术的进步具有重要的作用。围绕沿线国家的自然资源和产业发展需求，以项目合作、人才交流和实验示范基地等方式，解决各国农业生产、经营和贸易等技术难题，加强“一带一路”沿线国家农业高技能人才的培养，促进农业创新技术的共享。

三、加速深化沿线国家农业贸易合作

1. 扩大贸易规模

“一带一路”沿线国家资源丰富，农业互补性强，增长潜力巨大。基于“一带一路”沿线“六廊六路多国多港”主骨架，沿线国家要以更加开放的姿态，扩大农产品的相互准入，加快签署自贸协定的进程，提高农产品贸易自由化程度；继续推动一大批基础设施的建设，为“一带一路”农业合作区域与规模的扩大提供有利的贸易条件。

2. 优化贸易结构

充分发挥沿线各国农业的比较优势，加大优质产品的供给，通过“俄中新粮食陆路走廊”大幅增加俄罗斯出口到中国的谷物、豆类和油料作物，通过“新亚欧大陆桥”扩大中东欧国家的肉制品、乳制品、蜂蜜、葡萄酒等优质农产品进口；提高沿线国家农产品的深加工水平，改善以往低附加产品和初级产品占主导的贸易结构。

3. 升级贸易合作平台

截至 2018 年 6 月，中国在“一带一路”沿线国家建设 82 个境外经贸合作区，其中中国-东盟自贸协定为中国签署的第一个自贸协定，随着国际经济环境的变动，逐渐暴露出贸易开放度较低、利用率较低等问题，迫切需要得到升级。因此应着手扩大农业贸易空间，深化农业合作强度，开展农业电子商务平台的建设，构建畅通的物流网络，实施无纸化通关手续，提升农产品贸易的自由化与便利化。

参　考　文　献

陈淑梅，2015. “一带一路”引领国际自贸区发展之战略思考［J］. 国际贸易（12）：48-51.

陈卫平，2002. 农业国际竞争力影响因素分析［J］. 江西社会科学（7）：207-208.

陈卫平，2015. 中国农业国际竞争力：理论方法与实证研究［M］. 北京：中国人民大学出版社.

陈卫平，赵彦云，2005. 中国区域农业竞争力评价与分析——农业产业竞争力综合评价方法及其应用［J］. 管理世界（3）：85-93.

程国强，2014. 如何更好地利用境外农业资源［J］. 农经（5）：10.

程国强，朱满德，2014. 中国农业实施全球战略的路径选择与政策框架［J］. 改革（1）：109-123.

崔卫东，2006. 中国农业国际竞争力研究［D］. 杨凌：西北农林科技大学.

狄昂照，吴明录，韩松，李正平，1992. 国际竞争力［M］. 北京：改革出版社.

国家体改委经济体制改革研究院、中国人民大学、综合开发研究院联合研究组，1997. 中国国际竞争力发展报告（1996）［M］. 北京：中国人民大学出版社.

韩剑，闫芸，王灿，2017. 中国与“一带一路”国家自贸区网络体系构建和规则机制研究［J］. 国际贸易（7）：16-23.

韩晶玉，姜扬，2017. “一带一路”战略背景下中国与中亚农业合作［J］. 农村经济与科技，28（18）：18，21.

侯彦明，郭振，2016. 农业竞争力评价方法及实证［J］. 统计与决策（12）：59-61.

黄耀东，唐卉，2016. 中国-东盟自由贸易区建设瓶颈及升级版建设路径研究［J］. 学术论坛，39（10）：82-86.

金碚，1997. 中国工业国际竞争力——理论、方法与实证研究［M］. 北京：经济管理出版社.

李婧，2015. “一带一路”背景下中国对俄投资促进战略研究［J］. 国际贸易（8）：25-29.

李晓，李俊久，2015. “一带一路”与中国地缘政治经济战略的重构［J］. 世界经济与政治（10）：30-59，156-157.

刘国斌，2015. “一带一路”基点之东北亚桥头堡群构建的战略研究［J］. 东北亚论坛，24（2）：93-102，128.

刘淑梅，2013. 中国农业竞争力评价与提升对策研究［D］. 长春：吉林大学.

刘秀琴，黄耀斌，蔡嘉森，赵汴，2014. 中国农业竞争力国际比较［J］. 华中农业大学学报：社会科学版（5）：34-39.

刘艺卓，邓妙嫦，2015. 印度农业生产、贸易及关税政策分析［J］. 世界农业（2）：78－80.

刘艺卓，杨静，刘武兵，2018. 中国与“一带一路”沿线国家和地区构建自贸区的策略选择——基于农业的角度［J］. 世界农业（4）：23－27，110.

罗清和，曾婧，2016.“一带一路”与中国自由贸易区建设［J］. 区域经济评论（1）：40－46.

马丹，2006. 人民币实际汇率与中国国际竞争力问题研究［D］. 上海：复旦大学.

庞守林，2004. 中国主要农产品国际竞争力研究［D］. 北京：中国农业大学.

漆雁斌，2007. 基于系统聚类分析的区域农业竞争力实证研究［J］. 农村经济（4）：23－25.

仇焕广，陈瑞剑，廖绍攀，蔡亚庆，2013. 中国农业企业“走出去”的现状、问题与对策［J］. 农业经济问题，34（11）：44－50，111.

尚永辉，魏君英，2017.“一带一路”下中国与东盟农业合作研究［J］. 合作经济与科技（18）：9－11.

苏航，2005. 中国区域农业竞争竞争力的评估及研究［D］. 重庆：西南农业大学.

孙中才，1998. 理论农业经济学［M］. 北京：中国人民大学出版社.

王江，马卫刚，卢豫，2015.“一带一路”战略下如何加快中国与中亚自由贸易区的构建［J］. 对外经贸实务（7）：24－26.

王韬钦，2017. 湖南省与“一带一路”沿线国家农业合作研究［J］. 农业展望，13（8）：116－120.

王小平，2006. 钻石理论模型述评［J］. 天津商学院学报（2）：33－36.

王晓泉，2017. 中俄如何在“一带一路”中深化战略协作［J］. 人民论坛·学术前沿（8）：51－58.

王颖梅，程国强，2015.“一带一路”背景下的中国农业发展［J］. 农经（7）：74－77.

魏民，2015. 打造中国—东盟自贸区“升级版”：问题与方向［J］. 国际问题研究（2）：127－140.

吴文元，2006. 技术进步与中国农业竞争力研究［D］. 成都：西南财经大学.

谢泗薪，侯蒙，2015.“一带一路”战略架构下基于国际竞争力的物流发展模式创新［J］. 中国流通经济，29（8）：33－39.

徐步，张博，2017. 中国—东盟贸易关系现状、问题和前景展望［J］. 亚太安全与海洋研究（5）：1－20，128.

叶兴庆，2017. 加快产业链整合以提升中国农业竞争力［J］. 农村工作通讯（18）：56.

叶兴庆，2017. 我国农业支持政策转型：从增产导向到竞争力导向［J］. 改革（3）：19－34.

游士兵，肖加元，2005. 农业竞争力的测度及实证研究［J］. 中国软科学（7）：147－152.

于海龙，张振，2018.“一带一路”背景下我国农业对外合作的潜力、风险与对策研究［J］. 经济问题（2）：108－112，122.

张金昌，2002. 国际竞争力评价的理论和方法［M］. 北京：经济科学出版社.

赵美玲，王述英，2005. 农业国际竞争力评价指标体系与评价模型研究 [J]. 南开经济研究 (6)：39-44.

赵树宽，刘冠宏，2013. 农业竞争力理论范式探讨 [J]. 当代经济研究 (5)：20-26，93.

郑国富，2017. "一带一路" 倡议下中国与东盟农产品贸易合作发展的路径与前景 [J]. 对外经贸实务 (10)：30-33.

中国人民大学竞争力与评价中心研究中心，2001. 中国国际竞争力发展报告 (2001) ——21 世纪发展主题研究 [M]. 北京：中国人民大学出版社.

邹国勇，吴琳玲，2016. TPP、RCEP 背景下的中国—东盟自贸区建设：挑战与应对 [J]. 吉首大学学报：社会科学版，37 (2)：53-61.

Dong-Sung Cho，Hwy-Chang Moon，2000. From Adam Smith to Michael Porter [M]. Singapore：World Scientific Publishing Co Pte Ltd.

Dunning J H，1993. Internationalizing Porter's Diamond [J]. Management International Review (2)：7-15.

European Commission，2009. European Competitiveness Report 2008 [R]. European Commission，Brussels.

IMD，1997. The World Competitiveness Yearbook (1997) [R]. Institute for Management Development，Lausanne Switzerland.

IMD，2017. The World Competitiveness Yearbook (2017) [R]. Institute for Management Development，Lausanne Switzerland.

Michael E. Porter，1990. The Competitive Advantage of Nations [M]. London：Macmillan Press Ltd.

Rugman，Cruz. J. R，1993. The "Double Diamond" Model of International Competitiveness：The Canadian Experience [J]. Management International Review (2)：17-39.

WEF，IMD，1991. The World Competitiveness Report (1991) [R]. World Economic Forum and the Institute for Management Development. 12th Edition，Lausanne Switzerland.

WEF，IMD，1994. The World Competitiveness Report (1994) [R]. World Economic Forum and the Institute for Management Development. 12th Edition，Lausanne Switzerland.

WEF，1985. Global Competitiveness Report (1985) [R]. World Economic Forum.

WEF，1997. Global Competitiveness Report (1997) [R]. World Economic Forum.

WEF，2017. Global Competitiveness Report (2017) [R]. World Economic Forum.

附录 1 “一带一路”主要农业论坛

1. 2015 中国农业发展论坛——新常态下的中国农业发展

会议名称：2015 中国农业发展论坛——新常态下的中国农业发展

时间地点：2015.05.31　北京

会议主题：“一带一路”与中国走出去

主要观点：

论坛主要讨论目前农业走出去的做法以及“一带一路”如何推动农业对外投资。我国农业走出去主要是企业走出去，目的是参与全球供应链，扩大我国的粮食供给，核心是要提高我国在全球农业供应链中的地位和竞争力。当下农业走出去时机已经成熟：一是我国农业资源稀缺，“一带一路”提供了与其他资源丰富国家合作的机会，具有必要性。二是我国现在有了走出去的实力，拥有技术优势和研发优势。农业走出去的具体做法是，首先要抓住技术优势和与相邻国家的政府关系优势。其次不同国家合作方向不同，发展中国家注重投资建设；发达国家关注技术、品牌和人才；在全球农业资源高地合作资源，特别是互补资源。

“一带一路”为农业走出去提供了发展机遇和框架。“一带一路”会创造一种新的农业的格局和秩序，在这种新的大的环境背景下，在新的秩序建立的过程中，中国的农业企业应当争得有一席之地。

资料来源：新浪财经．圆桌论坛：“一带一路”与中国走出去．新浪财经［EB/OL］．（2015－05－31）．http：//finance.sina.com.cn/hy/20150531/222122310171.shtml.

2. “一带一路”热带农业科技合作论坛

会议名称：“一带一路”热带农业科技合作论坛

时间地点：2015.09.29　海南海口

会议主题：发挥热带农业科技优势，共促“一带一路”国家农业发展

主要观点：

论坛就如何抓住机遇，主动融入“一带一路”倡议，促进国际合作进行了充分的交流探讨。“一带一路”区域，特别是 21 世纪海上丝绸之路，主要以热带发展中国家为主，该地区热带农业技术水平和热带作物产业发展相对落后，急需先进的热带农业生产技术。中国热带农业科学院作为我国从事热带农业研

究与开发的国家级科研机构，已积累一大批科技成果和热带农业实用技术，并已与“一带一路”区域国家开展了广泛的合作交流。

此次论坛的召开，进一步凝聚了我国热区农业九省（区）的力量和智慧，搭建与“一带一路”国家交流的平台，将进一步促进我国热带农业在“一带一路”区域的技术转让，扩大与“一带一路”国家的农业合作交流。

会议成果：

中国热带农业科学院刘国道副院长与利比里亚农业部托马斯·基博克副部长签署了科技合作意向书。双方将在“南南合作”伙伴关系下，在动植物育种和遗传学、农艺学、病虫害防治、采后加工技术、生物技术、农业推广、农业机械化、水和农业废物管理、水产养殖、生物能源和人才培养等方面开展广泛合作。

资料来源：中国热带农业科学院．我院举办“一带一路”热带农业科技合作论坛．中国热带农业科学院［EB/OL］．（2015－10－09）．http：//www.catas.cn/contents/15/33151.html.

3. “一带一路”国际农业科技合作高层论坛

会议名称：“一带一路”国际农业科技合作高层论坛

时间地点：2016.09.19　山东济南

会议主题：科技先行、协同发展、实现共赢

主要观点：

一是“一带一路”国家农业科技合作面临广阔空间，沿线国家农业资源丰富，环境各异，在农业生产和科技创新中都存在很多经验和优势，各国间既具备良好的合作基础，又具有强烈的合作意愿，合作前景十分广阔。

二是共同打造“一带一路”农业科技创新共同体，通过建立科学家网络、技术转移网络，打造联合实验室、科技园区、产业孵化基地等平台，谋求科技合作专项资金，针对“一带一路”沿线国家农业发展需求，实现创新资源双向流动，通过科技先行带动农业产业发展。

三是加强“一带一路”沿线国家科技人员交流互访，促进各国科学家、研究学者和专家教授深入开展双边或多边合作研究，探索设立教育项目，面向“一带一路”沿线相关国家，每年选派优秀人员，尤其是青年人才进行访学研修、申请学位，拓宽科技人员的国际视野。

四是将采取务实有效的措施促进论坛合作成果开花结果，深入落实好签订的合作协议，实现发展理念相通、要素流动畅通、科技设施联通、创新链条融通、人员交流顺通。

会议成果：

山东省农业科学院与埃及国家研究中心、以色列艾森贝克农业有限公司、

马来西亚博特拉大学、新加坡淡马锡生命科学实验室、芬兰国家自然资源研究所、印度尼西亚作物研究所6个单位签订了合作协议，进一步深化了相关领域的实质性合作。

资料来源：山东省农业科学院．"一带一路"国际农业科技合作高层论坛在济南举办　将共同打造"一带一路"农业科技创新共同体．山东省农业科学院［EB/OL］．　（2016－09－23）．http：//www.saas.ac.cn/saas/？content－4292.html.

4. "一带一路"农业产能国际合作论坛

会议名称："一带一路"农业产能国际合作论坛

时间地点：2016.10.21　北京

会议主题："一带一路"农业产能国际合作机会

主要观点：

论坛围绕促进"一带一路"沿线各国农业合作等话题进行讨论，同时进行"一带一路"农产品、贸易、农业投资与农机装备技术走出去等项目对接。

农业部农村经济研究中心张振博士：当前中国处于"一带一路"建设的重要战略机遇期，稳步推进农业对外直接投资，统筹利用国际国内两个市场两种资源，对保障全球粮食安全和推进国内农业供给侧结构性改革具有重要意义。

农民日报社社长唐园结表达了"农业绝不是保守的、封闭的，而是开放的、共享的"这一观点。对外经济贸易大学全球化与中国现代化问题研究所所长王志民教授，结合"一带一路"倡议的具体实践及目前中国与"一带一路"沿线国家的产能合作案例，指出了中国农业企业参与"一带一路"农业产能国际合作的方向与路径。

资料来源：中国经济网．"一带一路"农业产能国际合作论坛在京成功举办　各界嘉宾热议农业投资海外商机．中国经济网［EB/OL］．（2016－10－21）．http：//finance.ce.cn/gsxw/201610/21/t20161021_17026612.shtml.

5. "一带一路"＋现代农业国际高峰论坛

会议名称："一带一路"＋现代农业国际高峰论坛

时间地点：2016.10.31　北京

会议主题：新契机、新技术、大数据、大战略

主要观点：

中国农业经济学会会长尹成杰："一带一路"倡议将给沿线国家现代农业建设提供新的机遇和新的动力。实施"一带一路"倡议可以促进各国农业资源的互补，技术互补、优势互补、产品互补。通过加强"一带一路"现代农业的

建设，可以加快农业现代化的进程，促进国家之间农产品贸易的自由化、便利化，促进相关国家优势农产品进入市场，带领优质农产品的流通和家庭企业的转型升级，加快沿线国家农业资源的配置和农产品供给渠道的建设，提高农产品的质量和安全水平。

开展农业合作的重点领域，①积极推进农业科技合作与交流，立足“一带一路”沿线国家的农业资源的特色和优势，加强农业新技术、新装备、新模式的科技研发、推广利用与交流合作。②积极推进现代农业基础设施建设的合作，提高“一带一路”沿线国家农业大型基础设施建设的水平。③积极推进农业优良品种资源的交流合作，加强培育优良品种技术交流，培育适合各国生态环境、自然条件的优良品种。④积极推进农产品现代流通体系建设的合作。⑤积极推进农业植物保护和重大动物疫病防控措施的制定与技术实施合作。⑥积极推进农业资源和生态保护技术的交流与合作，增强农业可持续发展能力。⑦积极推进优质农产品生产，加强农产品质量监督、技术和措施的合作，提高农产品质量的安全性。⑧积极发展农业的新兴功能，开展合作。

国家发改委农经司副巡视员邱天朝：“一带一路”沿线国家基本上是以农业为主的发展中国家，但是多数农业科技水平比较低，具有巨大的发展潜力。另外，“一带一路”沿线国家农业资源丰富，农产品品种多样，农产品消费市场潜力很大。

农业合作是“一带一路”国家打造“利益共同体”和“命运共同体”的最佳结合点，农业合作是整个“一带一路”建设重要的内容。“一带一路”为中国农业对外合作带来重大机遇。

中国农业对外投资政策的基本走向，一是进一步明确农业对外投资的目的和支持重点。二是坚持政府搭台、企业唱戏，充分发挥企业的主体作用。三是加强对境外农业投资的公共外交支持。四是完善农业走出去的融资支持政策。五是强化农业对外投资的风险保障体系，推动农业海外投资保险业务发展。

资料来源：清华大学两岸发展研究会．“一带一路”＋现代农业国际高峰论坛．清华大学两岸发展研究会［EB/OL］.（2016－10－30）．http：//www.tsinghuaicsd.com/2016lt_sy.

6. “一带一路”农业国际合作论坛

会议名称：“一带一路”农业国际合作论坛

时间地点：2017.01.09　北京

主要观点：

中国原商务部副部长魏建国：我国政府高度重视“一带一路”建设，大力支持中国企业走出去，鼓励中国企业不断开拓国际市场，“一带一路”沿途国家尤其是非洲国家在农业领域相对落后，而中国有悠久的农耕文明与农业发展经验，这样的背景环境决定了当前是中国农业走出去的最好时机。会上提出了设立农业专项基金，用于技术研发与培训等；民营企业一定要作为主体去积极参与；加大培训力度；加大机械化；要走规模化经营道路，在非洲等地应因地制宜，兴修水利等；推广种植经验；搭建平台、共促发展等建议。

中国农业经济学会会长尹成杰：要加强各国农业的开放与合作。首先要认识到现代农业在农业发展中占有重要的战略地位，“一带一路”旨在促进沿线国家的“共建、共商、共赢”，国际农业合作与农产品贸易是今后优先发展领域。其次，要认识到“一带一路”为沿线国家的农业合作提供了新机遇，各国都各有优势，“一带一路”倡议能够让各国充分发挥优势，促进农业合作。然后，加强农业国际合作是中国农业走出去的重要途径，中国农业走出去战略步伐在加快，也取得了一定的成效，投资呈现了主体多元化、投资模式多样化、投资层次在转型升级等趋势。

中国农业走出去的七个着眼点：着眼于农业科技研发与合作；农业基础设施建设；优良品种的培育；建立完善农产品现代流通体系；农业动植物的保护与防疫等，实行联防联动机制；推进农业资源可持续开发与保护；提供优质农产品，努力打造农业品牌。

会议成果：

中乔大三农实业股份有限公司总经理乔业腾与几内亚共和国大使索·依帕依马·索雷博士签署了战略合作协议。

资料来源：人民网．“一带一路”框架下的农业国际合作论坛在京圆满召开．人民网［EB/OL］．（2017-01-12）．http：//nx.people.com.cn/n2/2017/0112/c192488-29587824.html.

7.“一带一路”（东盟）农业投资合作论坛

会议名称：“一带一路”（东盟）农业投资合作论坛

时间地点：2017.09.11　广西南宁

会议主题：“一带一路”开启农业投资合作新机遇

主要观点：

论坛以“‘一带一路’开启农业投资合作新机遇”为主题，首次尝试搭建“一带一路”建设框架下中国与东盟农业投资合作的政府、科研机构、企业“三位一体”的政策对话平台。

中国与东盟在农业领域的投资合作具有资源、技术、经济和人文等多方面得天独厚的优越条件，经历了自中国—东盟自贸区建立以来的“黄金十年”，正迈向“一带一路”倡议框架下的“钻石十年”，农业合作将在政策沟通、双向投资合作、建设农业园区等方面迎来新的机遇。

资料来源：人民网．首届“一带一路”（东盟）农业投资合作论坛在南宁举办．人民网［EB/OL］．（2017－09－12）．http：//gx.people.com.cn/n2/2017/0912/c179430－30723534.html.

8.“一带一路”农业合作部（州）长圆桌会议

会议名称：“一带一路”农业合作部（州）长圆桌会议

时间地点：2017.11.05　陕西杨凌

会议主题：农业合作与可持续发展

主要观点：

陕西省人民政府副省长姜锋指出，陕西与“一带一路”沿线国家和地区多领域合作不断深入，目前已有239个境内主体设立了355家境外企业和境外机构。“十三五”期间，陕西还将建成30个面向“一带一路”沿线国家和地区的国际合作产业园，“海外陕西”的空间将越来越广阔。

国家首席兽医师张仲秋指出，希望通过本次会议，各国共同努力建立一个农业领域合作交流平台，推动“一带一路”沿线国家农业务实合作。

乌兹别克斯坦农业与水利部副部长穆斯塔法耶夫、美国内布拉斯加州副州长迈克·弗利、南苏丹阿维尔州农业与食品安全部部长约瑟夫·加朗·古奥特等部（州）长代表就“农业合作与可持续发展”发表看法并交换意见。

会议成果：

会议形成了“杨凌合作宣言”，承诺将帮助“一带一路”沿线各国，提高粮食生产能力，改善粮食安全状况；开展农业人才交流，培养现代农业科技人才；加强沿线国家间协调与合作，通过农业贸易与投资合作来实现互利共赢。

资料来源：央广网．“一带一路”农业合作部（州）长圆桌会议在杨凌召开［EB/OL］．（2017－11－05）．http：//www.cnr.cn/sxpd/sx/20171106/t20171106_524014514.shtml.

9.“一带一路”雷力合作论坛

会议名称：“一带一路”雷力合作论坛

时间地点：2017.11.08　北京

会议主题：绿色、平衡、共享、发展

主要观点：

“一带一路”开放、包容的区域合作架构下，需要合作方用更长远的眼光，更开放共享的合作态度，更脚踏实地的行动来开创国际平衡农业产业链合作新格局，拓展出人类农业发展的更广阔空间。

农业部对外经济合作中心研究所副所长杨光：农业在"一带一路"建设中空间潜力巨大，具有不可替代的重要地位。"一带一路"平衡农业产业链合作愿景与行动将围绕构建农业政策对话平台、强化农业科技交流合作、优化农产品贸易合作、拓展农业投资合作、加强能力建设与民间交流五大任务开展。

会议成果：

来自埃及、俄罗斯以及中国等30个国家的150余位海内外农业专家、农场主在京共同签署了"一带一路"雷力合作论坛倡议。此举意味着"一带一路"沿线国家间的平衡农业产业链合作即将进入到深层次交流、多领域合作的新空间。

资料来源：消费日报网.30国代表签署"一带一路"雷力合作论坛倡议.消费日报网［EB/OL］.（2017-12-01）.http：//apps.xfrb.com.cn/plus/view.php？aid=221801.

10. "一带一路"生态农业与食品安全论坛（共八届）

会议名称：第一届"一带一路"生态农业与食品安全论坛

时间地点：2013.09.26　西安

会议主题：构建食品安全保障体系　保障食品安全健康发展

主要观点：

李肇星：食品安全要有全球化视野

李肇星认为，由于食品生产和消费的全球化，食品安全问题在全球每一个国家都存在。所以全球各国都应行动起来，制定全球食品安全计划，更要构造全球食品安全文化。目前我国的食品安全法律法规还不完善，在确保食品安全方面仍然面临多方面的挑战。所以我国要加强和各国的沟通和合作，既要吸收国外在食品安全方面的先进经验，尤其是立法执法方面的经验，又要有全球视野和整体观念，把中国的食品安全放置在全球的环境中去思考问题。

尹成杰：保护耕地不能只以数量为标准

农业部原副部长尹成杰在主题报告中指出，我国现在保护耕地、水资源等农业生产要素主要是以数量为标准，如耕地最新统计数据是18.26亿亩，以全国"18亿亩"为红线，只有0.26亿亩的余地，比较严峻。而更重要的是，耕地的数量红线被牢记，但耕地质量的标准被忽视，全国的耕地退化现象严重。

尹成杰认为，必须从源头解决我国食品安全问题，那就是改变农业发展方式。比如说化肥，现在农业60%的贡献是靠化肥使用，这个比例太高，应该适当减少，鼓励农民多用有机肥。

王运浩：绿色食品检测扩大范围和比例

中国绿色食品发展中心主任王运浩在讲话中首先介绍了中国绿色食品的基

本情况。截止到2012年年底，全国有效使用绿色食品标志企业总数达到6 862家，产品总数17 125个。全国绿色食品原料标准化生产基地已达573个，基地对接企业达1 607家，带动农户1 995万户，直接增加农民收入10亿元以上。2012年，农业部在农产品质量安全监督抽查中抽检169个绿色食品产品，抽检合格率为100%。中心和地方绿办共抽检产品4 437个，抽检合格率为99.6%。

王运浩认为，能说明绿色食品标志体系运行良好，主要是因为扩大了绿色食品的检测范围和比例。2012年产品抽检覆盖率达27.4%，这个比例和一般的食品检测相比，高了很多倍。市场监察数量达到259个，比2011年增加11.1%，其中地市县级城市市场103个，占40%，比2011年增加55.4%，范围从大城市向中小城市延伸。抽取标称绿色食品的样品9 130个，比2011年增加37.8%。另外，在具体的市场监察中，绿色食品还实行农业、工商、质检等多部门联合执法。不给整改期，一发现问题，立即处理，在农民日报、中国食品报上公告通报。这些做法效果都较好。

会议名称：第二届“一带一路”生态农业与食品安全论坛

时间地点：2014.04.10　海南

会议主题：传统农业的传承与现代农业的可持续

主要观点：

农业部副部长李家洋指出，农业的安全涉及两个方面，供给安全和质量安全，而且这个“安全”的概念是一个不断发展的概念，与时代发展是一致的，也不能脱离当前时代所处的环境。食品安全是现代人民生活的最基本方面，我们对食品安全的看法要客观理性、科学求是，要能够有管理保障，要有科技支撑，要建立诚信体系。希望政府、企业、科研部门、教育部门都要重视，使农业生产不断取得进步，真正做到高产、优质、高效、生态、安全。

会议名称：第三届“一带一路”生态农业与食品安全论坛

时间地点：2014.07.11　贵阳

主要内容：

农业文化遗产传承与创新、生态友好型农业、食品安全与保障体系、农业可持续发展；水土综合治理，农业标准化、信息化、智能化。主要涉及分议题有生态农业的国际交流与合作，发展生态农产品的机遇与挑战，“三品一标”(三品：无公害农产品，有机食品，绿色食品；一标：农产品地理标志)，以及生态食品企业的发展方略，绿色农业的可持续发展道路等。

会议名称：第四届“一带一路”生态农业与食品安全论坛

时间地点：2015.09.24—2015.09.25　西安

会议主题：创新合作模式　共享丝路繁荣——现代生态农业可持续发展与食品质量安全

会议成果：

发起了“‘一带一路’农业行”活动，与沿线39个国家地区达成了生态农业和食品安全问题的共识。活动以西安为起点，用两年时间将“一带一路”沿线国家地区全部走访一遍。期间将通过组织各种形式的活动，将西安的农产品、传统美食、现代农业技术以及食品安全理念广泛传播输送，让“一带一路”沿线国家充分领略西安厚重的历史感和日新月异的变化。

会议名称：第五届“一带一路”生态农业与食品安全论坛

时间地点：2016.04.08　郑州

会议成果：

河南省农业与食品企业上线并启动河南农业与食品企业“一带一路”行。“一带一路”农业与食品交易信息平台（网站名：天下丰收）与河南省农业与食品企业上线签约、与中国国际贸易促进委员会全球推广计划签约、与河南省商务厅推动大型仓储物流基地建设签约，上述协议的签署，标志着信息平台与河南省商务厅在电商领域展开深度合作，在当地推动建立大型仓储物流基地，为河南省农业与食品产业做长做强产业链、价值链和供应链提供更大的发展机遇。与中国国际贸易促进委员会建立战略合作伙伴关系，对“一带一路”农业与食品交易信息平台及入住上线企业进行全球推广，为河南省农业与食品企业打造和树立产品品牌、深耕国内市场、开拓国际市场，架设更广阔更有效更低成本的通道。河南农业与食品企业上线信息平台将有利于把河南农业和食品产业优势培育成新的经济增长点，助推农业和食品领域合作成为“一带一路”沿线国家“利益共同体”和“命运共同体”的重要结合点。

会议名称：第六届“一带一路”生态农业与食品安全论坛

时间地点：2016.05.14　西安

主要观点：

陕西省政协主席韩勇在欢迎辞中强调，农业的现代化、生态化、集约化发展是实现“一带一路”倡议构想的重要板块，也是推动欧亚国家农业有质量、有效益、可持续增长的重要举措；保障食品安全，关系到国家公共安全、地区发展大计和群众身心健康。“一带一路”生态农业与食品安全论坛是促进我国与“一带一路”沿线国家建立全方位、宽领域、多层次交流合作的国际性平台，对围绕生态农业可持续发展与食品质量安全，深入开展交流探讨，加强务实合作、发展现代生态农业具有重要意义。

全国政协副主席陈元指出，农业发展和食品安全关系到经济发展和社会稳定，关系到人民的身体健康和人类福祉。“一带一路”沿线多为新兴经济体和发展中国家，农业在国民经济中占有重要的地位，发展现代生态农业和解决食品安全问题十分迫切而且任重道远。推动农业的现代化、集约化、可持续发展是建设“一带一路”的重要板块，也是各国打造互利共赢的“利益共同体”和共同发展繁荣的“命运共同体”的重要内容。“一带一路”生态农业与食品安全论坛的举办，不仅为中国东中西部地区联合向西开放提供了有效载体，也为“一带一路”沿线国家深化经贸、能源、文化、农业、食品安全等领域的合作搭建了新平台，必将对推动沿线国家及地区互利共赢和务实合作发挥更加重要的作用。期待更多的沿线国家能够坚持“和平友好、开放包容、互学互鉴、互利共赢”的丝路精神，秉持亲诚惠荣的交往理念，在丝绸之路博览会这个共同的舞台上，推进相互协作与信任，为世界和平与发展做出新的贡献！

会议成果：“一带一路”生态农业与食品安全论坛专家委员会正式成立，“一带一路”农业与食品交易信息平台落户西安。

会议名称：第七届“一带一路”生态农业与食品安全论坛

时间地点：2016.09.06—2016.09.07 厦门

会议主题：加强农业合作，共享发展成果

会议成果：

中联部与中国人民对外友好协会签署战略合作协议；在与会议同期举行的“21世纪海上丝绸之路建设暨国际产能合作研讨会”上启动了“一带一路”活动专项基金；会议期间举行了福建农业与食品企业入驻“一带一路”农业与食品交易信息平台，信息平台落地湖北省签约，论坛组委会与尼泊尔签署战略合作协议并落地尼泊尔；作为论坛成果，“一带一路”生态农业与食品安全论坛主办方发布“厦门倡议”。

会议名称：第八届“一带一路”生态农业与食品安全论坛

时间地点：2017.06.29 北京

主要观点：

全国人大常委会副委员长张宝文指出：“在经济和贸易全球化的今天，食品的生产、销售、消费早已超越了传统国界。食品安全是一个全球性的问题，只有在全球的范围内统一标准、统一质量，才能够保障食品安全。食品供应链的国际化驱使各国政府通过国际合作来保障食品安全”，“一带一路”生态农业

与食品安全论坛为各国提供了一个充分交流与合作的平台。希望大家把握农产品消费升级的趋势，推动标准化进程，共商生态农业与食品安全国际合作，促进农产品食品贸易发展，共同建立安全、健康、可持续发展的运营体系，更好地服务"一带一路"沿线国家人民。

资料来源："一带一路"生态农业与食品安全论坛［EB/OL］. http：//www. yidaiyilufood. org. cn/.

附录2 “一带一路”主要农业研讨会

1. “一带一路”与农业“走出去”专题研讨会

会议名称：“一带一路”与农业“走出去”专题研讨会

时间地点：2015.09.11 宁夏银川

会议主题：“一带一路”建设，坚持共商、共建、共享原则，研讨在海外农业并购、境外农业开发、农产品国际贸易领域农业如何“走出去”。

主要观点：

农业部国际合作司司长王鹰表示：“加强中阿农业合作，应加强‘一带一路’沿线农业科技合作和人员交流，在沿线国家建设农业科技合作示范园区，开展水稻种植、旱作农业、蔬菜园艺、水产养殖等领域试验示范，推动合作国相关产业发展提质增效。”

中地海外农业发展有限公司总经理王淼认为，宁夏农业优势特色产业突出，特别是旱作节水农业，枸杞、牧业等产业“走出去”更具优势。他提出，宁夏除了要注意科技先行之外，更要注重综合平台的搭建，最好能围绕农业的一个集群或一个产业抱团一起出去，各自发挥优势。

中国工程院院士吴孔明建议，必须采用多种形式加强中阿农业相关政策法规、农产品进口标准、农业农村发展的最新情况和政策沟通，使双方全面了解对方农业相关法律法规政策的制定和实施背景，促进区域发展政策的融合。

资料来源：人民网-宁夏频道．“一带一路”与农业“走出去”专题研讨会在银举行［EB/OL］. http：//nx.people.com.cn/n/2015/0911/c192493-26340286.html.

2. “一带一路”农业科技合作研讨会

会议名称：“一带一路”农业科技合作研讨会

时间地点：2015.10.16. 新疆农业科学院

主要观点：

张健参赞作了题为“‘十三五’科技国际合作的重要任务与中亚合作建议”的报告。报告围绕“一带一路”建设科技创新合作面临的机遇与挑战、主要任务及在农业领域推进“一带一路”建设科技创新合作三个方面作了汇报。希望新疆农科院以此次研讨会为契机，在“十三五”期间为进一步提升新疆农业科技创新能力和国家“一带一路”核心区建设做出新的贡献。

吴孔明院士作了题为“强化农业科技国际合作 推动‘一带一路’建设工作”的报告。报告以我国农业生产与农产品需求趋势为切入点，对农业“一带一路”建设的重要性、科技合作现状作了详细阐述，他指出，要通过加强农业优势资源统筹规划、开展对“一带一路”周边国家农业科技研究、加强我国全球农业资源配置能力、建立国际与区域组织合作机制和联盟协同创新机制、推进和支持人才队伍建设等措施，切实解决农业“一带一路”建设中存在的问题。

资料来源：新疆农业科学院．“一带一路”农业科技合作研讨会在我院隆重举行［EB/OL］. http：//www.xaas.ac.cn/neirong.jsp? urltype = news.NewsContentUrl&wbtreeid=1049&wbnewsid=6400.

3. 2017年“一带一路”生物健康农业国际研讨会

会议名称：2017年“一带一路”生物健康农业国际研讨会
时间地点：2017.07.22—2017.07.24 西北农林科技大学
会议主题：生物健康农业
会议成果：

成立丝绸之路生物健康农业产业联盟，并就在联盟框架下开展生物健康农业产业领域里的人才培养、合作研究与技术推广、企业和人文交流等交流意见、达成共识。共同签署形成《丝绸之路生物健康农业产业联盟杨凌宣言》，宣言旨在共商倡议成立丝绸之路生物健康农业产业联盟，共同搭建生物健康农业平台，实现从环境健康到植株和农产品健康，再到人体健康的大循环健康链，升级大健康农业产业，支持和引导社会资本、现代生产要素和经营模式流向生物健康农业产业，促进资源整合和高效利用，增加农民收入，提升农村和农业产业竞争力。

资料来源：陕西省教育厅．西农大召开“一带一路”生物健康农业国际研讨会［EB/OL］. http：//www.snedu.gov.cn/jynews/gdxx/201707/27/69911.html.

4. 国际农业科技发展峰会

会议名称：国际农业科技发展峰会
时间地点：2017.05.27 中国农业科学院
主要观点：

于康震指出，“三农”工作是中国国民经济发展的重中之重。近年来，现代农业建设不断推进，农业改革创新取得重大突破，成为中国经济社会持续健康发展的重要贡献力量。中国政府高度重视“一带一路”建设中的农业科技合作与交流，明确提出要通过联合开展关键技术攻关、成果和品种推广示范等提升“一带一路”沿线国家农业综合发展能力，促进沿线国家对人类农业发展成果的共享。希望沿线各国秉承“共商、共建、共享”的理念，恪守丝路精神，共同书写世界农业科技合作交流的新篇章。

唐华俊指出，中国农科院建院 60 年来，已发展成为国际上具有重要影响力的国家级综合性农业科研机构。近十年来，全院的科技创新、成果转化和推广能力得到进一步提升，为保障中国及其他发展中国家粮食安全和减贫做出了重要贡献。今后将继续把握“一带一路”农业合作中突出科技合作先导地位这一契机，积极探索与沿线国家农业科技合作新模式，集结全球多方力量服务于全球农业发展。

会议成果：

全体代表一致通过了《国际农业科技发展峰会会议宣言》（以下简称《宣言》)。《宣言》强调，“一带一路”沿线国家的农业科研机构和农业领域国际组织是开展合作的核心力量，促进要素共享、优势互补和协同攻关是开展合作的重要举措，提升沿线各国农业科技创新能力、促进减贫和实现农业可持续发展是开展合作的根本目标。《宣言》还就作物育种、植物保护、动物疫病防控、政策协调与产业合作、国际化人才队伍建设等领域提出了具体的合作方案和设想。

资料来源：中国日报网．国际农业科技发展峰会在京召开［EB/OL］．http：//china. chinadaily. com. cn/2017 - 05/25/content _ 29494275. htm.

5.“一带一路”农业合作专题研讨会

会议名称：“一带一路”农业合作专题研讨会

时间地点：2017.05.26　清华大学

会议主题：“一带一路”与深化农业合作

主要观点：

叶兴庆剖析了“一带一路”与中国全球农产品供应体系多元化。他指出，中国应逐步建立多元化的全球农产品供应体系，“一带一路”沿线国家在中国未来全球农产品供应体系多元化中可以发挥更大的作用。为此，应立足长远，现阶段重点做好基础性、铺垫性工作。

张陆彪从认识“一带一路”倡议、推进企业走出去和认识企业主体地位三个方面阐释了“一带一路”倡议下中国农业对外合作。他认为，当前推进中国农业对外合作需要完善战略谋划，加快相关体制机制改革，制定企业全球发展战略，推进金融创新和坚持科技先行。

韩一军阐述了对“一带一路”农业合作的认识与建议。他指出，提升“一带一路"农业国际合作水平，应提高沿线国家农业企业和媒体的关注度，加强农业教育和科技交流合作，充分发挥中国农业的综合优势和企业主体作用，不断创新农业国际合作的体制机制。

邢继宪从正大集团实践的角度介绍了企业如何融入"一带一路"倡议中。他表示，"一带一路"倡议体现和共享的是先进的思想、机制和优质的产品，龙头企业和企业家可以在"一带一路"倡议中发挥巨大作用。

赵可金认为推进"一带一路"和深化农业合作是相辅相成的两个方面。首先应建好"一带一路"的合作框架，其次要从与沿线国家搭建合作交流平台、加强科技创新、发展立体化农业服务体系、加强基地建设、支持农业龙头企业走出去五个方面入手，把中国农业发展成为在"一带一路"沿线国家具有相当竞争力的优势产业。

资料来源：国务院发展中心．叶兴庆部长参加清华大学农研院举行的"一带一路"农业合作专题研讨会［EB/OL］. http：//www.drc.gov.cn/ncjjyjb/20170531/147-375-2893437.htm.

6. "一带一路"中非农业合作研讨会

会议名称："一带一路"中非农业合作研讨会

时间地点：2017.12.11.　海南海口

会议主题：助力"一带一路"农业互利共赢

主要观点：

海南省副省长何西庆在论坛上指出，海南作为热带岛屿省份，光、热、水等自然条件优越，发展热带特色高效农业具有得天独厚的区位环境优势。咖啡是海南特色热带作物，消费需求旺盛。

何西庆强调，海南省政府针对实际情况制定了农产品调优增效行动计划，把咖啡等特色产业发展作为重要内容。"通过调整产业布局、推进标准化生产、发展咖啡＋工业、打造海南咖啡品牌、制定配套政策措施等，力求把咖啡打造成我省具有一定规模和知名品牌的优势特色产业。"

最后，何西庆表示，海南热带特色高效农业的前景必将更加广阔，成果必将更加丰硕。海南与非洲自然资源条件相近，农业合作发展空间大、前景广阔。未来，海南与非洲的农业合作将进入更加全面、更加深入的新时期。

资料来源：凤凰网．"一带一路"中非农业合作研讨会暨首届咖啡产业高端论坛在海口举办．(2017.12.11).［EB/OL］. http：//hainan.ifeng.com/a/20171211/6219012_0.shtml.